Robert Griffon, *fils et petit-fils de forgerons berrichons, vit à Bourges. Diplômé en histoire contemporaine à La Sorbonne, grâce à une thèse sur les maréchaux-ferrants dont il a tiré* Le Dernier forgeron *paru en Terre de Poche en 2009. D'abord homme d'affaires puis peintre, il écrit et s'est spécialisé dans les romans de terroir.*

Au Bonheur du pain

Du même auteur

Chez De Borée

Le Dernier forgeron
Le Bedeau de la République

Chez d'autres éditeurs

De la petite reine au chevalet, (NEL)
Les Clés du chapitre, (Presses de la Renaissance)
Amoroso, (Florent Massot)
Le Pigeon du Périgord, (La Table ronde)

Imprimé en U.E. en septembre 2011
Dépôt légal : septembre 2011
ISBN : 978-2-8129-0476-9

ROBERT GRIFFON

AU BONHEUR DU PAIN

De Borée
Terre de poche

Chapitre un

RECROQUEVILLÉ dans ses draps éparpillés dans tous les sens, Paul, le corps en sueur, se réveille d'un seul coup, des bourdonnements plein les oreilles. Coussins, oreillers, serviettes et couvertures gisent à terre comme les victimes après une bataille. Ils sont loin les bons réveils d'autrefois, lorsqu'il bâillait bruyamment sans fin, en s'étirant avec plaisir comme un chat ; maintenant il a l'impression de sortir du néant. En bas vient de résonner le claquement métallique de la porte du four en fonte noire que l'on a ouverte. Il a fait office de réveil involontaire. Il n'y a pas beaucoup d'autres bruits dans la boulangerie. Il s'agit donc probablement de la première fournée, pense Paul. La petite mansarde du malade n'est séparée du fournil que par la chambre à farine. Rien qu'à l'oreille, depuis plus de deux mois qu'il souffre dans son lit, il a appris à percevoir tout ce qui se passe dans son entourage. Rien ne lui est étranger. Il participe ainsi, à part entière, sans sortir de son lit, à la vie de la maisonnée.

Aussitôt, l'odeur grisante du pain frais se répand progressivement et gagne les pièces environnantes. Que ça sent bon ! Un léger frémissement se propage. On dirait que les croûtes dorées, en sortant du four, chuchotent entre elles afin d'exprimer leur étonnement naïf devant le grand mystère accompli dans la chaleur des ténèbres. Les grillons crient le plaisir de l'envoûtante douceur en présentant timidement leur tête, cornes en avant, à travers les failles des briques réfractaires de la maçonnerie. Puis ils arrêtent leur cricri pour revenir se calfeutrer tranquillement dans les douillets interstices du fournil. Animal presque sacré, cet orthoptère fait partie de la vie du boulanger, qui l'apprécie comme un porte-bonheur, d'autant que, indirectement, leur cri freinerait le développement des cafards. Ces colonies d'insectes, terreur des boulangers, s'incrustent et pullulent malgré une chasse de tous les instants. Les méthodes de destruction efficaces sont presque toujours incompatibles avec la pureté de la farine, qui doit éviter de croiser des produits chimiques désinfectants. La poudre Ultra foudroyante vante pourtant ses qualités de destruction dans les revues professionnelles, mais les résultats ne sont pas souvent à la hauteur des promesses.

Chapitre un

* *
*

Il est 5 h 30. Marcel le boulanger jette un coup d'œil à sa cuisson et, l'air satisfait, commence à sortir le pain du four voûté, à l'aide d'une de ces pelles au long manche verni habituellement suspendues au plafond. Des poussières de farine restées accrochées aux poils de son torse nu voltigent pour choir sur le sol du fournil, au rythme des mouvements. Son pantalon de toile légère à petits carreaux blancs et bleus qui tombe sur ses savates bâillantes qui découvrent des orteils enfarinés. La savate fait partie de l'uniforme traditionnel du boulanger. À Paris, notamment, l'ouvrier se fait payer tous les jours et à la pièce ; s'il se présente pour toucher sa paie les savates sous le bras, cela signifie qu'il veut partir et changer de patron. C'est l'usage courant, personne ne fait de commentaires inutiles.

– Papa, j'ai très soif, je n'ai plus rien à boire, crie Paul.

– Ne t'inquiète pas, mon garçon. Le mitron est parti chercher des cotrets, je l'entends revenir, je te l'envoie dès qu'il aura apporté le bois, répond Marcel.

Les premiers ouvriers boulangers portaient un chapeau aux allures de mitre d'évêque – c'est l'origine de l'appellation.

La fournée est bien réussie. Les faces de la bonne cinquantaine de pains de cinq livres ont la couleur harmonieuse parfaite : une douce mosaïque dégradée en petites boursouflures de sable doré, d'ambre jaune, de châtaigne, avec quelques pointes d'ébène.

Il arrivait parfois à Marcel de faire des blagues aux gamins curieux et fouinards, avides de savoir ce qui se passe dans un fournil. Lorsqu'il faisait de la *fantaisie,* au sortir du four, il lançait une baguette au garçon en lui disant :

– Attrape-le !

Le garçon se saisissait du pain au vol, s'apercevait qu'il était très chaud et se mettait à glapir. Le boulanger lui lançait alors.

– Ça t'apprendra à fourrer ton nez partout.

Mais comme il n'était pas méchant pour un sou, il lui donnait un bout de brioche pour se faire pardonner.

L'artisan se met à chantonner une vieille rengaine du métier :

Oh beau meunier tu es cocu
Et ru et ru tontaine
En passant par ton moulin
Et ru tontain
Et ru tontaine.

Chapitre un

Soudain, une grosse araignée noire se présente à ses pieds pour grimper sur la table. Il n'oublie pas le dicton *Araignée du matin, chagrin,* et de tout son poids écrase la boule noire aux longues pattes en grommelant : « Saleté de bête. » Bien sûr, il l'aurait laissée filer de bonne grâce si elle s'était présentée le soir, le présage étant contraire. Il a l'habitude de proclamer :

– Je ne suis pas superstitieux, mais il faut prendre garde aux signes. C'est le destin qui se manifeste. Si ça ne fait pas de bien, ça ne peut pas faire de mal.

Il essaie d'oublier l'état de santé de Paul, son fils aîné, qui lutte contre la maladie depuis la fin du printemps 1937 ; le pauvre, brillant élève au cours complémentaire, a dû être retiré de l'établissement scolaire pour une bronchite mal soignée. Il était bien parti pour passer son brevet élémentaire. Apparemment bénigne au début, l'affection n'a pu être enrayée. Bien au contraire, elle s'est aggravée, et, malgré les nombreuses visites du docteur Martinière, l'évolution ne provoque que des inquiétudes. Pourtant le médecin a essayé un tas de potions, de comprimés, de cachets, de piqûres de toutes sortes. Ventouses scarifiées, ouate thermogène, sangsues, sinapismes brûlants n'ont provoqué que plaintes et déceptions, de même que le fameux remède du voisin tailleur. Il avait pourtant assuré à Marcel :

– Tu prends des clous neufs de toutes sortes que tu mets dans un grand bocal en verre rempli d'eau de pluie. Attention, pas de l'eau du puits, mais de la flotte qui tombe du ciel. Au bout d'une semaine, l'eau devient marron par oxydation. Cette eau rouillée contient donc ainsi du fer : élément essentiel et capital. Un demi-verre matin et soir apportent de la force au malade. Le fer se répand dans tout l'organisme et tue les microbes. Les résultats sont extraordinaires.

On a vidé trois fois le bocal en suivant bien les instructions, et on attend toujours un soupçon de mieux !

La fièvre persistante, apparue presque au début, a plutôt tendance à augmenter. Le garçon tousse de plus en plus : une toux sèche qui l'a affaibli, qui a émacié ses traits et cerné ses yeux. Il a maigri. Le pourtour des lèvres est imperceptible dans la pâleur cireuse de son visage. Les gens du village constatent avec tristesse :

– Le petit Paul s'en va de la poitrine. Il risque de perdre le goût du pain, c'est le coup de le dire, pour un fils de boulanger. Ah, ça sent le sapin ! C'est dommage. C'était pourtant un bon petit gars.

On commence à parler de lui au passé, comme s'il était déjà parti de l'autre côté, dans le monde terrifiant de la nuit de l'éternité.

Chapitre un

* *
*

René le mitron sort la fournée, pour la *ressuée,* et chaque pain est mis debout dans des grands paniers rectangulaires, où il va *transpirer.* Un bref coup de brosse enlève crasse et farine. L'eau continue de s'évaporer. Quelques clients gourmands, premiers visiteurs du matin, préfèrent cependant les pièces qui viennent de sortir du four ; une mie plus molle et une croûte moins friable leur procurent davantage de joies gustatives. C'est l'époque où le Français, surtout rural, mange en moyenne une bonne livre de pain par jour, à un prix taxé. L'arrêté de la préfecture avec le tarif précis est affiché bien en vue dans chaque boutique. Cet avis officiel a le double mérite d'éviter les contestations chez le client et de réguler la concurrence.

Au bout d'une demi-heure, l'ouvrier prend environ la moitié des miches qu'il range sur les étagères de la boutique, en fer rond aux rambardes décorées de cuivre, que la boulangère astique régulièrement avec une grande minutie, à l'aide du Miror posé sur un vieux chiffon frotté pendant de longues minutes. Le reste est mis de côté pour le *portage,* dans l'après-midi. Les pains de cinq livres amoncelés maintenant sur les consoles présentent avec assurance leurs deux grosses joues fendues : des *fesses de jument,* disaient certains. Lina la chatte noire tourne la queue en l'air autour des jambes de l'ouvrier, en ronronnant. Pour lutter contre les mulots, les souris et les rats qui viennent faire leurs choux gras de la farine, un mistigri est absolument indispensable : ici, Croûton est gros comme un moine. Fox, chien ratier, lui tient compagnie pour participer à la chasse. René va prendre ensuite le café suivi d'un solide *mangement* avec son patron et sa patronne, car, selon la coutume, il est nourri et logé. Marcel Langlois a embauché un mitron confirmé, puisque ce Berrichon était brigadier à Paris, terme non militaire désignant un ouvrier de première force pouvant effectuer toutes les tâches. Les circonstances n'ont pas permis que le boulanger opère comme son prédécesseur, en l'occurrence son beau-père, qui embauchait et faisait des essais avec des garçons du village. En les recrutant, il les mettait tout de suite en garde.

– Si vous aimez trop le sommeil, vous ne pourrez pas exercer ce métier. Il faut le savoir au départ. Par jour, environ quatre heures de suite et une sieste d'une bonne heure doivent suffire.

On leur faisait faire aussi des tâches secondaires : s'occuper du bois, balayer le fournil, en plus du pétrissage, du pesage et du moulage, parfois même laver la vaisselle, ce que l'exécutant n'appréciait guère.

Chapitre un

Au-dehors, on entend soudain un ronronnement de moteur, puis un coup de frein sec : un camion s'arrête.

– C'est la livraison du moulin, annonce Marcel. René, va lui ouvrir les portes *illico presto*.

Depuis longtemps, le meunier vient livrer systématiquement le mercredi matin, dans des poches de cent kilos : sept à huit, selon les semaines, que le camionneur, suivant l'usage, doit transporter impérativement jusqu'au lieu propice.

– Aujourd'hui, c'est d'accord avec Lucien, je veux faire le déchargement et vous montrer que je suis capable et aussi costaud que lui. J'ai déjà fait des essais, ça a bien marché, déclare avec assurance le mitron.

Il s'approche de l'arrière du camion. Le livreur lui dépose sur l'épaule la lourde charge.

– Cale-moi plus à droite, tu me l'as posée trop sur le *cacoué*. Avance un peu sur la nuque.

L'autre exécute la manœuvre avec douceur et René signifie sa satisfaction par un grognement. Il hésite à démarrer, puis part franchement. Le quintal ne semble pas le gêner outre mesure. Il évolue avec une légèreté déconcertante. Pourtant ce n'est pas un colosse ; bien planté sur ses jambes, il sait s'y prendre et a le sens de l'équilibre. Le sac de farine épouse la forme de l'épaule et du cou. Son patron suit la progression avec un peu d'appréhension.

– Je pourrais danser la valse, se vante le mitron en tournant sans peine sur lui-même, bras écartés.

Le plus périlleux, après la traversée du fournil toujours plus ou moins encombré, c'est la montée d'un petit escalier tournant étroit de huit marches en bois. On les entend craquer sous la charge, comme si elles allaient se rompre. Tout se passe bien. Ignorant les difficultés, René effectue le déchargement complet de la livraison et ramène les sacs vides consignés de la semaine précédente. C'est la règle.

Il n'y a pas si longtemps, vers 1885, les livreurs portaient encore des sacs de cent cinquante-neuf kilos soit vingt-quatre boisseaux ! Mais il y a cinq cents ans, les porteurs de grain étaient organisés en corporation. Par une ordonnance de juin 1467, Louis XI accorda des lettres patentes avec le règlement à ces hommes robustes. Mais il y eut des abus. Certains forts se faisaient remplacer par des gens sans aveu, appelés *plumets,* qui commirent des exactions. Ils furent rappelés à l'ordre par un arrêt du Parlement du 7 septembre 1540. Puis ils abusèrent de leurs forces en proposant leur service à un prix exagéré. On dut à nouveau les mettre en demeure d'obtempérer, avant qu'ils ne soient remplacés par des porteurs de farine.

* *
*

Chapitre un

Depuis un an, Marcel a fait construire un dispositif ressemblant à un grand entonnoir. Ainsi, par un tuyau en toile, la farine, suivant les besoins, tombe directement dans le pétrin situé au-dessous. Entassée sur le sol de la réserve, elle doit être aérée avec une pelle tous les deux ou trois jours. « Ça empêche l'éclosion des vers », prétendent les meuniers. Cependant, il ne faut pas trop mélanger les livraisons. On utilise de préférence de la farine ayant quinze jours *de plancher.* Elle se travaille mieux.

– Bravo, je te félicite, tu t'es conduit comme un maousse, mais n'en abuse pas, ce n'est pas à toi de faire ce dur travail, souligne Marcel.

Depuis quelques années, Langlois achète presque toute sa farine à la Minoterie berrichonne, société sérieuse et réputée. Il a bien une deuxième entreprise pouvant le livrer ; un peu pour faire plaisir au vendeur, un vague cousin, et pour parer aussi à une défaillance éventuelle de son fournisseur principal. Quand il s'était installé, il avait dû s'approvisionner chez le propriétaire du moulin le plus proche, qui avait avancé l'argent pour lui permettre d'acquérir plus facilement le fonds de commerce. C'était une pratique courante dans la profession, qui ne présentait pas cependant que des avantages. Parfois – par bonheur c'était rare –, le meunier abusait de sa situation de banquier en vendant au prix fort et en pratiquant auprès de son obligé des activités qui n'étaient pas loin de rappeler celles de louches entremetteurs. On racontait que les balles ne pesaient quelquefois que quatre-vingt-dix-neuf ou quatre-vingt-dix-huit kilos. Ce n'étaient peut-être que des racontars, comme les histoires mystérieuses d'incendies qui détruisaient des moulins en difficulté : la comptabilité avait toujours disparu. En général, le meunier est bien moins intégré à la population villageoise que le boulanger, malgré un côté bonhomme amical, suggéré par la chanson :

Meunier tu dors
Ton moulin va trop vite
Meunier tu dors
Ton moulin va trop fort.

Le fournisseur s'était comporté avec une honnêteté scrupuleuse, mais, à sa mort, Marcel n'avait pu s'entendre avec le fils successeur, apparemment moins qualifié que son père.

– Sa farine est moins bonne, je sais où il achète son blé. Il a changé de région. Ce n'est pas la meilleure qualité, assurait le boulanger.

Comme la vigne, le sol génère les céréales selon la composition chimique de la terre, avec des différences et des variétés de senteurs difficiles à expliquer, repérées par les vrais connaisseurs. Les gros rendements à l'hectare donnent pour les deux produits des qualités inférieures. Là, dans le blé tendre, exclusivement utilisé en France, le gluten et l'amidon composants principaux de l'amande farineuse ont un goût un peu fort ; ici le parfum est trop léger. Afin que le pain ait une plus belle couleur, le moulin ajoute de la farine de fève ou parfois du seigle, dans la proportion d'un pour cent.

* *
*

Paul est assis dans son lit. Il grimace sous l'effet d'une douleur sourde qui se répercute entre la poitrine et le bas du dos. Par vagues successives, le mal, tel un courant électrique, le taraude, assaille sa chair, avec des rémissions de quelques minutes. Essoufflé, il ferme les yeux et s'imagine être entraîné par un maelström géant vers des abîmes sans fond. Il se laisse emporter dans une descente infernale qui s'accélère. Ce matin, le thermomètre médical indiquait 38 degrés 7, un dixième de plus que la veille. Le malade avale un nouveau cachet, derrière son bol de café au lait qu'il a toutes les peines du monde à ingurgiter. Il laisse de côté les tartines de beurre. Il tâte ses cuisses d'un air inquiet. Il a l'impression que son corps fond, comme ses forces, d'ailleurs. Découragé, il est assailli de pensées tristes et morbides. Au bout de quelques instants, la douleur s'estompe peu à peu. Paul pousse un long soupir, gonfle ses poumons et décide de lire pour se changer les idées.

« Quand cela finira-t-il ? » se demande-t-il en examinant les motifs du papier peint. Les rayons du soleil qui pénètrent dans la chambre font ressortir avec netteté les fleurs multicolores aux formes étranges. Quand on cligne des yeux, les couleurs semblent danser comme si elles voulaient faire la fête. Invites discrètes à garder le moral ?

Il choisit dans un tas le livre que son oncle Octave, boulanger à Saint-Amand-Montrond, lui a prêté : un ouvrage anecdotique sur l'histoire de la boulangerie. Le passage sur la Révolution le consterne.

Un boulanger, Denis François, installé à la Cité à Paris, a déjà débité six *cuites.* Il travaille à la septième. Une ménagère entre et demande du pain.

– Il n'y en a plus, lui répond-on. La femme mécontente réitère sa demande et, fouillant du regard dans la boulangerie, finit par apercevoir trois pains, près d'une pile de bois, dans un coin obscur. Elle pousse sans vergogne un cri de triomphe et, se saisissant des trois boules, sort et ameute la foule. Elle ignore que ces pains mis de côté sont destinés à la famille du boulanger, qui, elle aussi, a bien le droit de manger le pain fabriqué dans ses murs. La harangueuse déchaînée se met à conspuer l'artisan, le mettant dans le même panier que les aristocrates, les royalistes et les ennemis de la République. La populace, hargneuse et rancunière, se précipite dans le fournil, se saisit méchamment de Denis François et le traîne à l'Hôtel de Ville. Le comité de police le déclare innocent.

Mais la masse sauvage de la foule démente, insatisfaite, gronde, exigeant des comptes. Quelques gredins déchaînés hurlent comme des sauvages contre l'ennemi du peuple.

– À la lanterne ! À la lanterne, l'affameur !

En peu de temps, sans jugement, le pauvre boulanger est pendu ; sa tête tranchée est promenée au bout d'une pique, coiffée d'un blanc bonnet. Les émeutiers hurlent leur joie devant le supplice de l'affameur du bon peuple parisien. Le sang du martyr a calmé sa colère. Bien sûr, on retrouva les assassins, qui furent aussitôt mis à mort. Les membres de l'Assemblée nationale se démenèrent pour qu'une pension fût allouée à la veuve de l'honnête citoyen. Mais cela ne ramena pas le pauvre boulanger victime de la stupidité collective. Son nom aurait mérité de figurer sur les tablettes du monument aux victimes anonymes de la Révolution. C'était la répétition, en plus grave, des émeutes et des pillages de boulangeries qui s'étaient produits dans plusieurs villes de province, notamment à Caen le 5 janvier 1789. Pourtant, il n'y a pas si longtemps, Turgot complimentait « ces banquiers du peuple » en parlant des boulangers. Cette tragédie eut lieu trois ans avant le retour à Paris du *boulanger, de la boulangère et du petit mitron* : surnoms méprisants donnés au roi Louis XVI, à la reine et au Dauphin par la population affamée qui vint les chercher à Versailles le 5 octobre 1792. Une des raisons de ces révoltes résultait d'un terrible orage accompagné de grêle, survenu quelques jours avant la moisson de 1788, rendant la récolte fort mauvaise. Les meuniers spéculèrent sur la farine et le prix du pain passa de douze à quinze sous. Ce fut le début d'une triste période pour les boulangers en raison des brimades des administrations révolutionnaires, relayées par les ménagères réclamant le *pain de l'Égalité,* créé officiellement le 15 novembre 1793 avec de la farine assez grossière, d'autant plus que meuniers et boulangers se virent confisquer leur tamis.

Ne dit-on pas aussi que la Bastille fut investie, le 14 juillet, parce que l'on croyait, à tort, que des spéculateurs y avaient stocké du blé ?

* *
*

Paul s'arrête et médite sur ces faits parfois atroces. Il ne veut par pour autant porter un jugement global sur l'histoire. Cependant, il sait que la réunion fortuite de plusieurs personnes est un peu le commencement d'une foule. Il s'en rend compte lorsqu'à la boutique sa mère doit servir cinq ou six clients à la fois : souvent des bonnes femmes un peu cancanières et pas du tout pressées par le temps. Les événements du village y sont disséqués, souvent avec une férocité impitoyable malgré une ambiance apparemment placide. Il les entend avec netteté, lorsqu'il entrebâille l'œil-de-bœuf. Cela le distrait et lui fait oublier sa situation.

– Y aurait paraît-il un polichinelle dans le tiroir, chez les Buisson ?

– Laquelle donc ?

– Je ne sais pas, car les filles ont l'air d'avoir toutes les deux le feu quelque part.

– Elles ont vu le loup de bonne heure.

– Ces *pour* filles, elles en ont pourtant pas grand à garder. Les malheureuses, elles n'y arrivent pas.

– La plus grande dit oui à tout le monde. Elle ne refuse qu'à deux.

– À qui donc ?

– À celui qui peut pas et ensuite à celui qui veut pas.

– Ça viendrait de qui donc ?

– Oh, ce vieux cochon de Guerliche en est bien capable. C'est leur voisin. Savez-vous ce qu'il me disait la semaine dernière au marché de la sous-préfecture ?

– Quoi donc ?

– C'est pas de ma faute si le bon Dieu m'a donné tant de force, et d'avoir tout de suite mon ardillon en l'air à la vue d'une jolie femme.

– Hé ben dis donc.

– Ça ne m'a fait ni chaud ni froid. J'ai fait semblant de ne pas comprendre…

– C'est le roi des embobineurs. Quand ce vrai bouc veut faire de l'œil à une fille, il jacte, il jacte, il jacasse. Je me demande où il va chercher tout ça.

– Fallait lui dire qu'il aille retrouver sa bonne femme.

– La malheureuse, il n'y touche plus depuis qu'elle lui a fait son sixième lardon et que ça s'est mal passé.

– C'est bizarre, au contraire des autres, chaque couche la fait maigrir.

– Ça la rend aimable comme un bouchon d'épine.

– Elle n'en veut plus, du Guerliche. Il n'a plus droit au chapitre. Il doit y avoir maintenant des toiles d'araignée. Mais elle ne reprend pas du poil de la bête.

– Elle savait pourtant que Guerliche était un propre-à-rien.

Chaque phrase est ponctuée de gloussements et d'exclamations sonores. Parfois on rit à gorge déployée. Entre-temps, il y en a qui entrent avec des « Salut la société » et d'autres qui sortent avec des « Au revoir la compagnie ». De la grosse dondon Bargy avec sa face violacée à la Peaudecerf, boiteuse en noir, en passant par cette grande asperge de Corlier qui joue si mal de l'harmonium, chacune des clientes met son grain de sel, et les réputations ainsi se font et se défont, ici, dans cette succursale du lavoir et de la boutique du maréchal-ferrant. La plupart prennent grand plaisir à récolter les potins et les on-dit. Les supputations les plus farfelues voient le jour : insidieuses ou suggestives, elles enflent ou disparaissent en s'envolant selon les circonstances. Certaines femmes, fringalées, ont déjà mordu dans leur croûte achetée et remuent leurs mâchoires tout en bavassant.

Les commentaires sur le temps sont toujours aussi ridicules :

– Ah ! la pluie vient quand on en a plus besoin… et le soleil arrive quand il nous faudrait de l'eau.

– Si le temps ne change pas, il ne fera pas beau demain…

– C'est pas une averse, seulement un pipi d'oiseau.

Mais il faut croire que ces considérations insipides sur le quotidien météorologique conviennent, car elles font surface tous les jours, depuis fort longtemps. Elles rassurent peut-être, mettant sur un pied d'égalité les puissants et les faibles devant la versalité et le pouvoir des éléments naturels. Les différences disparaissent. Tout le monde y prend goût avec le rappel du dicton du moment :

S'il tonne en juin
Année de paille et de foin.

S'il pleut à la Saint-Médard
La récolte diminue d'un quart.

S'il pleut à la Saint-Barnabé
Elle diminue de moitié.

* *
*

Dans sa boutique d'une propreté impeccable, aux carreaux de faïence en damiers étincelants, Germaine, la boulangère en blouse blanche, trône derrière son comptoir en marbre gris clair, entre la balance Roberval aux deux plateaux en cuivre doré et le tranchoir à la lame en acier brillant, dont le socle disparaît sous les miettes ; ces morceaux de croûte serviront à faire de la chapelure. Bien en chair, la peau blanche comme du lait, adoucie par la poudre de riz Tokalon, la poitrine avantageuse, souriante, du poil au menton, elle essaie de louvoyer dans les conversations de ces harpies babillardes en blouses noires ou grises à petites fleurs, recouvertes d'un fichu, qui portent presque toutes à la main un cabas en moleskine noire ou un panier d'osier. Elle donne un peu l'impression de prendre parti tout en ne s'engageant point. En effet, gare au boomerang. Lorsque la conversation devient trop houleuse, ou l'interrogation trop indiscrète, Germaine lance subitement avec à-propos :

– Excusez-moi, je vais à la cuisine, j'ai une casserole sur le feu. J'en ai pour dix secondes.

Quand elle revient, ces chipies ont déjà oublié la question et sont à autre chose. Peu d'hommes *viennent en commission* ; les rares qui se présentent ne traînent pas.

On la respecte dans le village. Le curé l'apprécie, car elle est très généreuse pour son denier du culte. Depuis deux mois, elle doit masquer son tourment obsessionnel sur la santé de son fils. Elle sait par expérience que la commisération ne fait pas vendre. Par pudeur, elle évite de parler du malade. Quand on lui demande des nouvelles, elle répond brièvement :

– Ça ne va pas plus mal, ça suit son cours.

Mais personne n'est dupe.

Officiellement la boutique est ouverte jusqu'à 8 heures du soir. En pratique il n'y a pas d'heures bien précises. On ouvre même quand la porte est fermée et qu'un client mal organisé frappe la nuit aux vitres, en passant derrière par la cour. On dérange souvent la boulangère entre midi et 2 heures pendant le repas, bien que la grosse affluence se manifeste surtout le matin. Tout en pesant, elle réfléchit à la neuvaine qui commence demain à l'église. Elle a vu la semaine dernière monsieur le curé acquis à sa peine : son fils n'a-t-il pas été son enfant de chœur il y a quelques années ? Tous les matins pendant neuf jours consécutifs, une messe sera dite pour la guérison de Paul. Avant de se lever, elle s'astreint à prier longuement en s'adressant à la sainte Vierge. On lui a suggéré d'aller dans ces pays de miracles que sont Lourdes et Lisieux, ou bien, sur le plan local, à Château-neuf-sur-Cher, à Issoudun, à Sainte-Solange. Elle y pense, mais se déplacer est difficile. Une boulangère doit demeurer toute la semaine derrière son comptoir. Seul le dimanche après-midi autorise des escapades.

Germaine emploie une petite bonne de dix-huit ans, Yvonne. Elle vient d'une ferme, donc elle est habituée à des journées longues et pénibles. C'est elle qui fait le ménage et une grande partie de la cuisine. Mais le boulanger la réquisitionne de temps en temps lorsqu'il a des *coups de presse*. Cette gamine donne satisfaction. Son physique ingrat la protège des sollicitations masculines. Les petites bonnes n'ont-elles pas la réputation de ne point se comporter en forteresses imprenables et d'être toujours prêtes à mettre le diable en enfer ?

Chapitre un

Tout à coup, dans la boutique, apparaît le boulanger, l'air furibond et le regard fulminant. Ses oreilles sont devenues comme des écrevisses bien cuites. La tempête éclate dans ses yeux clairs. Il a quitté sa petite calotte, présentant ainsi sourcils et cheveux en bataille. Son nez semble plus cornu dans son visage blême, et ses lèvres pincées, plus fines. Ses bras qu'il lève au ciel le rendent plus grand encore. Il a observé silencieusement depuis un bon moment derrière la vitre le manège et le bavardage des clientes. Il explose :

– Bonjour mesdames. Germaine, je t'ai déjà dit, et je te répète, que personne ne doit ici tâter les pains les uns après les autres. On choisit le modèle qui convient, petit ou gros, cuit ou moins cuit, mais on ne doit pas farfouiller les miches du rayon. Je ne dis pas qu'il y a des pattes sales, mais ces explorations, ça n'est pas propre. Un peu d'hygiène, s'il vous plaît. Si tout le monde faisait ça ! Ici je dois tout vérifier. Excusez-moi, mes petites dames, j'ai une fournée en cours. Bonne journée et bonjour chez vous.

Diplomate, il ne s'en est pris volontairement qu'à sa femme, mais les clientes tripoteuses en ont pris pour leur grade. Germaine aura, c'est certain, la tête lavée à déjeuner. Il a failli houspiller la mère Pétasse, maigre et plate au point qu'elle pourrait passer derrière les affiches sans les décoller ; elle avait manié presque tous les pains, pour finalement revenir au premier d'abord dédaigné et rejeté avec mépris, mais son mari est un camarade de guerre de Marcel, dont il veut conserver l'amitié. Il disparaît en fermant la porte avec hargne, sans faire d'autres commentaires. Marcel a mûri depuis longtemps sa diatribe. C'est un faux coléreux, conscient qu'il n'a guère le sens de la repartie. Il ressasse et ressasse ses ennuis avec pusillanimité, avant de les exposer. Il est finalement plus timide que dissimulateur ou hypocrite.

– Il est *en dedans,* disait son camarade de communion, lorsqu'ils étaient ensemble à l'école.

Aussi, pour exprimer ses déceptions, il construit ses réponses en secret, pierre par pierre. Cet amoureux de la tradition et du travail bien fait prend toujours le même plaisir à goûter son pain chaque matin ; c'est son orgueil. En le dégustant il ferme les yeux ; il savoure la mie et ses arômes capiteux et aigrelets de feuille mouillée, de mousse des bois et de fleurs des champs. Puis pendant quelques secondes la flaveur manifeste d'autres sensations : c'est la senteur fugitive d'un champignon et d'une noix. Que c'est agréable de briser la croûte sous la dent ; elle éclate, croustille et s'éparpille dans le palais. Il sait qu'elle fait office de cuirasse parce qu'elle a subi une cuisson plus vive que l'intérieur. Cette cuisson a provoqué une sorte de caramélisation de la farine, et obtenu ainsi deux saveurs différentes : celle du dessus et celle de l'intérieur aux mille poches d'air.

Toutes proportions gardées, les papilles du sommelier réagissent à la dégustation de la même façon. Ensuite Marcel aime arroser le tout de vin rouge qui barbote entre sa langue et ses amygdales.

– Ben, il n'a pas l'air commode, votre mari, aujourd'hui. Il s'est levé du pied gauche, commente la voisine.

– Y a des jours comme ça où il est mal luné, mais là, il n'avait peut-être pas tout à fait tort, réplique la boulangère d'un air assuré pour montrer simplement qu'elle condamne les pratiques de ses clientes palpeuses. Elle ne peut pas en dire plus. Ce serait mal vu.

– Ouvrez donc un peu la porte, on étouffe.

Le soleil commence à réchauffer l'atmosphère et le pain chaud se transforme en calorifère permanent. Dans une boulangerie, pas besoin de chauffage, même dans l'habitation, d'autant que la cuisinière en fonte noire, au dessus bien astiqué au Zébracier, répand partout autour son air chaud à partir de la cuisine.

Germaine livre un pain entier, ou bien le pèse pour le couper à la demande ; en campagne, surtout dans les villages du Boischaud, on ne connaît guère que le gros pain fendu. La plupart du temps, elle a près de son couteau un pain rassis de la veille, qu'elle découpe en petits morceaux offerts à titre de prime aux clients fidèles. Elle doit agir avec discrétion pour ne pas avoir à en donner à tous. Les bénéficiaires s'en serviront pour faire de la soupe ou pour donner à leurs bêtes. En fin de semaine, on présente un peu de *fantaisie,* c'est-à-dire des baguettes et des flûtes. Il y a longtemps que cela se pratique en ville, le beau-frère de Marcel, à Saint-Amand-Montrond, en vend de plus en plus, et cela depuis plusieurs années. C'est aussi plus profitable pour les finances de la boulange. Dans la région, il n'y a pas si longtemps que les grosses fermes ont abandonné la fabrication de leur propre pain, dans leur vieux four. Cela s'est fait à peu près jusqu'à la fin de la première guerre. Beaucoup de paysans ont pris alors le chemin de la boulangerie, en fournissant leur blé : cent kilos contre soixante-dix de pain. Au siècle dernier, il y avait même des spécialistes appelés *fourniers,* qui cuisaient à la demande pour tous les voisins, contre une petite redevance.

Pour honorer le jour du Seigneur, et augmenter la recette, le boulanger prépare aussi ce jour-là un peu de pâtisserie : des galettes, quelques tartes, des brioches, des chaussons aux pommes et des pâtés à la viande. Petit à petit la clientèle en achète ; mais il ne faut pas la bousculer, ça vient doucement avec le temps. À l'occasion des fêtes, communions, baptêmes, fiançailles et mariages, Marcel confectionne sur commande des mokas et des paris-brest. Il saurait faire aussi des saint-honoré, en hommage au saint patron des boulangers et pâtissiers, mais ce gâteau n'est pas très demandé. Ce saint est d'ailleurs peu fêté, contrairement à d'autres ; saint Éloi rassemble les travailleurs du fer, saint Vincent, les vignerons, saint Blaise, les paysans. Le banquet annuel du syndicat fait à sa manière office de rassemblement corporatif.

Pour ses travaux de pâtisserie, Marcel utilise alors une farine tamisée plus fine, fournie spécialement par le meunier. À cette occasion, il en profite pour rappeler discrètement qu'il a été ouvrier à Orléans, à la fin de son apprentissage, dans la meilleure pâtisserie de la ville. Depuis le temps qu'il le raconte, tout le monde le sait, on blague cette répétition automatique aux allures de réclame déguisée.

Sa pâtisserie du dimanche est en pâte feuilletée, qu'il prépare au rouleau avec une méticulosité extrême, en la repliant sur elle-même, cinq ou six fois, dans une pièce près du fournil. Il commence par le pain bénit destiné à la grand-messe. Ce jour-là, une famille, à tour de rôle, offre ce présent à la mémoire de ses défunts. Les gens modestes fournissent parfois le beurre, ou du blé. Livré à la sacristie, le pain bénit est découpé par le bedeau qui le distribue ensuite aux fidèles, après la communion, dans une panière recouverte d'un linge en dentelles.

La boutique propose également de la farine en pochon de deux livres. Pour l'alimentation des animaux de la basse-cour, on y sert du son et des *recoupes,* par cinq ou dix kilos : les usagers apportent alors un petit sac. À la campagne, presque tous les villageois, même le boulanger, élèvent des poules et des lapins.

– Ça aide à liquider le pain rassis et nous avons ainsi pour la pâtisserie des œufs frais garantis, explique Germaine.

Un autre article est vendu aussi régulièrement : les braises du four, récoltées rougissantes dans un grand étouffoir à couvercle, au début de chaque fournée ; les ménagères viennent les recueillir brûlantes ou tièdes, au fournil, dans un vieux seau. Elles vont ensuite les déposer dans leur petit fourneau en carreaux de céramique à deux foyers, dit *potager,* pour faire leur frichti (d'été) au-dehors ou sous une véranda. C'est supérieur au charbon de bois classique.

* *
*

Régulièrement, des représentants viennent proposer pour vendre à la boulangerie des bonbons, du café, des conserves, des biscottes, des longuets et des gâteaux secs. C'est une vente automatique intéressante. En ville, c'est chose courante, mais à la campagne les boulangers qui font de l'épicerie ne sont pas très nombreux. Ici les Langlois entretiennent des relations cordiales avec leur voisin épicier Bailly. C'est la raison principale pour laquelle ils ne vendent rien d'autre que du chocolat ainsi que des biscuits : deux marques réservées aux boulangers, qui offrent du linge en prime à partir d'une certaine quantité de tablettes : ces torchons motivent Germaine. La convivialité villageoise a des avantages, mais elle présente aussi quelques inconvénients. Quand on lui en parle, Marcel répond : « On verra ça plus tard. » Le père Bailly approche à grands pas de la retraite. Il est certain que les choses seront différentes avec son successeur.

* *
*

Paul a écouté le verbiage des ménagères, qu'il assimile à des réflexions de perroquets, bien que parfois on pourrait y découvrir des répliques de théâtre. Il en a souri et reste persuadé que toutes ces femmes individuellement sont plutôt braves et calmes. C'est leur rencontre qui crée cette animation perfide et l'escalade des commentaires excessifs. Dans cette sorte de pandémonium, il se rend compte aussi avec surprise que les habituées de l'église sont les plus médisantes. Où est donc la fameuse charité chrétienne dans tout cela ? Que devient le pardon dont on nous rebat les oreilles ? Le bon exemple, tant prêché en chaire le dimanche, semble oublié. Et la miséricorde, prônée systématiquement ? Jetée aux orties, sans doute !

À ce moment une grande douleur le saisit au ventre, jusqu'aux reins. Il doit aller à la selle. Impossible, bien sûr, de se rendre aux cabinets, installés au fond du jardin. Il y a plusieurs années, Paul y a gravé avec une pointe des expressions gauloises apprises au cours complémentaire. C'était l'époque où il raffolait des plaisanteries et des calembours. Comme cela lui semble éloigné aujourd'hui !

Sur le mur de droite :

Chasseur sachant chasser
Ici sachez pousser.

Et sur le mur de gauche :

Ici viennent tomber en ruine
Les chefs-d'œuvre de la cuisine.

Sur le moment son père en avait ri, mais sa mère lui avait passé un savon, elle avait bien essayé d'effacer en grattant, mais la gravure était trop profonde, sa riposte n'avait servi à rien.

On a donc installé un seau hygiénique émaillé blanc, et Paul n'y trouve pas l'apaisement souhaité. Au contraire, son dos le fait souffrir, par élancements intermittents. Il a l'impression que tout se déchire à l'intérieur. Paul n'est ni douillet ni démonstratif, mais il ne peut s'empêcher de serrer les dents et de pleurer. Il mord ses draps de rage.

– Papa, j'ai mal. Oui j'ai mal dans la colonne vertébrale.

Il a crié si fort que son père a entendu. Marcel grimpe l'escalier quatre à quatre, s'approche en vitesse et l'entoure de ses bras protecteurs :

– Je suis là, mon garçon, ça va passer. Le médecin vient demain. Il va tenter un nouveau traitement qui donne, paraît-il, de bons résultats. Garde courage. Nous allons te tirer de là.

* *
*

Le docteur Martinière fait très vieille France, tant dans son allure que dans ses vêtements. Ses cheveux grisonnants autour de son crâne dégarni lui donnent un côté professeur Nimbus. Il vient d'examiner Paul de la tête aux pied dans une auscultation méthodique. L'examen du dos n'a rien révélé. Ses guêtres blanches désuètes tranchent sur la couverture rouge du lit. Il a quitté sa veste, et son gilet brodé laisse apparaître une chaîne en or aux motifs ovales pleins d'entrelacs. Il sort la grosse montre ronde de son gousset pour compter les pulsations. Pas un bruit. Assise dans le vieux fauteuil, Germaine ose à peine respirer. On entend parfois au loin un chien japper. Malgré son visage impénétrable, le médecin semble avoir l'air soucieux. S'est-il trompé dans ses prévisions ou bien l'état du malade s'aggrave-t-il ?

– Nous allons te faire des piqûres de sel d'or, dès demain. Cela devrait enrayer le mal. Sois patient. La guérison est en vue. Tu te rends compte, de l'or ? c'est formidable !

Il tapote la joue de Paul et déclare d'un air serein :

– Au revoir, mon petit ami. Je descends pour faire l'ordonnance. À bientôt.

Une fois arrivé dans la cuisine, le docteur fait chauffer dans une cuillère de l'urine de Paul. La flamme vient lécher le métal. Au bout d'une minute, il arrête l'examen, s'installe, sort des papiers de sa serviette et écrit, tandis que les Langlois, debout et serrés l'un contre l'autre, l'observent, impatients, guettant ses paroles comme l'accusé au tribunal avant le verdict.

– Alors, docteur, dites-nous la vérité. Nous voulons savoir, interroge Marcel, l'air inquiet.

Chapitre un

Le médecin réfléchit, promène sa main gauche sur son visage et répond d'une voix douce mais solennelle :

– Il n'a pas d'albumine, c'est déjà une bonne chose. Mais la situation est quand même très sérieuse. L'infection continue hélas de progresser. Je n'ai rien vu du côté des vertèbres. Les sels d'or donnent d'excellents résultats dans certains cas de tuberculose. C'est un remède assez nouveau. S'il n'y a pas d'amélioration, je vous conseillerai de consulter un autre confrère, si possible un spécialiste. Mais forcez Paul à manger : des choses nourrissantes, du laitage, du jambon, de bons biftecks. D'autre part, il faut qu'il garde un bon moral et ne se doute de rien.

– Mais il n'a pas faim.

– Il faut qu'il se force, c'est important. Son état est inquiétant, mais dites-vous bien que tant qu'il y a de la vie, il y a de l'espoir. Ah, j'oubliais, j'espère que vous avez bien éloigné votre fille ? C'est très important. Pensez à la contagion.

– Nous suivons vos directives, elle est chez sa grand-mère depuis quinze jours. Nous avons voulu attendre la fin de l'école. Elle se porte à merveille, répond Marcel qui poursuit :

– Pour mon asthme de boulanger, j'aimerais bien que vous me donniez quelque chose, je toussote et crachote toujours de temps en temps, c'est désagréable. Je sais bien que les trois quarts de mes collègues en sont atteints, mais le malheur des autres… Comme j'ai été gazé en 18, ça n'arrange pas la situation.

– Y a pas grand-chose à faire. Vous avez trop respiré de farine, monsieur Langlois, lorsque vous étiez jeune mitron et que vous pétrissiez à bras. On ne peut rien faire à ça. Quand j'étais étudiant, on appelait les boulangers, à la faculté, mineurs blancs. Sucez de l'eucalyptus ou faites des inhalations, ça vous soulagera un peu. Mais ces séquelles plus ou moins emphysémateuses, il faut vous faire une raison, vous les traînerez toute votre vie. Réduisez plutôt votre consommation de vin rouge. Ça ne pourra que vous faire du bien.

– Je le lui répète assez souvent, réplique Germaine.

– On voit bien, docteur, que vous n'êtes pas devant un four toute la journée. La chaleur, ça donne soif.

Mais Germaine ne peut s'empêcher de conclure :

– L'après-midi, dans ses tournées, il n'y a pas de four. Et il a autant le gosier sec.

* *
*

Dans sa chambre, par l'œil-de-bœuf laissé entrouvert par hasard, Paul a tout entendu. Il est désormais fixé sur son cas. Il croyait jusqu'alors naïvement qu'il ne s'agissait que d'une bronchite, grave, certes, mais une bronchite on en réchappe. Tandis que maintenant il sait qu'il est poitrinaire. On lui a donc caché qu'il avait presque un pied dans la fosse, par la faute de la terrible maladie, cause de tant de décès prématurés. Implacable, la grande faucheuse rôde donc autour de lui. Curieusement, cette révélation tragique ne l'émeut pas. Bien au contraire, elle le mobilise. Il sait qu'il faudra se battre pour résister à la camarde. Il serre les dents et murmure d'un air décidé :

– Je lutterai jusqu'au bout. Je veux vivre, mon Dieu. Je ne me laisserai pas faire.

Et il crie vers l'escalier, d'une voix ragaillardie par l'espoir de jours meilleurs :

– Maman, apporte-moi une tartine de confiture. J'ai faim. Papa, tu me raconteras ce soir, au retour du portage, tes combats pendant la guerre, surtout Douaumont.

Chapitre deux

MARCEL LANGLOIS quitta son uniforme militaire bleu horizon le 28 août 1919, en poussant un grand soupir de soulagement. Comme de nombreux garçons de la classe 12, il avait été appelé pour faire son service militaire en octobre 1913. Il était resté ainsi presque six ans sous les drapeaux ! On eut beau lui dire comme consolation que c'était pour servir la France, et qu'il avait bien mérité de la patrie, il avait trouvé le temps interminable, comme un naufragé dans une île déserte. Huit permissions en tout, pendant les hostilités, lui avaient permis tout juste de ne pas oublier ce qu'était la vie civile et de maintenir le contact avec la ferme familiale. De si longues épreuves marquaient un homme pour la vie.

Dès la fin de juillet 1914, après neuf mois de régiment, il avait quitté la caserne pour la ligne bleue des Vosges, point fatidique dont on lui serinait les oreilles depuis sa naissance. Par bonheur, comme on manquait dans son secteur de boulangers militaires, il avait eu la chance incroyable de pouvoir exercer son métier dès le début de la guerre, jusqu'en septembre 1915. Quinze mois d'une besogne assez dure, mais fort éloignée des sinistres tranchées. Il couchait tous les soirs dans un bon lit et les schrapnells éclataient bien loin du fournil. De l'ouvrage, certes, mais point de danger.

On l'envoya tout d'abord travailler dans un centre fixe de la banlieue parisienne, dans une sorte de boulangerie industrielle, nommée manutention, composée de plusieurs fours : une vraie usine. Puis il suivit des unités volantes qui fonctionnaient près du front, toujours près d'un point d'eau. On devait livrer la production vers les *gares de l'avant*. Cela représentait quarante cinq mille rations, soit quatorze tonnes par jour pour une division. L'intendance ne plaisantait pas. C'est Napoléon, soucieux du confort de ses troupes, qui avait créé ces ensembles en 1807, persuadé que le moral du soldat dépendait beaucoup, en dehors du vin, de la qualité du pain. Ces boulangeries militaires furent les premières à produire du pain de munition en masse : des boules que les soldats se partageaient à quatre. Ces miches évoquaient tellement de choses pour ces malheureux : les champs de leur enfance, la fournaise de la moisson, la poussière autour de la batteuse et les chevaux à la crinière volante attelés à la charrue qui renversait la terre alourdie par les pluies d'automne.

Lors des manœuvres de 1892, l'armée avait déjà expérimenté des fours locomobiles. Matériel, bannetons, farine, sel et levain suivaient les variations en zigzag du théâtre des hostilités.

Mais dans son village berrichon, des lettres anonymes (paraît-il) partirent pour dénoncer sa situation bien au chaud, jugée trop douillette par rapport à celle de ses amis d'enfance, au casse-pipe continuel. La chasse aux planqués devenait sans merci et les épouses ou les mères des poilus vérifiaient avec une rage jalouse la situation exacte de tous les mobilisés. On voulait bien lutter pour défendre la patrie, mais à condition que tout le monde soit logé à la même enseigne. Marcel n'avait pourtant rien demandé, suivant placidement sa destinée. Il se doutait bien un peu qui étaient ses faux amis, mais il n'était pas rancunier, et comment prouver avec certitude ?

Il se retrouva ainsi près de la Somme, submergé par l'enfer d'acier qui décimait les sections, où pleutres et courageux partageaient le même sort, dans la boue jusqu'aux genoux, supportant le déluge des obus, des bombes et des grenades. Ces malheureux sacrifiés tenaient le coup surtout grâce au vin rouge et à la gnôle, bus dans des quarts à l'intérieur bien culotté. Améliorer l'ordinaire du ravitaillement avait beaucoup plus d'importance que le programme des hostilités ; ces soldats, surtout des campagnards, ne s'embarrassaient pas pour chaparder des volailles, les dépouiller et les faire cuire. Marcel connut les tragédies du Chemin des Dames, de Douaumont et du mont Kemmel. Avec le recul, il se demandait toujours comment des hommes avaient pu réchapper de ces batailles. Il avait frôlé la mort sans arrêt, mais il n'aimait pas tellement parler des tueries sanglantes où il n'avait eu qu'une obsession : se protéger et non jouer au héros. Il faisait une exception pour son fils Paul, qui appréciait le rappel de ces souvenirs chargés d'histoire, mais peuplés de canons, de mitraille, de cadavres d'hommes et de chevaux.

Quand il rentra dans son Berry natal, chargé de gloire anonyme avec deux médailles, il se divertit pendant huit jours en allant à la chasse. Son fusil lui paraissait tout léger.

– De toute façon, c'est du rabiot que je fais maintenant, répondait-il simplement quand on l'interrogeait.

Un boulanger de Marcignat, gros bourg voisin, le fit demander pour savoir s'il accepterait de travailler chez lui pendant quelques mois. Marcel voulait se reposer et profiter de sa nouvelle liberté. Il fit la sourde oreille, mais on vint le relancer avec tant de conviction qu'il accepta finalement, car on lui faisait miroiter un salaire supérieur aux usages locaux.

– Il y a au moins trois fournées par jour, parfois quatre en fin de semaine, et le travail est dur, expliqua le patron, comme s'il voulait justifier son apparente générosité.

Le 9 septembre 1919, à vingt-sept ans, il entrait seconder le père Lamelot, handicapé par une hernie étranglée et une sciatique tenace ne lui permettant plus d'exercer correctement son métier. Pendant la durée du séjour à la clinique du malade, c'est madame Lamelot qui irait faire les tournées, et leur fille Germaine tiendrait la boutique, secondée par Lolotte, une petite bonniche, un peu gourdiflote, pas rapide, mais qui rendait quand même service. Marcel devenait le chef absolu du fournil, aidé par un gamin de quatorze ans sortant de l'école, Jean Fayolle, surnommé Fil de fer, aux oreilles énormes, mais si maigrichon qu'il se demandait ce que l'on pouvait en tirer.

– Vous ne vous en faites pas pour moi, je saurai vous aider. Pour le bois, j'ai l'habitude, mon père est bûcheron. Il n'y a que pour l'eau que je serai peut-être un peu juste, expliqua l'apprenti d'un air déluré, ne voulant manifestement pas passer pour un avorton.

Le jour de son arrivée, il s'aperçut que toutes les femmes faisaient leur lessive. Elles respectaient encore une vieille tradition : entre les deux *Bonne*

Dame, celle du 15 août et celle du 8 septembre, on ne lavait pas le linge.

Le puits se trouvait à la sortie de la cour commune, de l'autre côté de la route. Il fallait remplir deux lourds seaux d'eau, un par main, en s'aidant d'un cercle dont le porteur s'entourait pour bloquer l'écartement, diminuant ainsi la peine. La veille, avant de se coucher, Marcel avait rempli la cuve située dans la maçonnerie à droite du pétrin, afin qu'elle soit tiède pour le lendemain. Une bonne vingtaine de degrés environ : un peu moins l'été, un peu plus l'hiver ; une casserole d'eau, chaude ou froide, pour rectifier le tir. Pas besoin de thermomètre, un boulanger chevronné reconnaît la température correcte au toucher. Bien sûr, plusieurs voyages avaient été nécessaires. Heureusement, le bois stocké dans un hangar de la cour réduisait la manutention. Comme il ne connaissait pas encore très bien les habitudes du fournil, il introduisit plusieurs fagots dans le four, pour gagner du temps.

Il travailla également le « chef », c'est-à-dire le levain, reste de la dernière fournée, qui amorcera la prochaine. Il y ajouta quatre kilos de farine avec un peu d'eau, sans saler, puis il couvrit le tout d'une toile. Cela lui rappelait ce qu'il avait lu à l'école sur les hommes préhistoriques qui veillaient sur leur feu avec un soin jaloux. Pour ne pas être privé à jamais de ses bienfaits, le boulanger entoure de précaution ce morceau de pâte un peu magique qu'il utilise automatiquement tous les jours que le bon Dieu fait, le restant de la veille se perpétuant aussitôt le lendemain matin, et ainsi de suite.

Puis Marcel partit se coucher dans une petite mansarde située derrière le fournil. La chambre, rustique, ne se différenciait guère de ses logements de jeune apprenti, puis de mitron, tour à tour dans l'Indre, le Cher et la Creuse. Aux murs badigeonnés de bleu clair, une image clouée de la Vierge Marie portant l'Enfant Jésus et un chromo encadré représentant la Cène tendaient à prouver que l'on se trouvait dans une maison où l'on n'était pas contre le chapelet et l'eau bénite. Un lit sentant le propre, une petite table bancale, une chaise un peu dépaillée et une vieille armoire placard dont la porte n'arrivait pas à fermer constituaient les seuls meubles. Dans un angle on avait fixé une glace au-dessus d'une *bassie,* genre d'évier qui supportait une grande cuvette et un broc en porcelaine. En 1920, on jugeait que c'était suffisant pour faire la toilette d'un homme qui transpirait la moitié de son temps. Par rapport aux tranchées, c'était un palace.

C'était la première fois que Marcel se trouvait devant de telles responsabilités, mais il pensait être en mesure de faire face, malgré quatre ans d'inactivité professionnelle. Les Lamelot semblaient accueillants et lui avaient donné carte blanche. La jeune fille de la maison, qui ne devait pas avoir dépassé la vingtaine, souriante et plutôt jolie malgré une tendance à l'embonpoint, donnait l'impression d'être assez sûre d'elle. Elle devrait servir facilement la clientèle et tenir la caisse, se dit-il avant de s'endormir, après avoir éteint la lampe Pigeon.

Comme la plupart des boulangers, Marcel se lève à une heure du matin. Dans le pétrin en bois il met une quarantaine de kilos de farine, sur lesquels il verse deux petits seaux d'eau, soit trente litres environ, il ajoute deux petites livres de sel et le levain, attaquant ainsi l'opération du frasage qui consiste à mélanger les ingrédients dans une osmose totale. On rectifie la consistance en rajoutant un peu de farine ou d'eau. (Il se disait qu'à Cherbourg des boulangers utilisaient l'eau de mer pour ne pas avoir à saler.)

Puis commence le pétrissage. Penché sur le réceptacle, Marcel, en gilet de flanelle grise, soulève à pleines mains la pâte qui doit devenir bien onctueuse, ni trop molle ni trop ferme. Il la retourne de multiples fois en poussant des « ahans » sonores bienfaisants, comme pour communiquer sa volonté et son esprit à la matière. En geignant, il se soulage et apporte sa force et une action bénéfique à son travail. C'est un échange presque mystique, où le pétrisseur avec son « *geindre* » doit déjà dompter le futur pain, en communiquant sa touche personnelle. Le visage s'empourpre, les muscles des épaules se contractent et se détendent, pendant que les bras exécutent un mouvement continu circulaire. La tâche est ardue et demande beaucoup d'efforts pour mater la pâte qui, parfois, devient collante et traîtresse. C'est presque un mariage charnel entre l'homme et la matière. Des gouttes de sueur apparaissent un peu partout sur son corps. Celles du visage coulent et tombent parfois dans le pétrin en se mélangeant à la préparation, la communion devient ainsi complète. Marcel a perdu un peu de son rythme, il s'arrête quelquefois un court instant, pour souffler un bon coup avant de repartir, avec le plaisir masculin de pénétrer la substance. Il en profite pour enlever avec un grattoir la pâte restée collée à ses mains. Au bout d'une vingtaine de minutes l'alchimie est parfaite, il y a de la *force* dans la pâte, c'est-à-dire une bonne capacité à retenir le gaz carbonique, le pétrissage est terminé. L'homme s'arrête, gonfle largement ses poumons, puis expire en douceur afin de reprendre son souffle, en toute quiétude. Le plus pénible est achevé.

Après un repos d'une demi-heure, appelé pointage, commence le pesage. Il faut diviser en pâtons de deux kilos et demi environ. Marcel retrouve vite ses habitudes et il est heureux de constater que son coup d'œil ne le trompe guère. Sur la balance, il n'a à ajouter ou à retrancher qu'une fois sur deux à peine, et pour quelques dizaines de grammes seulement.

Puis, pour donner la forme, vient le tournage, qui se passe sur le couvercle du pétrin dit tour. Chaque pâton est allongé en roulant et arrondi aux deux extrémités. Ensuite le pouce de l'exécutant le sépare au milieu en deux parties égales dans le sens de la longueur, avant que le bras appuyé sur la fente ne lui donne son aspect définitif par un mouvement de va-et-vient rotatif. À chaque fois l'exécutant donne un peu l'impression qu'il façonne un enfant. Dans la partie centrale fendue on saupoudre d'un peu de farine de seigle, avant de mettre le tout à l'envers dans un banneton tressé d'osier tapissé de toile.

On fait maintenant reposer le contenu de chaque petit panier sur des étagères pendant une heure et demie en les recouvrant de toiles. Lors de cette période de fermentation nommée apprêt, la pâte se dilate sous l'action du gaz carbonique, auteur complice de mystérieuses transmutations : la magie du bon pain opère. Entre-temps, on a allumé le four en enflammant les fagots et en tirant sur la poignée des ouras situés de chaque côté de la porte du four, dispositifs qui commandent l'ouverture de la cheminée. Il faut que la température monte jusqu'à 200 degrés au moins, 220 ou

230 étant préférables. Parfois on peut atteindre 250. Les flammes rutilent alors de toutes les splendeurs du pourpre et de l'or, avec des ruissellements de couleurs dégradées, un poudroiement de lumières, dans un couronnement d'arc-en-ciel. Au fond crépitent par instants les centaines d'étincelles d'un feu d'artifice féerique. En ronronnant, de petites flammèches vives et folâtres, tantôt bleues, tantôt violettes, dansent sur les braises dont les enchevêtrements s'écroulent à grand fracas devant un coucher de soleil des tropiques.

Pour s'assurer de la température, Marcel jette une poignée de farine sur la sole du four. Selon qu'elle roussit ou essaie de brûler, l'ouvrier est fixé. Il ferme alors les ouras. Grâce au *rouable,* nommé aussi *ringard* – tôle au bout d'une longue tige –, il retire les braises pour les mettre dans l'étouffoir. Il remplit d'eau la gamelle à buée, dans laquelle se trouve un petit bloc de fonte, déjà brûlant. Il la pousse sur le côté au milieu de la paroi intérieure. L'eau évaporée aide ainsi à apporter de la couleur au pain. Marcel nettoie la sole du four avec un écouvillon au bout duquel il a entortillé un ancien sac de sel très mouillé. Il ne doit pas rester la moindre trace de cendre, de braisettes et de petites brindilles charbonneuses : il faut que ce soit aussi net que les carreaux de la boutique. Il se prépare alors à enfourner et il ouvre la soupape située en haut de la bouche du four. Afin d'éviter une action de collage, il saupoudre la pâte à chaque fois d'un peu de fleurage (à base de coquilles de noix ou d'olives broyées ou écrasées). Chaque hanneton est retourné sur la pelle et le morceau est déposé individuellement au fond du four, d'un coup sec, avec une légère amorce de recul ; l'éclairage avec une lampe à carbure est indispensable : on n'y voit rien.

La cuisson, pour ces gros pains de cinq livres, dure près de trois quarts d'heure. De temps en temps, le boulanger glisse le petit mica de visite, situé près de la porte du four. Il y passe une lampe à acétylène afin de suivre le brunissage des couleurs. Le pain doit être bien cuit mais non brûlé. Il faut être vigilant ; tout tient à quelques minutes.

Et voilà le moment le plus délicat pour Marcel, impatient comme il ne l'a jamais été. Comment seront ses premiers bébés ? Il pose le tréteau et les ressort à la pelle, le regard anxieux. Les croûtes sont bien blondes, le patchwork des teintes semble impeccable. Il attend quelques minutes pour goûter. Bravo, les sensations sont bonnes, tout est parfait. Il est cinq heures du matin, il a gagné la partie.

L'enchaînement de toutes ces opérations se fait dans la souplesse : tout peut varier pour chaque fournée, selon le temps, la température du fournil, la qualité de la farine, un orage, un courant d'air provoqué par une porte laissée ouverte, et encore bien d'autres éléments. C'est le flair et le savoir-faire du boulanger de deviner à l'aspect s'il faut ralentir ou accélérer les différents processus. On travaille sur de la matière vivante. D'ailleurs, il arrive que l'homme de l'art mette de temps en temps le nez dehors quand le temps est incertain. Il réagit en conséquence. Il y a bien une pendule dans le fournil, mais on ne l'utilise guère : l'instinct du boulanger décide.

Fil de fer vient d'arriver muni des fagots nécessaires à la seconde fournée. Il les traîne un par un, à bout de bras, assez nonchalant.

– Gamin, secoue-toi les puces, mets ce bois dans le fond du four, je vais m'envoyer quelque chose dans le cornet.

– Quoi ? interroge le petit commis.

– Oui, je vais casser la croûte.

– Ah bon, c'est manger.

Marcel avait ramené de l'armée des locutions drôles, des tournures de phrases comiques, inconnues en Berry et entendues dans les tranchées. Il s'amusait à les répéter quelquefois.

– Écoute, gamin, il faudra aussi monter le niveau de la cuve. Mais ne remplis pas les seaux complètement, tu peineras moins. Ne fais que deux voyages. Je ferai le restant si c'est nécessaire.

La corvée de l'eau fait partie intégrante du métier de boulanger. Elle peut être très pénible quand le puits se trouve à cent mètres. Mais le plus dur, c'est l'hiver, du fait des différences de température. Bien des étourdis récoltent de terribles bronchites en oubliant de se vêtir avant de sortir du fournil surchauffé.

Marcel, le pain entamé sous le bras, se dirige vers la cuisine, où il aperçoit de la lumière à travers les vitres brouillées de la séparation. Il frappe à la porte, et quelle n'est pas sa surprise de constater que c'est Germaine qui prépare le petit déjeuner.

– Bonjour, mademoiselle, vous êtes bien matinale.

– Ça n'est pas dans mes habitudes, mais maman est légèrement souffrante. Je la remplace provisoirement. Alors, cette première fournée, est-ce que ça a bien marché ?

– Goûtez vous-même.

– Il a belle allure. Mais votre pain est délicieux, au moins aussi bon que celui de papa. Je vous félicite. Vous devez être content.

– Je ne vous ai pas caché la maladie. Je suis démobilisé depuis une quinzaine de jours seulement. J'appréhendais un peu ce nouveau démarrage. Me voilà rassuré. Quand on aime son métier, on essaie de faire toujours pour le mieux.

Marcel est surpris de voir l'abondance des mets à sa disposition : de la charcuterie, du fromage, de la confiture et des fruits. En buvant son café, il se dit qu'il est tombé dans une bonne maison. Malgré sa toilette du matin forcément un peu négligée, Germaine lui semble encore plus agréable à regarder. Ses cheveux de jais un peu ondulés tombent jusque dans son cou. Son nez légèrement retroussé met en évidence deux grands yeux verts surmontés de longs cils noir corbeau lui donnant un regard assez volontaire. Des lèvres épaisses laissent supposer une attirance pour les plaisirs sensuels. Est-ce le cas ? Le menton fuyant n'est pas le plus bel ornement de son visage, mais il domine une opulente poitrine, ce qui le rend moins disgracieux.

– C'est dommage qu'elle ait des jarrets de coq qui ressemblent à des cierges, pense-t-il en regardant au sol.

– Maman pourra, je pense, descendre déjeuner, et elle servira ensuite à la boutique. Il n'y a pas beaucoup de vente l'après-midi. C'est moi qui ferai le portage avec Bayard. Je connais bien le cheval, car j'ai souvent accompagné papa en tournée.

– Entendu, mademoiselle. Je ferai charger et bâcher la voiture par Fil de fer. Vous pourrez partir tout de suite après déjeuner.

– Merci, mais pas de chichis entre nous. Appelez-moi Germaine, je vous appellerai Marcel, nous sommes faits pour vivre un bon moment ensemble, conclut-elle de sa voix haut perchée.

L'estomac bien garni, Marcel revint dans le fournil, l'air réjoui, pour allumer le four afin de pouvoir enfourner la deuxième fournée, qu'il avait préparée entre-temps. À chaque tournée, on repart de zéro. À midi et demi, la troisième est terminée et rangée. Fil de fer a même mis les pains dans la carriole prête à partir. Il les a recouverts d'une petite bâche pour les protéger de la pluie et des animaux.

Marcel Langlois est heureux, il a rempli son contrat et il se dit que, sauf imprévu, il n'a pas de soucis immédiats à se faire pour l'avenir. Il n'est pas très ambitieux, se contentant de son sort, et ne passe pas trop de temps à tirer des plans sur la comète. C'est en murmurant une de ses chansons préférées qu'il va s'installer pour déjeuner :

Timélou, Lamélou
Pampan timéla
Padi lamélou
Coucoudou la baya.

* *
*

Mariette Lamelot est descendue. Cette femme aux traits réguliers, aux cheveux blancs en chignon, doit avoir largement dépassé la cinquantaine. Son visage pâle exprime un état de santé un peu maladif, bien que ses yeux aient gardé un regard vif et bienveillant. Un châle noir sur une blouse à fleurs délavée, elle se met à parler avec une certaine gaucherie :

– Asseyez-vous, Marcel, excusez-moi, j'ai commencé à manger, mais je veux me reposer un peu avant le départ de Germaine pour la tournée. Je vous félicite. Votre pain est très bien. Belle couleur, dessus croustillant et mie suffisamment gonflée avec des alvéoles bien odorantes. Pas de mie pâteuse sans trous et fade comme on en voit hélas quelquefois. Nous avons eu des nouvelles de mon mari ce matin, par un voisin. L'opération ne s'est pas trop mal passée, mais il y a eu quelques petites complications. Je crois que nous vous garderons un peu plus longtemps que prévu. Au moins jusqu'au printemps. Peut-être plus. S'il y a quelque chose qui ne va pas, ne vous gênez pas pour nous le dire.

– Je vous remercie de votre confiance, et je ferai tout pour vous satisfaire. Pour le moment tout se passe à peu près bien.

– Et Fil de fer, comment le trouvez-vous ?

– Je ne le connais que depuis quelques heures. C'est difficile de juger, mais je crois qu'il est plus dégourdi et plus costaud qu'il n'en a l'air. J'espère qu'il fera l'affaire, car sans lui je peinerais à m'en sortir.

– Tant mieux. Ses parents sont de braves gens. Ce sont des voisins. C'est pour cela qu'il ne goûte pas avec nous. Gaspard a toujours employé des gamins pour donner la main. Même s'ils ne sont pas fameux, ça dépanne toujours un peu.

– Je vous promets de bien le dresser. Excusez-moi, si vous permettez, je vais faire une petite sieste. Je suis un petit peu fatigué. Il faut que je reprenne le rythme. Ça reviendra vite.

– Oh, je sais ce que c'est. Ernest, mon père, qui a créé la boulangerie, allait toujours piquer un petit roupillon après le déjeuner. Il ne pouvait pas s'en passer, et mon mari a toujours fait de même. C'est le métier qui veut ça. Allez-y.

* *
*

Le reste de la semaine se déroula parfaitement pour Marcel. Au bout de quelques jours, il avait retrouvé son rythme d'antan. Après déjeuner, il allait faire la sieste, plus par habitude que par nécessité. Les rapports avec madame et mademoiselle Lamelot devenaient cordiaux, dans leur cuisine-salle à manger accueillante. Sur la cheminée trônait une cloche en verre montée sur un support de bois noir renfermant une pendule dorée surmontée d'un jeune couple et des symboles de mariage : entre autres, la couronne de mariée et son bouquet blanc de fleurs d'oranger. Un commencement d'intimité s'installait et la table révélait toujours des victuailles agréables et variées, supérieures à ce qu'il avait connu à la ferme paternelle. On mangeait du pain à toutes les sauces : panade, tartines beurrées, soupes, mouillettes, chapelure sur des escalopes et du macaroni. L'été, par grande chaleur, le trempé au vin ou au lait était courant. On dégustait aussi des plats simples mais roboratifs : du lapin et du poulet sortant du clapier familial, du bœuf mironton ou du mou de veau accompagné de pois rouges ; on louait le vendredi par de la morue dessalée ou par des pilchards en conserve. On conservait les restes à l'intérieur du cellier, dans un petit garde-manger en fin grillage tamisé. Quand le père Lamelot tournait la salade, il faisait toujours des commentaires drôles :

– Tourne bien, tu feras un bon valseur.

Ou bien, d'un air canaille :

– Les femmes et la salade, c'est pareil, elles ont besoin d'être bien remuées.

Il terminait souvent ses repas par un petit verre de vin rouge dans lequel il mettait trois morceaux de sucre. Puis il découpait de petits morceaux de pain, gros comme un doigt, qu'il trempait pour les déguster lentement en silence, d'un air gourmand, comblé…

* *
*

La production de Marcel plaisait, et le plus beau compliment vint de Fil de fer qui lui déclara :

– Votre pain est si fameux que mon père a dit hier : « Le pain du mitron à Lamelot c'est du nanan. » Et je sais que dans le bourg beaucoup disent pareil.

Ce supporter dira plus tard « Y a bon Banania », comme le tirailleur sénégalais coiffé d'une chéchia grenat qui offrira son sourire rassurant à la vitrine de Bailly, l'épicier de la place. Aujourd'hui, les premières réclames apparaissaient : d'abord un cube jaune et orange Bouillon Kub. À l'autre extrémité de la vitrine, en lettres jaunes sur fond noir, Margarine Astra. Mais la plus importante était celle du chocolat Menier, blanc sur fond bleu. Jaune, de plus d'un mètre de haut, elle représentait de dos une gamine, nattée, près de son panier où apparaissaient des tablettes de chocolat. En biais, « Éviter les contrefaçons ». Mais des farceurs avaient gratté l'émail et effacé la fin du mot afin de provoquer la rigolade.

Voilà ce que découvrait Marcel, désireux de faire davantage connaissance avec Marcignat, ce gros bourg du Boischaut, situé à la frontière des départements de la Creuse, de l'Indre et du Cher. La boulangerie se trouvait près de la grande place de l'église, vénérable monument du XIVe siècle, recelant les reliques d'un vieux saint au nom imprononçable. Pendant longtemps on y vint en pèlerinage pour guérir les maladies mentales. En se trempant la tête complètement dans le grand bénitier réservé aux baptêmes, on avait une grande chance d'être moins estropié de la cervelle. On jetait des pièces de monnaie dans l'eau bénite et le fond du réservoir en pierre était tapissé de disques de bronze et d'argent que personne n'avait osé toucher par crainte de sacrilège. Les murs extérieurs de la sacristie située au nord attiraient bien des hommes, atteints d'une envie pressante ou en mal de prostate. Du fait de son accès discret, c'était sans nul doute la plus importante vespasienne du canton.

Sur la place se trouvaient la plupart des commerces. Jouxtant la boulangerie, la Boucherie limousine n'hésitait pas à présenter au-dehors, près de l'étal, fixés à de gros crochets, des quartiers de bœuf et de veau. Les notions d'hygiène de l'époque n'avaient rien à voir avec celles d'aujourd'hui. La mercerie de madame Naudy proposait sur une petite étagère en vitrine calicot, coton à repriser, pelotes de laine à tricoter, bobines de fil DMC, paquets d'aiguilles, extra-fort sur un carton, présentoirs de dentelles au mètre, ganse, canevas, boutons à pression, boutons, bas, jarretelles et culottes Petit Bateau. Malgré cette diversité, la boutique n'était pas une ruche bourdonnante, et c'est pour cette raison que monsieur Naudy travaillait au Chemin de Fer *PO*.

– Maman n'a pas retrouvé mes supports de chaussettes. J'irai m'en acheter une paire quand j'aurai touché ma paie, se dit Marcel.

À la devanture du bistro voisin *Au.20.100.O* (Au Vin sans eau, bien sûr !), qui vendait aussi des journaux, des marques d'apéritifs commençaient à présenter leurs premières plaques publicitaires. Marcel connaissait Léo Peuchard, qui avait cour commune avec les Lamelot. Ce grand espace, accessible par un vaste portail délabré toujours ouvert, desservait nombre de commerçants de l'angle de la place. C'était leur sortie arrière, composée de réserves, de garages, d'écuries, de petits hangars et de débarras. Mais pas de vrai cul-de-sac, car deux sentiers étroits donnaient ensuite sur des jardins. Il y avait souvent abus de droit de passage, puisqu'en empruntant ce chemin on évitait un long détour. Un petit défilé se constituait ainsi, provoquant des litiges et des altercations. Les vieux disaient qu'on s'était même quelquefois tiré la bourre. Les mauvais coucheurs n'hésitaient pas à faire faire demi-tour à un quidam qui, légalement, ne devait pas se trouver là. Étaient nées ainsi depuis longtemps des chicanes persistantes entre voisins qui se regardaient ensuite en chiens de faïence. Puis les enfants avaient hérité de ces brouilles dont ils ne connaissaient plus très bien l'origine, mais ils continuaient à faire la gueule à la famille incriminée parce qu'à la campagne la notion de propriété est sacrée. Que d'affaires de bornes déplacées et d'accès disparus ! On racontait aussi que des notaires avaient cédé sans se rendre compte des droits de passage lors de ventes de biens.

Donnait également dans la cour le brave père Chardin, dit Falzar, à la fois tailleur et bureau de tabac, affligé d'une nombreuse marmaille, source d'incidents dans le secteur. Levant les bras au ciel, il déplorait constamment leurs méfaits en prenant à témoin sa femme, réputée pour être brave, mais insignifiante.

La dernière habitante de la cour était l'énigmatique madame Jolicart, accorte et souriante, qui n'avait pour vivre que sa pension de veuve de guerre. Cela était bien juste pour une femme seule d'une vingtaine d'années, petite, bien faite, et toujours habillée avec recherche. Cette distinction ne semblait pas correspondre à ses moyens supposés, qu'amélioraient un jardin petit et l'élevage de poules et de lapins. On la disait ainsi frivole, d'autant qu'elle ne portait plus le deuil. Peut-être ne s'entendait-elle pas bien avec son défunt mari, expression qui venait souvent dans sa bouche, au point qu'on l'avait baptisée Défunt mon mari.

Voilà tout ce que commentait, en prenant un verre, Léo à Marcel. Ces deux derniers se voyaient tous les jours par suite du voisinage, et s'étaient découvert une parentèle commune. Ils avaient vite sympathisé, étant de la même génération. Et Marcel aimait bien trinquer, n'ayant pas perdu l'habitude contractée dans les tranchées de boire avant d'avoir soif. Il aimait répéter :

– On remarque toujours quelqu'un qui a bu, mais pas celui qui a soif.

D'ailleurs, à cette époque, l'alcool bu sans excès signifiait force et robustesse. Au bistro, on avalait le café pratiquement toujours *arrosé,* et dans le Sancerrois des mères mettaient encore quelques gouttes de gnôle dans le biberon du bébé, *pour tuer les vers !* La commune comptait huit autres cafés.

Marcel connaissait plus ou moins ses voisins, dont certains venaient le saluer rapidement dans le fournil, par jour de beau temps, quand la porte était entrouverte. D'ailleurs, la petite veuve était passée ainsi déjà deux fois lui dire bonjour sans façon. Sa visite l'avait déjà fait un peu rêver, lui solide garçon en pleine santé qui n'avait connu que des filles à soldats. Il s'était même promis de lui rendre la politesse. Défunt mon mari était tentante et méritait bien qu'on frappe un soir à sa porte. Léo en avait parlé avec des trémolos dans la voix ; même marié, un bistroquet n'a souvent guère de scrupules, puisqu'il disait d'ailleurs, d'un air complice, en parlant d'elle :

– On devrait l'appeler madame Jolidard, au lieu de madame Jolicart.

Chapitre deux

Léo n'allait-il pas de temps en temps y combler son manque d'affection ? Mais n'avait-elle pas besoin aussi d'arrondir ses fins de mois ? pensa Marcel en se disant : « Comment se fait-il que Léo rôdait hier en milieu d'après-midi autour de la porte de la belle, une bouteille de quinquina sous chaque bras, pendant que Rosa sa femme était partie en ville s'acheter un chapeau ? »

Sortant de ses rêveries, il entendit son copain continuer ses réflexions :

– La boulange, tu ne peux pas t'imaginer comme les gens deviennent cinglés, concernant les histoires de propriétaire. Pour quelques mètres carrés ils se mangeraient le blanc des yeux. Ils ne s'engueulent pas comme du poisson pourri, mâchonnant leur rancune, mais il ne faut pas leur chatouiller les oreilles. Il arrive qu'ils se rencontrent dans mon bistro. Eh bien chacun se met à un bout du comptoir et ils s'ignorent comme des inconnus.

– Il y a de quoi attraper une hirondelle dans le soliveau. Chez mes parents, dans la ferme, les voisins sont loin les uns des autres. C'est difficile ainsi de se fâcher. Dans mon village, c'est plutôt les prétentieux qui font parler d'eux. Ils ne manquent pas. Le pompon était détenu par mon premier patron, brave type peut-être, mais quel vantard ! On aurait cru qu'il avait chié l'obélisque parce qu'il faisait quatre fournées tout seul. J'en suis capable aujourd'hui et je n'en fais pas une montagne. C'est pour cela que je n'y suis pas resté, ce qui m'a compliqué la vie, mais tant pis. J'ai réussi quand même à apprendre mon métier ailleurs.

– Ça ne t'a pas mal servi. Ton pain est formidable et se garde bien. Tout le monde le répète dans le quartier. Tu risques indirectement de faire du tort à Patient, l'autre boulanger. Mais dis donc, entre nous, tu sais que tu pourrais devenir un bon gendre ici, la petite Germaine n'est pas mal foutue. Je te vois bien succéder à Gaspard. Sais-tu que leur fille aînée a déjà épousé un commis boulanger ? Ils sont installés en ville et ça marche très bien, je crois. Il est vrai que le mari est un fortiche, plutôt d'avant-garde. En plus c'est un type marrant.

– Allons, allons, sois sérieux. Moi, manant, fils de petit métayer, à côté d'un des costauds de la bourgade, tu rigoles. Bien sûr, la petite n'est pas déplaisante, mais crois-moi, je n'y ai jamais pensé une seconde. J'ai cru vaguement comprendre qu'il y avait un autre gars de la boulange dans la famille. Il est vrai que c'est une situation assez classique : la fille épouse le mitron. Ça donne d'ailleurs souvent de meilleurs résultats qu'un fils successeur. Un couple compétent et uni tirant ensemble sur le même collier, c'est le succès garanti. Les fils sont souvent dégoûtés par la peine du métier. Ils ont trop vu souffrir leur père et préfèrent des commerces moins fatigants. Ne dit-on pas que, pour faire un bon boulanger, il faut être grand, fort et bête ?

– On le dit aussi des gendarmes ; il est vrai que là, on ne s'use pas à la tâche.

– Bonsoir, Léo, et à la prochaine.

– Mais mon petit Marcel, n'oublie pas ma suggestion. Elle mérite qu'on y réfléchisse…

* *
*

Un jour, la troublante Défunt mon mari vint commander au fournil une grosse brioche pour le lendemain. Elle s'adressa directement à Marcel, lui déclarant d'un air plein de sous-entendus :

– J'attends dimanche mon frère et ses enfants. Si vous avez le temps, vous pourriez peut-être la livrer vous-même. Entre voisins, nous ferons connaissance.

Surpris et interloqué, Marcel n'avait pas su quoi répondre et avait bredouillé :

– Après tout pourquoi pas.

Après son départ, il s'était mis à fantasmer, calculant les projets tentateurs qu'un garçon en pleine santé, sevré de plaisirs, échafaude naturellement. Mais au moment où il traversait la cour, comme par hasard Germaine se trouvait là. Elle lui annonça, en suivant avec attention la démarche de son employé :

– Faites vite, Marcel, aujourd'hui, exceptionnellement, nous déjeunons de bonne heure.

Se sentant surveillé, le livreur n'avait pu mettre à exécution ses projets mirifiques inspirés par le dieu Cupidon. Il avait l'impression que le regard inquisiteur de Germaine traversait les vitres de la porte. Il montra un sourire plutôt figé. La jeune veuve en sembla tellement dépitée que le pauvre Marcel rangea ses envies et mit son mouchoir par-dessus.

* *
*

Le lendemain samedi, en fin de matinée, deux clientes passant par la cour demandèrent à Marcel si elles pouvaient apporter des choses à cuire dans le four après la dernière fournée du dimanche.

– Je ne peux pas vous répondre, je sais que ça se pratique dans pas mal d'endroits, mais il faut obtenir la permission des patrons. Je ne peux décider moi-même.

Germaine, qui rangeait la carriole dans la cour, entendit la conversation et se précipita :

– Vous pouvez y aller, Marcel. Ce sont de bons et fidèles clients. Depuis trois générations.

– Demain matin, j'aurai le pain bénit, des galettes, des tartes et des brioches. Ce sera fini vers

10 h 15, 10 h 30. Si vous voulez bien profiter du four, venez à cette heure-là.

Cette tradition était assez courante à la campagne, le samedi et surtout le dimanche matin. On profitait du four chaud de la dernière fournée. Les habitués ne s'embarrassaient pas pour apporter à rôtir un poulet, un pâté à la viande, des tomates farcies ou même des prunes. Cela ne coûtait pratiquement rien à la boulangerie. Rien que du temps, mais à cette époque le temps ne comptait pas. C'est pour cette raison que les mercis étaient plutôt rares.

Au moment convenu arrivait madame Sadet portant à plein bras une grosse dinde. La bête, énorme, était bien ficelée.

– Vous allez vous taper la cloche. Mais c'est un monstre ! Je ne sais même pas s'il pourra entrer par la porte. Et il n'y a pas d'autre entrée.

– Y a pas de raison qu'on ne puisse pas l'enfourner. C'est pour le baptême de ma petite fille. J'y tiens.

Et Marcel eut un mal de chien pour faire glisser la bestiole dont les pattes s'accrochaient au sommet de la voûte, certes assez basse. Il dut s'y reprendre plusieurs fois.

– Revenez un peu avant une heure, ça devrait être cuit.

Oui, mais quand on essaya de sortir la volaille du four, les ficelles s'étaient libérées sous l'action de la chaleur et la bête avait pris du volume. Impossible de la sortir après trois ou quatre tentatives.

– Il va falloir la découper, sinon rien à faire.

– Pas question. Je me suis fait une joie de présenter la bête en entier à mes invités. Ça jette du jus. J'aurai l'air d'une gourde, si ça ne va pas, j'en ai tant parlé… Faites un effort.

– Vous voyez bien que c'est impossible.

– C'est que vous vous y prenez mal.

Devant l'insistance, Marcel partit à la cuisine pour expliquer la situation à madame Lamelot. Mais cette dernière était à la messe, et c'est Germaine qui vint trancher le litige. Elle constata l'impossibilité et se rangea délibérément du côté de son employé.

– Madame Sadet, je suis désolée de ce qui arrive, mais vous voyez bien qu'il n'y a rien à faire. Marcel est un garçon consciencieux et il est le premier ennuyé.

– Eh bien je vais chercher mon mari. On verra bien. Jules est finaud et adroit.

Jules Sadet, récupéré chez Léo, avait déjà participé à de nombreuses libations. Il préparait bien le baptême, et son visage, devenu rubicond, était parfois parcouru de tics nerveux. Il arriva à pas lents, l'air tour à tour désinvolte ou menaçant, les pouces dans les entournures du gilet. Quittant sa veste noire, il retroussa ses manches et engagea le bout de son nez dans la bouche du four. Il secoua la tête et s'accrocha péniblement à l'animal. C'est alors qu'il trébucha légèrement, ce qui eut pour effet de faire reculer la dinde encore plus loin, compliquant ainsi la situation.

– Bon Dieu de merde, grogna-t-il en rotant, la tête dans l'ouverture, coincé aux épaules.

D'un mouvement brusque, Germaine partit alors chercher un plat long et un grand couteau. Elle commanda d'une voix ferme :

– On ne va pas rester ici cent sept ans. Marcel, découpez la dinde, il n'y a rien d'autre à faire.

Dans un silence de mort, le boulanger trancha comme il put, cherchant à grand-peine les articulations des os. Le plat n'était pas assez vaste, il fallut en chercher un autre. Enfin, quand l'opération fut terminée, les Sadet partirent en claquant la porte, disant en chœur :

– La dinde est saccagée, massacrée. C'est une honte. On n'est pas près de nous y reprendre.

Germaine s'approcha de Marcel, penaud et confus, disant pour le consoler :

– Vous vous êtes bien comporté, Marcel. Je vous félicite. Mais quels abrutis ! On risque d'être privés de leur clientèle pendant quelques semaines. Mais ils reviendront, attirés par la qualité de votre pain.

Elle lui serra la main bien fort avec une insistance troublante en le regardant fixement dans les yeux. C'est Marcel qui se dégagea doucement en avouant :

– J'ai vu aussi fort que ça. Pour une première communion. Chez mon dernier patron, un client est venu avec de belles tartes aux mirabelles. Comme il ne savait comment les apporter, il a décroché une persienne en bois et a posé dessus les pâtisseries. Il tenait un bout, son fils l'autre : comme un bon saint dans une procession. Quand ils sont arrivés, tout le monde s'est mis à rigoler. C'était comique. On n'a pas perdu de temps. On a mis directement le volet dans le four. Je revois toujours la scène : cinq disques jaunes sur un rectangle blanc. Tout s'est bien passé, mais les fruits mûrs rendirent tellement de jus que j'ai dû passer un bon bout de temps à nettoyer la sole du four. Et le client a été obligé de repeindre la persienne. La chaleur avait complètement brûlé la peinture.

– « Je vous offrirai une chopine, dans la semaine, ça vaut bien ça », me cria-t-il en partant. Mais je l'attends encore.

* *
*

Gaspard Lamelot était rentré assez fatigué de la clinique. Il ne bougeait pas de la chambre et on lui montait ses repas. La vie de la boulangerie n'en souffrait pas, d'autant que Marcel était maintenant complètement rodé et, succès oblige, tenu de faire une quatrième fournée le samedi. Le travail et l'ambiance lui plaisaient. Sans s'en rendre compte, il avait suivi le conseil de Léo. Germaine revenait dans ses pensées et il s'apercevait que la demoiselle le regardait différemment, avec une insistance complice. Quelques jours après l'incident de la dinde, au déjeuner, par hasard, son pied rencontra sous la table celui de Germaine. Au lieu de se retirer, elle maintint le contact et au contraire appuya davantage. Elle le fixa alors d'un regard langoureux en souriant avec tendresse. Comme madame Lamelot avait le dos tourné, il lui prit subrepticement la main une seconde, et serra ses doigts pour répondre à l'invite. Elle fit alors un signe significatif : de son index, elle frappa deux fois contre sa poitrine et ensuite désigna la cour, dans la direction de la chambre du mitron.

Leur destin allait bientôt basculer. L'heure suivante, elle venait le rejoindre pendant la sieste, pour lui déclarer sans équivoque son attachement, avec une fougue possessive. Deux mois après, c'étaient les accordailles et, selon la tradition, on mangea le *jau*. Les fréquentations furent ainsi bien courtes. Marcel soupçonnait Germaine d'avoir précipité le mouvement, l'imaginant jalouse de Défunt mon mari qui représentait le danger, à une date où les hommes vaillants ne couraient pas les rues, après la saignée de la guerre.

Il ne s'attendait pas à un dénouement aussi rapide, mais cela correspondait assez bien à son caractère enjoué et plutôt fataliste. Complexé par sa position sociale, il pressentait déjà que c'était Germaine qui porterait la culotte. Cela n'empêche pas la bonne entente et les sentiments. Les Lamelot étaient manifestement heureux de la tournure que prenaient les événements : Langlois ne possédait rien, mais sa fortune n'était-elle pas dans ses mains ? De plus, c'était un garçon plutôt bien de sa personne qui leur ferait de beaux petits-enfants. Le mariage suivit dans la lancée. Les deux familles eurent quelques difficultés à s'entendre sur l'organisation des noces : les parents Langlois, et pour cause, jouaient l'économie, tandis que les autres privilégiaient le gueuleton à répétition, à s'en lécher les babines.

Et Paul vint au monde le 22 décembre 1920, un peu plus de huit mois après l'hyménée, grâce à l'intervention énergique de madame Lagnaud, sage-femme du canton, dite madame Guettotrou. Était-ce un prématuré, comme on l'assura bien que le poupard dépassât les six livres, ou bien le jeune couple avait-il emprunté un pain sur la fournée ? Les femmes du lavoir avaient tendance à persifler :

Chapitre deux

– Dès le début ils se sont couchés à deux et relevés à trois. Dans la boulange, on est fort pour enfourner.

La santé de Gaspard se stabilisa jusqu'au mariage, avec des hauts et des bas. Le vieux boulanger venait de temps en temps donner un coup de main au fournil, mais d'une manière assez symbolique, Marcel assurant tout le travail. Pour se distraire, Gaspard effectuait quelquefois une tournée, pour revoir ses fidèles clients, mais il rentrait le soir fatigué. Les deux femmes eurent de longues discussions, car le patron avait manifesté fermement et sans ambiguïté son désir de s'arrêter et de confier la suite à ses enfants.

– Arrangez-vous ensemble pour les détails. Je ne veux pas m'en occuper, avait-il assuré.

– Il faut prendre une décision sans trop tarder, confiait brièvement Germaine à son mari, gêné de ces tractations dans lesquelles il se sentait en porte-à-faux.

Marcel n'avait qu'une exigence : ne rien signer un vendredi.

Le meunier principal vint plusieurs fois donner son avis, pour convaincre madame Lamelot, qui donnait l'impression de traîner les pieds. Elle savait bien pourtant que le prix d'un fonds de boulanger se vendait habituellement à peu près cent pour cent du chiffre d'affaires, ou quatre-vingts pour cent en cas de portage. Avantager sa fille était son souhait secret, mais elle ne pouvait léser son autre fille, Suzanne, l'aînée, boulangère aussi. Lorsqu'elle-même avait succédé à son père, le problème était différent : elle était fille unique.

On transforma une réserve de la cour en appartement destiné aux jeunes mariés, désireux d'avoir un minimum d'indépendance. Mais finalement ce furent les parents qui s'y installèrent. Ce cas de figure de deux générations vivant proches l'une de l'autre était assez fréquent, les anciens signifiaient à la fois aides, surveillances et conseils. Dans l'ensemble, ces cohabitations se passaient assez bien. Parfois, ça couinait entre belle-mère et bru, puis tout s'arrangeait avec le temps.

On en profita pour moderniser et agrandir l'ancien logement, qui n'avait pas connu le passage d'ouvriers du bâtiment depuis près de trente ans. On aménagea aussi une salle à manger, qui finalement ne servira que deux ou trois fois par an, pour les grandes occasions, l'entrée de cette pièce, meublée d'un buffet Henri II, étant gardée par une paire de *patines* semblant faire office de cerbères. À partir du 1er janvier 1921, monsieur et madame Langlois devenaient propriétaires officiels de la boulangerie. Les Lamelot établirent des contrats en règle devant notaire, et ce fut le meunier Léris qui finança une partie de l'opération moyennant une exclusivité d'achat de farine.

Chapitre deux

Alice Langlois naquit le 20 juin 1924. L'événement se déroula parfaitement, comme pour Paul, dans la chambre familiale. La jeune famille Langlois allait en rester là et le temps passait sans incidents notoires, si ce n'est que Paul restait dodu comme une petite caille. Mais l'école l'avait fait maigrir un peu.

– J'espère qu'il deviendra mon successeur, glosait le père. Il est taillé pour faire un bon boulanger.

Ce petit monde entraînait bien du travail pour Germaine. Heureusement que Mariette lui donnait fréquemment un coup de main pour ravauder le linge. Quant à Gaspard, bizarrement la retraite l'avait rajeuni. Il n'était pas au bout du rouleau, comme on le craignait, et il pouvait désormais s'occuper paisiblement du jardin, son passe-temps favori.

* *
*

Marcel, asticoté depuis des années par son beau-frère Octave, s'apprêtait, avec inquiétude, à vivre une révolution : l'installation d'un pétrin mécanique. Voilà maintenant quelques mois qu'il en rêvait la nuit à s'en rendre malade, et, dans la journée, ça devenait même une obsession. Les boulangers en ville en étaient déjà pourvus. Mais à la campagne un conservatisme archaïque freinait le développement. On apprenait par-ci par-là qu'un boulanger de village s'était équipé, mais ce n'était pas la ruée vers le modernisme. D'autre part, dans l'ensemble, les ruraux du Boischaud, région qui n'était pas d'avant-garde, s'imaginaient que rien ne pouvait remplacer les bras d'un homme et qu'obligatoirement le pain serait moins bon.

– La ferraille, c'est sûr, va esquinter la farine. C'est pas naturel. Le bon Dieu a donné des bras à l'homme pour qu'il s'en serve.

La clientèle ne risquait-elle pas de partir chez Patient, le concurrent ? Changer les mentalités ne serait pas facile et demanderait du temps. Voilà les questions que se posait Marcel Langlois. Le père Lamelot, consulté, ne s'engageait pas trop :

– Il faut vivre avec son temps. Marcel, c'est à toi de voir. Y a du pour et du contre.

Chapitre trois

– MON CHER MARCEL, cesse de te tourmenter et prends ta décision. Fais-toi installer au plus vite un pétrin mécanique. Je te conseille la marque L'As, c'est une des meilleures. Tu sais que voilà près de quatre ans que j'en utilise un tous les jours et je peux t'assurer qu'il m'a donné entière satisfaction ; jamais de pépins. C'est pour ton bien que je te dis ça, pas pour te casser les burnes, s'écria Octave Arnaud, le boulanger qui avait épousé Suzanne, la sœur aînée de Germaine.

Les deux couples, réunis le dimanche après-midi, discutaient avec animation, à la fin d'un déjeuner tardif. Les Langlois n'avaient pu partir qu'après la sortie de la messe et on ne s'était mis à table qu'à 2 heures. Les parents Lamelot gardaient Alice, mais Paul, qui allait sur ses huit ans, avait insisté pour venir. Et il savait être têtu ! Il aimait beaucoup son oncle, bavard intarissable qui le faisait rire avec ses histoires. Le repas copieux avait présenté des réalisations d'Octave : bouchées à la reine et pâtés à la viande, suivis d'un canard de Barbarie rôti au four. Après le fromage, on terminait par des mille-feuilles, spécialité du boulanger-pâtissier, suivies de cerises à l'eau-de-vie préparées il y a fort longtemps par un vieil oncle de l'Yonne.

– Germaine et moi sommes convaincus qu'il faut se jeter à l'eau. Nous n'avons pas peur du tout, mais on *s'ammeille* un peu que tous les clients ne nous suivent pas. Notre collègue risque d'en profiter. Vous, en ville, c'est différent, vous êtes moins arriérés, concéda Marcel.

– Ici, à Saint-Amand, les douze boulangers sont tous équipés. C'est moi qui ai été le premier. Le dernier, Thouvenot, s'est décidé au début de l'année dernière. Au commencement, il y a eu des critiques, des hésitations, des clients se sont volatilisés pendant quelques semaines. Puis ils sont revenus petit à petit, quand la rumeur s'est propagée que notre pain était largement aussi bon qu'avant. À Paris, juste avant la guerre, les boulangeries utilisaient presque toutes un pétrin électrique. Mon moteur à essence Bernard commence à être fatigué. L'an prochain, je passe à l'électricité. Savez-vous qu'il y a deux mille ans des boulangeries romaines particulièrement organisées comportaient un four en maçonnerie et un système de pétrissage mécanique entraîné par un cheval ?

– Mais comment convaincre mes clients ? Je ne peux tout de même pas leur expliquer tout ça en disant : T'occupe pas du chapeau de la gamine ! s'exclama Marcel.

– Réponds à tes bouseux qu'ils ont bien eux aussi acheté des faucheuses et des moissonneuses-lieuses et tout le tralala. Ils voient aussi arriver les premières autos. C'est la même chose. On ne peut pas arrêter le progrès. Et puis, ce qui est capital, c'est que tu vas beaucoup moins peiner. Je sais que tu es bien plus costaud que moi, mais n'empêche, tout de suite tu apprécieras. Du jour au lendemain, tu vas te sentir revivre. Profites-en aussi pour abandonner le fagot et chauffer à la charbonnette, même si cela revient plus cher. Exige bien la longueur, soixante-dix centimètres. La chaleur reste davantage, le pain est mieux cuit. En fin de semaine, n'aies pas peur d'innover en faisant moins de gros pains *fesses de jument,* mais des longs de deux livres vendus à la pièce et non au poids. On gagne mieux notre vie, et il faut démontrer progressivement que tu sais faire autre chose que suivre les habitudes des *bounoumes* de la cambrousse. Les gens commencent à voyager davantage. Ils connaissent ou ont entendu parler des pains fantaisie. Ils apprécieront que tu soies un gars moderne. Ça les flattera, j'en suis sûr.

* *
*

Même s'il était plus bel homme, Marcel avait moins de classe que son beau-frère, dont la boulangerie était près de trois fois plus importante que la sienne. Germaine peinait à l'admettre et cela l'agaçait secrètement. Elle y pensait en écoutant les arguments de Suzanne pour savoir quoi répondre à la clientèle, avec l'arrivée du fameux pétrin tournant en fer, remplaçant celui en bois fixe. Bizarrement, les deux sœurs ne s'entendaient pas très bien. Oh, pas de querelles ni de motifs de brouilles, plutôt une sorte de jalousie instaurée entre elles avec le temps. L'éternel problème de la campagne contre la ville, les villageois complexés devant les gens des cités qui sans s'en rendre compte manifestent un léger sentiment de supériorité. Comme beaucoup de femmes, Germaine n'attaquait jamais de front, mais médisait par-derrière en biaisements et insinuations. Les Arnaud n'avaient pas d'enfants et le déploraient : ce vide favorisait l'égoïsme et n'arrangeait pas les choses. D'autre part, Suzanne portait des toilettes élégantes – toujours le dernier cri –, au contraire de sa sœur, qui, malgré des efforts coûteux, était rarement tirée à quatre épingles. Les robes et les ensembles de la Mélanie Bernet, pourtant de loin la meilleure couturière de Marcignat et des environs, avaient souvent un train de retard. Était-ce la faute de son corset à baleines, que Germaine ne se résignait pas à quitter, pour camoufler sa tendance à l'embonpoint ? Suzanne, plus svelte, avait depuis longtemps jeté aux orties cette gaine contraignante, jugée indispensable depuis des lustres.

Octave, lui, ne participait pas à ces états d'âme et à ces nuances, toujours plein de projets d'extension en tête. Ancien compagnon du devoir, sous le nom de Berry la clef des cœurs, il avait longtemps roulé sa bosse avec un optimisme inusable dans les villes et les petits bourgs de province, acquérant ainsi une bonne vision de l'évolution professionnelle. Cette vieille et digne organisation ouvrière qu'est le compagnonnage formait des mitrons remarquables ; son activité s'est réduite, mais elle continue de se manifester encore de nos jours. Il avait lu beaucoup et connaissait parfaitement l'histoire de la profession et du pain. Ses jugements se révélaient souvent exacts, et c'est pour cela que Marcel, son cadet de cinq ans, l'écoutait avec bienveillance et sans sentiment d'envie. Certes, Octave fignolait son ouvrage probablement moins que son beau-frère, mais il était bien meilleur commerçant. Grâce à ses relations et à ses démarches, il avait notamment réussi à obtenir le marché annuel d'un asile de vieillards et d'un pensionnat de jeunes filles, en sachant avec adresse arroser les décideurs dans la discrétion, après une entente tacite avec un confrère. Il envisageait de s'acheter une voiture pour améliorer son portage, car il souffrait des jambes comme certains boulangers victimes de varices, par suite du piétinement continuel. Sa gauloiserie s'épanouissait à la fabrication de petits pains ityphalliques bien décorés, moulés discrètement pour quelques plaisantins avides de surprendre leurs convives en cachant les attributs virils sous la serviette : la découverte au début du repas rencontrait toujours un franc succès. L'ambiance était garantie pour la soirée. Il insistait toujours sur le fait que les « bijoux de famille » étaient criants de vérité :

– Il y en a toujours une plus grosse que l'autre ! Cependant, pour un objet condamné par définition à prendre du volume, une seule chose m'échappe, je ne peux pas contrôler l'importance de l'enflure ! D'ailleurs, je vous signale que les Romains, il y a deux mille ans, adoraient ce genre de plaisanterie. Les pains obscènes, ils en raffolaient dans tous leurs medianoches.

* *
*

Chapitre trois

– Mon vieux Marcel, il faut s'adapter constamment aux circonstances. C'est la vie. Je sais que tu es un peu routinier et que tu n'aimes pas trop le changement. Moi, ce serait plutôt le contraire ; il faudrait presque me freiner, tant j'ai plaisir à ce que ça bouge. C'est mon tempérament, mais j'ai appris cela aussi d'un de mes patrons, à Paris. Chez lui, autour de Noël, il était de bon ton d'offrir une galette aux concierges, conseillères de leurs nouveaux locataires sur le choix des commerçants. Comme il savait que j'aimais le contact, il m'a envoyé faire la distribution. Avec les habitués, pas de problème, on me payait parfois la goutte ou un canon, et la manœuvre était toujours gagnante. Mais quand j'ai voulu agrandir le cercle, des difficultés sont apparues. Il aurait presque fallu se torcher avec les concurrents, indignés qu'on vienne glaner dans *leur* secteur. Comme si la clientèle leur appartenait.

– Les clients appartiennent à tout le monde et à personne. Avec leur pognon, les gens vont où ils veulent, mais de préférence au plus proche. Cependant, j'ai remarqué qu'à Orléans les connaisseurs n'hésitaient pas à faire un détour pour choisir un bricheton meilleur. Il est donc primordial de faire de la bonne qualité, renchérit Marcel.

Suzanne prit alors la parole :

– Le bon pain n'est pas suffisant. Il faut aussi, croyez-moi, tenir compte de l'amabilité de la boulangère, ou de la demoiselle de boutique, comme on dit à Paris. Elle doit tenir constamment le crachoir. Depuis quelques jours, je vois arriver par exemple des nouveaux clients de Labergère. La femme de son successeur n'est pas très gracieuse, paraît-il. J'en profite.

– Rappelez-vous le proverbe chinois : qui ne sourit pas ne tient pas boutique, fit remarquer Octave.

– Mais à la campagne, comme on connaît tout le monde, c'est la corvée continuelle. Il faut toujours faire semblant de participer à la conversation, pour entendre toujours les mêmes ragots. À l'heure actuelle, je rencontre bien des soucis avec le châtelain du village, le fils de l'ancien maire. Comme il tire le diable par la queue, il a dû liquider du personnel et c'est lui qui vient maintenant faire les commissions. Il fait ricaner tout le monde dans la boutique avec son air de dégénéré fin de race et son costume des dimanches élimé datant de Badinguet. Le pire, ce sont ses grandes chaussettes beiges délavées mises par-dessus son pantalon, rapiécées à n'en plus finir, et pleines de trous. Quand il arrive et qu'il y a trois ou quatre bonnes femmes, je dois me gendarmer pour les calmer, car il ne veut jamais attendre son tour, prétextant un horaire chargé. Cela ne l'empêche pas de critiquer bêtement la nouvelle municipalité, qui n'est pas de son bord. C'est d'ailleurs son droit le plus absolu, mais il n'a pas la manière… En ce qui concerne les paiements, on est moins vernis que vous. Nous en sommes, dans plus de la moitié des cas, à l'encoche ou au livret payable en fin de mois, mais souvent c'est fin de trimestre, précisa Germaine.

– Nous, ici, il reste encore quelques livrets, le reste au comptant. Les encoches, il y a longtemps que c'est terminé. À ce sujet, des mauvaises langues ont raconté que des boulangers un peu voyous trichaient en cochant en double, profitant de l'agitation née du commérage des ménagères ; je me demande comment ils procédaient, répondit Suzanne.

– Je l'ai entendu dire. C'est possible, des brigands, il y en a dans tous les métiers, peu ou prou, commenta Marcel.

– Je finis pour les paiements, continua l'épouse d'Octave. Il y aussi les bons de pain des indigents, délivrés par la mairie. Nous les groupons et nous sommes réglés au début de chaque mois. C'est parfait. Le seul ennui, c'est que certains de ces malheureux se présentent en guenilles et mal lavés. Ils auraient plutôt tendance à faire fuir les acheteurs. Heureusement qu'ils viennent l'après-midi, en heures creuses. C'est moi qui le leur ai suggéré. Quand je peux, je leur donne du pain russe, rétorqua Suzanne.

– Qu'est-ce que c'est que ça, du pain russe ? interrogea le petit Paul devenu subitement curieux.

– Il arrive parfois le soir qu'il y ait quelques invendus. Le lendemain, je les mouille et les fait chauffer une dizaine de minutes. On est pas malhonnête. Le pain est aussi bon, expliqua Octave. Distribuer du pain gratuit ne date pas d'hier. Sous le règne de plusieurs empereurs romains, on distribua le pain gratuitement aux plus pauvres citoyens de Rome, les boulangers fournisseurs, appelés *pistores,* devenant fonctionnaires. À l'avènement de Jules César, il y avait deux cent mille bénéficiaires de farine gratuite. Néron en fit profiter les soldats de sa garde. Sous Aurélien, trois cent mille personnes recevaient deux pains gratuits par jour. L'assistance aux démunis était devenue une habitude si bien admise que l'empereur finit par décréter la transmission héréditaire de la *tessera,* le jeton de contrôle. Mais cette distribution généreuse provoqua une curieuse conséquence : une fainéantise incroyable. Certains historiens prétendent même que cette générosité stupide a été une des causes de la chute de l'Empire romain. La technique de fabrication de ces boulangers nous a été restituée par les découvertes des ruines de Pompéi ; on y retrouva une boulangerie intacte, avec quatre-vingt-un pains (assez calcinés) en forme d'étoile.

Chapitre trois

– Tu es un vrai professeur, bravo, concéda Germaine, qui rappela un incident comique : Te souviens-tu, Marcel, de ce cinglé de Châteaumeillant à qui je réclamais un arriéré. Il eut le culot de me répondre : « Madame, j'aime mieux vous le devoir toute votre vie que de le vous faire perdre. »

L'intarissable Octave poursuivit :

– Mon plus grand problème est de trouver de bons mitrons. La guerre a fait plus d'un million et demi de morts, sans compter les invalides. Il y avait là-dedans, c'est probable, des centaines et des centaines de boulangers. Rien qu'à Paris, il y en eut cent trois. Le nom de ces courageux morts pour la France est gravé en lettres d'or à l'entrée des bureaux du bel immeuble du syndicat de la Seine, 7, quai d'Anjou. Aujourd'hui, on prend ce qu'on trouve. En voilà trois que j'essaie depuis le début de l'année. Le premier n'était jamais à l'heure, surtout le lundi matin : il dormait comme un sonneur, malgré un réveil posé dans une assiette avec des pièces de monnaie ; ses yeux étaient toujours chassieux. Le deuxième buvait comme un trou, toujours entre deux vins. À table, c'était pas tenable, tellement il sentait la vinasse. C'est dommage, c'était un bon ouvrier. « C'est pour chasser la poussière », s'excusait-il. Quant au troisième, impossible de l'empêcher de fumer, malgré mes interdictions formelles et répétées. Ça a pété le jour où on m'a rapporté un pain contenant un mégot.

Quel scandale à la boutique ! J'ai donné à la cliente le triple en pain et une brioche, à titre d'excuse, surtout pour qu'elle ferme sa gueule. Quant au gars, ça n'a pas tardé ; je l'ai foutu à la porte après la dernière tournée. Mais ce salaud-là, en partant, a scié traîtreusement toutes les pelles en laissant une fraction de bois. Je ne m'en suis aperçu que le lendemain, au moment d'enfourner. Elles ont toutes lâché au deuxième ou troisième pain. J'avais l'air fin ! J'ai bien essayé de rattraper le zigotto, mais il avait déjà pris le train pour Paris. Cependant, je l'ai signalé au syndicat.

– Moi aussi, je me rappelle une histoire de mégots, mais le patron et son mitron fumaient tous les deux. C'est la fille de la maison qui trouva bêtement le coupable par la couleur du papier. Son père fumait uniquement des Boyard papier maïs, et le mitron roulait ses cigarettes. Le patron était le fautif. J'ai connu également un saligaud de commis, condamné à partir le jour même, en fin de matinée. Il était vraiment godiche. Incapable. Furieux, il a mis en douce une souris dans un pâton. Il avait dû la choper dans une tapette. Quand on a rapporté le pain, on ne voulait pas y croire. Le client a fait un drôle de ramdam dans une boutique pleine de monde. Mon patron s'est mis en quatre pour arranger l'affaire, qui lui a fait un tort considérable, énonça Marcel.

– Il n'y a pas un boulanger qui dans sa vie ne voit pas le retour d'un pain contenant un petit objet quelconque : un bouton, une épingle, un copeau de bois, un morceau de verre, un petit caillou, même des crottes de souris... On se demande toujours comment cela est arrivé : un gamin par inadvertance ? Un ricochet après un choc ? C'est sûr que ça fait mauvais effet. Il faut des excuses et des cadeaux pour calmer l'intéressé.

– Eh bien, j'en aurai appris des choses, aujourd'hui, je les raconterai à ma sœur, conclut Paul en embrassant son oncle et sa tante avant de partir.

– Tu viendras nous voir aux prochaines vacances. Je t'en raconterai d'autres, proposa Octave. Je t'apprendrai *La boulangère a des écus.*

– Tais-toi, Marcel, le gamin est trop petit.

Mais le chanteur ne tint pas compte des réserves de sa belle-sœur effarouchée et lança :

Les boulangers, les fariniers,
Ont le même sac, même grand chapeau,
Les charbonniers, les fariniers,
Se ressemblent comme deux gouttes d'eau.
Mais pour celui qui sait bien voir
Y a un détail très important,
Y a un détail, y a un détail,
Y a un détail très important.

C'est qu'le charbonnier est tout noir
Et qu'le farinier est tout blanc,
Tout blanc, tout blanc, tout blanc,
Oui le farinier est tout blanc,
Tout blanc, tout blanc.

J'ai connu une petite femme qu'était,
Qu'était la femme d'un charbonnier,
Et la petite femme avait
Un amant qu'était farinier
Son mari venait l'embrasser
Puis c'était le tour de son amant.
Elle passait la vie à se brosser
Pour ne pas avoir de désagrément.

* *
*

Cache-nez autour du cou, Paul reprenait le lendemain le chemin de l'école, vêtu d'un tablier noir et d'une culotte courte, chaussé de galoches en bois et coiffé d'un béret. Au dos, son cartable en cuir, rafistolé par le bourrelier, contenait un livre, une ardoise et un plumier où se trouvaient des plumes Sergent-major, un crayon porte-ardoise, un crayon et une gomme ; ses deux cahiers étaient revêtus d'un protège-cahier publicitaire au dos duquel figuraient les tables d'addition, de multiplication, de soustraction et de division. Paul se mit à siffloter l'air du charbonnier de son oncle Octave, *La boulangère a des écus* d'Offenbach. En avance pour son âge, il avait lu déjà presque tous les livres de la bibliothèque, et il retenait avec une aisance particulière poésies et chansons, séduit par la cadence. Malgré la proximité, il se dépêchait, craignant un retard : le maître d'école était fort chatouilleux sur la ponctualité. Depuis cette année, l'instituteur ne logeait plus au même endroit, mais deux cents mètres plus loin. Jouxtant l'école, la mairie, manquant de place, avait récupéré son appartement afin de le transformer en bureaux pour le secrétariat. Les bâtiments, plutôt harmonieux, s'étendaient en longueur suivant une disposition que l'on retrouvait dans de nombreux villages. Maintenant, on voyait arriver de loin la silhouette lourde et massive de Louis Duponchel.

– Son père a dû servir dans la cavalerie, plaisantait Pierre Bailly, le fils de l'épicier.

En effet, l'enseignant possédait des jambes légèrement arquées : malformation accentuée par une bedaine respectable.

Cet homme à grosse moustache, au visage sévère, surmonté par deux énormes sourcils, exigeait que les élèves, dans un simulacre de garde-à-vous, lui fassent une double haie d'honneur qu'il traversait sous un salut général.

– Bonjour monsieur.

Ce protocole de bienvenue se transformait souvent en bruyantes piailleries par manque de coordination. L'instituteur en profitait parfois pour prôner la propreté en examinant, d'un air soupçonneux, les mains et même les oreilles, afin de voir si le débarbouillage était passé par là. Sa devise était : Il y a un temps pour tout ; faisons bien ce que nous faisons. Il la rabâchait plusieurs fois, par semaine.

Athée intégral, l'enseignant, par ailleurs secrétaire de mairie, entretenait des rapports conflictuels avec le curé Blanchet, homme tatillon respectueux des traditions : les filles, à la messe, devaient avoir la tête et les bras couverts, même l'été. En aucun cas les écoliers ne devaient manquer les cours à cause de l'église, pensait Duponchel. Aucune excuse n'était admise. Sous la pression de la population, l'instituteur avait dû céder sur certains points. Les villageois ne concevaient pas de cérémonies sans enfants de chœur : mariages, enterrements et une ou deux fêtes religieuses importantes situées en semaine. Pour les rogations, le début de la procession avait été avancé d'un quart d'heure, afin que les gamins soient rentrés à l'heure, les retards prenant allure de provocations.

Les livres sortant du catéchisme devaient sentir l'encens, car l'intraitable instituteur ne voulait pas qu'ils soient introduits dans la salle de classe, sous peine de destruction. À la sortie des cours religieux donnés avant la classe, les enfants les déposaient à la boulangerie, située entre l'église et l'école, et ils les reprenaient en allant déjeuner. Ainsi, par suite des circonstances et de la topographie des lieux, les Langlois faisaient un peu office de succursale du clergé, bien commode pour tout le monde, mais les faisant cataloguer comme grenouilles de bénitier. Les Lamelot avaient poussé leur fille à adopter cette solution, satisfaisante pour de nombreux parents habitués à plus de tolérance. Marcel avait donné son accord, ne comprenant pas l'obstination trop laïque du fonctionnaire. Monsieur le maire, consulté, déplorait cette situation qu'il ne pouvait pas modifier, car elle était hors de ses compétences. Cependant, pour les fêtes et les défilés du 14-Juillet et du 11-Novembre, il avait obtenu, afin d'éviter des querelles, que les deux premiers notables de la commune après lui se placent à chacun de ses côtés, juste derrière l'orphéon municipal. On n'avait pas eu à déplorer d'incidents jusqu'à ce jour. Les protagonistes en question marchaient en fixant bien droit devant eux les joueurs de trompette, de tambour, de clairon et de trombone à coulisse, sans trop de regards à droite ni à gauche, sauf pour la grosse caisse fermant la marche, où l'on jouait surtout *Paris-Belfort, Sambre et Meuse,* ainsi que *Vous n'aurez pas l'Alsace et la Lorraine.* Pour le banquet des anciens combattants, on les plaçait à l'opposé, à chaque extrémité de la table officielle.

Comme Paul n'aimait pas trop le commandement, sa mère avait refusé d'envisager qu'il soit enfant de chœur.

– On est déjà assez marqués comme ça. Mais je sais que cela ne lui déplairait pas. Il travaille bien au catéchisme, et il pourrait aussi revoir ses copains.

Les habitants de la commune n'osaient pas trop se plaindre ; l'enseignement brillait par ses résultats : peu d'échecs au certificat d'études, ce qui coupait court aux contestations.

L'hiver, les premiers écoliers arrivés allumaient le poêle à tour de rôle. Sur le flanc du gros calorifère en fonte noire démarrait un long tuyau traversant en biais toute la classe, accroché au plafond par deux fils de fer. Les gamins allaient tout bonnement dans le bûcher au coin du préau et fendaient des bûches sans appréhension ni difficultés. Ils ne faisaient que répéter ce qu'ils faisaient souvent à la maison. Des bûchettes toutes prêtes recevaient un papier enflammé, et commençait alors le ronflement : prémice du chauffage. À midi, quelques enfants vivant loin du village sortaient un petit *potet* métallique qu'ils posaient sur le dessus du poêle pour chauffer leurs aliments. L'hiver, ils mangeaient sur leur banc d'école, presque en silence, en s'interpellant par chuchotements, tant l'empreinte du maître, pourtant absent, était grande. Mais à la belle saison ils déjeunaient sous le préau, où ils n'avaient plus peur de chahuter, sitôt avalée la dernière bouchée.

– Ton fromage sent fort. Tu dis que c'est du chèvre. Ça ne serait pas plutôt fait avec du lait de vache dans lequel le bouc a pissé ?

Ce genre de boutade provoquait souvent des altercations et des bagarres terminées par des égratignures et des blouses déchirées.

On parlait aussi des bavardages médisants du village, les *grands* ayant tendance à se gausser des *nouveaux*.

– Il paraît que le père Delpeau a jeté la mère Delpeau par la fenêtre ?

– Je ne suis pas du bourg, je ne les connais pas. Ça a dû lui faire mal.

Quelques-uns attrapaient des mouches, leur arrachaient les ailes et organisaient des courses sur des bancs.

Les cabinets dans la cour étaient propres, mais assez rustiques. Seul l'instituteur bénéficiait d'une vraie cellule individuelle. Depuis toujours, une clef restait à l'extérieur dans la serrure, sans raison apparente, puisqu'un verrou existait en dedans. Un jour, lors d'une récréation, un garçon facétieux tourna la clef alors que le poste était occupé. Il avait dû préparer sa plaisanterie longtemps à l'avance. Ainsi bloqué, le maître ne pouvait plus sortir. Il se mit à frapper fort en hurlant : « Ouvrez-moi ! » Les cris et les coups de poing résonnaient si forts que personne n'osait bouger. Le martèlement sur la porte continuait d'une manière ininterrompue. Paul, qui se trouvait là par hasard, fit le geste inverse du farceur et libéra un Duponchel hors de lui.

– Est-ce toi qui a fait ça, le fils du boulanger, du clan des défenseurs de l'opium du peuple ? lui jeta-t-il au visage, l'air menaçant.

– Oh non, monsieur, je vous le jure, mais c'est moi qui vous a décoincé.

– Je te tiens à l'œil, si le coupable n'avoue pas rapidement.

– Croyez-moi, je n'y suis pour rien.

– On verra. Alors qui ?

– Je ne sais pas, monsieur !

– Je veux le savoir et je le saurai. Ah ! mes gaillards ! vous allez voir de quel bois je me chauffe. Un serviteur zélé de la République de Jules Ferry n'admettra pas d'être ainsi bafoué avec tant de mépris. Vous aurez des lignes à copier, à en avoir mal au poignet, jusqu'à ce qu'il ne reste plus une goutte d'encre dans les encriers.

Tous les élèves furent aussitôt convoqués pour un interrogatoire serré, collectif puis individuel, où chaque élève reçut sur les doigts, une longue suite de coups de règle bien appuyés.

– Ce n'est qu'un acompte. Vous me direz bientôt des nouvelles sur le restant de la distribution. Vous n'aurez pas chagrin de votre course, ricanait le bourreau.

Les nombreux « hou ! là, là ! et des aïe, aïe, aïe ! faisaient monter l'effroi chez les gamins attendant leur tour. Mais rien ne transpira. L'instituteur écumait de rage. Le temps passait et personne ne s'était encore dénoncé. L'auteur du méfait ne se manifestait pas, et s'il était connu, pas de délateur pour vendre la mèche.

– Qui était donc le fautif ?

– Un grand gars du certif ? murmura Paul, plutôt amusé par la rime et par la tournure des événements.

Les enfants, dont certains habitaient dans des fermes à plus de quatre kilomètres, se mirent à pleurer à chaudes larmes.

– On va arriver chez nous à la nuit, et en traversant le bois on risque de se perdre. C'est pas juste, on n'a rien fait.

Ils en rajoutaient peut-être un peu pour sortir de ce guêpier. Le maître d'école, ne voulant pas perdre la face, fut sensible à l'argument, vu l'heure tardive. Il savait qu'il serait tenu pour responsable si un incident survenait.

– Je vous libère tous, mais on reparlera de l'affaire demain en arrivant. Et je vous assure que ça va barder.

Le lendemain, évidemment, ça bardait, mais pas comme prévu : une visite matinale de monsieur l'inspecteur, débarquant à l'improviste pour se rendre compte du bon fonctionnement de l'instruction à Marcignat. C'était la règle traditionnelle dans l'enseignement. Les élèves commencèrent à s'effrayer, persuadés qu'ils assistaient au dénouement logique de l'affaire de la clef. Ils avaient tort : pas de punition tragique, mais une pure coïncidence. Celui qui craignait le plus cette arrivée intempestive, Louis Duponchel, était dans ses petits souliers. Plus de visage dilaté par la colère, mais un sourire cauteleux, et ses yeux de gorets adoucis semblaient vouloir dire : « Tout ici est parfait. Ne vous inquiétez pas. Mon exercice est sans reproches et mes élèves sont à la fois dociles et studieux. »

Les enseignants redoutaient toujours cette inspection, parfois révélatrice de failles et de manquements aux règlements administratifs. Pour eux, sans aucun doute un événement considérable, entre le désastre et la catastrophe. On interrogeait des élèves au hasard, et leurs réponses étaient quelquefois lourdes de conséquences. Duponchel n'avait cependant rien à craindre. Il cumulait le maximum de réussite aux examens du canton, grâce à une pédagogie rigoureuse mais assez originale et à une discipline de fer de tous les instants. Cependant, sait-on jamais avec les chefs ? La seule chose qu'on aurait peut-être pu lui reprocher était sa tendance à valoriser les châtiments corporels. Il n'y allait pas de main morte. Mais à cette époque, si l'Académie ne les recommandait pas, elle les tolérait en les ignorant. De toute façon, aucun élève n'osait se plaindre chez lui. Il savait que la sentence subie serait alors multipliée par deux ou trois. Les gamins préféraient recevoir des taloches que d'avoir à copier cent fois : « Je regrette de m'être conduit comme un imbécile. » Ça durait moins longtemps.

– Un coup de pied au cul ou une torgnole, ça n'a jamais fait de mal à personne et ça vaut mieux que toutes les réprimandes, assuraient sans exception les parents.

* *
*

À la reprise des cours, après déjeuner, l'inspecteur était parti. La conclusion avait dû être bonne, car Duponchel, détendu, semblait avoir oublié son emprisonnement dans les cabinets. Pour une fois, on le voyait sourire. À la récréation, les écoliers jouaient dans l'insouciance, loin des heures mouvementées qu'ils venaient de vivre, mais en commentant :

– Espérons qu'on sera tranquilles avec la clef des chiottes, maintenant qu'elle est enlevée.

Ils se chamaillaient tout en mettant au point leur emploi du temps pour le lendemain jeudi. La recherche des nids faisait partie des distractions préférées des petits campagnards. Par les anciens, ils connaissaient assez bien les mœurs et les habitudes de l'élégant chardonneret, du gai pinson, (en patois *dix-huit)* du moineau *(éparse),* de l'hirondelle *(l'oiseau du bon Dieu),* de la mésange *(ardrole),* du rossignol chanteur, du merle *(marlaud),* des rouges-gorges *(rouiche),* du petit roitelet, de la bergeronnette à longue queue (ces dix espèces mangent toutes par jour leur poids de nourriture). On n'oubliait pas la tourterelle *(tourte),* le geai, l'étourneau *(sansonnet),* le corbeau *(coale),* le pic-vert au long bec, l'alouette *(mauviette),* la caille au cri qui ressemblait à *paie tes dettes* et le coucou. Tous n'étaient pas accessibles, mais on savait ceux qu'on pouvait espérer dénicher. Les oiseaux de toutes espèces ont toujours attiré petits et grands, heureux de pouvoir les contempler. Leur cri et leurs amours demandent une observation attentive. On opérait par bandes en tenant compte des résultats de l'année précédente.

– Ne recommençons pas l'affaire de la pie. Ça a fait tant d'histoires, et il a fallu trop s'engueuler, ça suffit comme ça, précisa Bastien, le doyen de la classe.

Il y a deux ans, celui-ci avait récupéré une toute petite pie et l'avait ensuite élevée en lui donnant chaque jour à manger. L'oiseau, appelé Kiki, avait grandi et était devenu de plus en plus apprivoisé. Bastien le montrait avec amour et fierté en prétendant complaisamment que Kiki le connaissait et parlait. L'oiseleur improvisé claironnait tellement ses aptitudes qu'il en devenait agaçant. Vaniteux et vantard avec son oiseau, il avait exaspéré les arpettes de Mélanie la couturière, qui avaient eu l'impression d'être prises pour des gourdes. Pour lui donner une leçon, ces dernières avaient été kidnapper la pie dans sa cage et lui avait soigneusement cousu le trou du cul au moyen d'une aiguille et de fil, avec autant d'application que pour une boutonnière. Bastien s'étonna que Kiki perde de son entrain et de sa vivacité. Le lendemain, il la trouva raide morte. En la prenant, une larme à l'œil, il s'aperçut de la lâche mutilation et se demanda d'où elle venait. Paul, qui accompagnait souvent sa mère chez la couturière, eut confirmation de la cruelle opération et la communiqua à son voisin.

– Elles ricanaient et rigolaient comme des cruches en disant : « C'est bien fait pour la gueule *du petit dompteur.* »

– Je leur revaudrai ça à la première occasion. C'est surtout, je crois, de la faute à Madeleine. Je ne lui fais pas de l'œil, malgré tous ses sourires, et elle s'est vengée ainsi.

Une autre affaire d'oiseaux s'était déroulée dans la cour de la boulangerie, et Paul avait participé activement à l'opération. Maurice, un des fils du tailleur, avait trouvé des perdrix grises après la fenaison et les avaient gardées dans une petite volière de fortune. Pour les nourrir, il fallait courir dans les bois pour trouver des nids de fourmis : tâche obscure et difficile. Les œufs de ces dernières sont un des rares aliments leur convenant pour les deux premiers mois. À tour de rôle, les gamins des alentours s'en allaient le jeudi et le dimanche à cette chasse avec plus ou moins de bonheur. Les perdrix s'arrondissaient et prenaient du volume tout en faisant l'orgueil du quartier. On leur donna alors du grain, du millet de préférence. Paul leur apportait des miettes de pain, de la chapelure et même des restes de brioche qu'elles becquetaient avec plaisir.

– Les brioches à papa sont fameuses. Nos perdreaux savent bien le reconnaître.

Mais un matin, alors qu'il leur apportait leur repas, Paul, à sa grande stupéfaction, n'aperçut plus les oiseaux. Il regarda dans tous les coins, espérant un miracle. Mais rien. Quelqu'un avait ouvert la porte et les perdrix s'étaient envolées. Les gamins en pleurèrent de dépit en promettant de se venger. Mais comme pour les cabinets de l'école, on ne retrouva pas le délinquant, jusqu'au jour où l'on apprit qu'Amédée, cet ivrogne de cantonnier, s'était vanté, un soir de cuite, de s'être bien tapé la cloche avec des perdrix, précisant que le plat ne lui avait pas coûté cher.

– Rôties avec des petits oignons, elles étaient délicieuses. Toute la famille s'est régalée.

Les pneus de son vélo reçurent le lendemain des dizaines de coups d'épingle, et l'ouvrier ne put effectuer un déplacement obligatoire pour son travail.

– Ça nous a bien soulagés, déclara Paul à ses complices. Cette sale ordure méritait bien ça. Et je ne dis pas que nous ne recommencerons pas la punition.

Il prenait plaisir de temps en temps à réciter sa phrase mystérieuse sur les oiseaux, qu'il prononçait rapidement pour tromper l'auditoire. La plupart des gens n'en comprenaient d'ailleurs pas le sens :

Pie haut nid, caille bas nid
Coucou, ni haut nid, ni bas nid

Paul se plaisait aussi à poser la devinette suivante : dix moineaux sont sur une branche, un chasseur tire et en tue un. Qu'en reste-t-il ?

Beaucoup répondaient neuf, alors que Paul se tordait de rire pour répondre : « Il n'y en a plus, ils se sont tous envolés aussitôt. »

Les fils de paysans avaient une devinette favorite : quelle est la différence entre un champ de laboureur et une pipe ? La pipe, on la bourre avant de la fumer, et le champ, on le fume avant de labourer.

* *
*

Marcel s'est enfin décidé à se moderniser. Le pétrin installé fonctionne parfaitement, sans la moindre anicroche. Le bruit du moteur Bernard est bien un peu agaçant, mais en réalité la pétarade ne durera qu'une bonne heure par matinée. Il s'est rapidement mis au courant, grâce aux conseils d'Octave. Le fournil a été agrandi par la suppression de recoins. Son pain conserve largement sa qualité et son aspect habituels. En lançant l'opération, il avait bien ressenti une petite crainte au ventre, mais maintenant il se rend compte qu'il avait tort. Il veut que ça se sache pour couper court à la critique. Il a donc décidé de modifier un peu sa tournée habituelle en l'allongeant et en passant surtout à nouveau dans des endroits un peu délaissés. Après déjeuner, il n'a plus du tout envie de faire la sieste, car il n'a pas eu à subir le pétrissage à bras de quatre fournées. Fil de fer a chargé davantage la voiture en mettant notamment quelques pains de deux livres en plus : les premiers fabriqués dans le four. Le matin, en les enfournant en dernier, Marcel a sorti sa petite lame et les a grignés, c'est-à-dire a tracé trois petites fentes parallèles dans le sens de la longueur sur chaque pâton. La pâte a décollé à la cuisson à cet endroit. C'est la signature du boulanger. Fil de fer le mitron a un peu forci et est maintenant devenu un ouvrier complet à peu près convenable. Comme il est exempté de service militaire, il restera longtemps. C'est bien utile pour la boulangerie, qui fait dorénavant quatre fournées trois fois par semaine. Il continue de balayer le fournil avec le même plaisir. Avant de se saisir du balai, il arrose avec une grande boîte de conserve percée et s'amuse toujours autant à dessiner avec le jet, sur le carreau rouge, des arabesques, d'élégantes volutes, de gracieuses spirales, d'harmonieuses fioritures, remplies de significations érotiques.

En partant dans sa carriole à capote tirée par Bayard, Marcel a l'impression de commencer une nouvelle aventure. Sacoche en bandoulière, il veut faire de la réclame, mettant encore en pratique les conseils de son beau-frère. À la sortie du bourg, il passe devant le cimetière et le dépôt des ordures, jouxtant, selon les indications du panneau, au bout d'un petit chemin, le lieu réservé aux nomades. S'y trouvent trois roulottes de romanichels rafistolées, d'un vert pisseux, entourées par trois baudets faméliques dont les os percent la peau. Une femme à longue jupe et fichu rouge, occupée à faire chauffer une lessive, lève le bras et accourt : elle désire un pain, qu'elle paie sans discussion.

Cinq cents mètres plus loin, à gauche, sur la route du Montet, Marcel s'arrête chez un retraité du chemin de fer.

– Bonjour, monsieur Chamiot, excusez-moi de vous déranger, mais je tiens à vous présenter mon nouveau pain fait au pétrin mécanique. J'en ai profité pour fabriquer en plus du pain de deux livres, comme cela se fait en ville depuis longtemps.

Quel va être la réaction du client ? C'est un test significatif. L'homme regarde, palpe, hésite, réfléchit. Il le fixe dans les yeux, appelle sa femme pour finalement déclarer :

– Après tout pourquoi pas ? Descends donc, Marcel, qu'on boive un coup pour arroser ça. Ça me fait plaisir. Il y a longtemps que nous n'avons pas trinqué.

Marcel est soulagé. On bavarde, on commente les potins du village et des nouvelles politiques, en parlant du président de la République Gaston Doumergue, de Raymond Poincaré, d'Aristide Briand – fils de meunier –, d'Edouard Herriot, d'André Tardieu et d'Edouard Daladier, dont le père est boulanger. Après un coup de vin rosé, le boulanger repart rassuré. L'affaire s'annonce bien. Il est fier de montrer son dernier travail. Il donne parfois un coup de poing sur le dessous d'un pain de cinq livres :

– Écoutez comme ça résonne, dit-il en commentant, joyeux : Pain sonore, pain bien aéré, bien levé.

Le pain doit être aussi un peu élastique et reprendre sa place lorsqu'on le presse doucement. Il cherche manifestement à convaincre la clientèle que son investissement n'a pas du tout diminué la qualité de sa production. Au contraire.

Après le petit bois, une des premières fermes visitées est dirigée par un couple de paysans assez modernes, les Clavier. Ils viennent de s'acheter une moissonneuse-lieuse, bien visible au fond de la cour, près du tas de fumier sur lequel picorent des poules et des dindes.

– Bonjour, mes amis, j'ai fait comme vous, je me suis modernisé également.

Là encore, pas la moindre réserve. On parle du progrès et de la nécessité de suivre les nouvelles inventions mises sur le marché. Les prouesses des aviateurs et leurs grands raids sont alors un sujet de conversation. Comme presque à chaque fois, Marcel jumelle les deux coches en bois : la sienne et celle du client, en donnant un ou plusieurs coups de canif similaires. Comme d'habitude, le boulanger est partout bien accueilli, sauf peut-être chez la mère Malin, septuagénaire en bonnet, qui lui formula :

– Marcel, donne moi cinq kilos de recoupe pour mes lapins, mais j'ai pas besoin de pain.

Cette cliente fidèle est la première depuis plus d'une heure à lui refuser son nouveau pain : il se doute qu'elle n'en a plus et qu'elle ira chez Patient, son vieux collègue installé de l'autre côté du bourg.

– On ne peut pas gagner à tous les coups, se dit-il en remarquant que ses voisins, les Foussard, ont rabattu la grille de leur demeure, signe d'absence provisoire. D'après leurs conventions, il laisse un pain de cinq livres derrière les volets, qu'ils récupéreront ce soir. Selon l'usage, on lui donne des messages, ou un petit paquet pour une voisine. Il arrive aussi qu'il faille conduire une grand-mère paralytique ou un gamin boiteux. Faire le commissionnaire et rendre service fait partie de la profession. C'est agréable lorsqu'il fait beau, mais lorsqu'il pleut, vente ou neige, pas question de décaler le portage, et alors communications et colis deviennent fastidieux. Mais il faut toujours montrer bonne mine contre mauvais cœur. Le chemin de terre de la ferme des Touraud, long de cinq cents mètres, est impraticable par mauvais temps : on risque de s'embourber. Depuis longtemps, il a été convenu que le boulanger sonnerait de la trompe pour s'annoncer. Comme on connaît l'heure de passage à peu de chose près, la livraison n'en souffre pas trop.

Dans les petits hameaux, Marcel stationne à sa place habituelle et donne deux ou trois coups de trompe, les femmes délaissent leur occupation et accourent pour l'entendre vanter sa nouvelle marchandise. Bien sûr, écouter commérages, cancans et coquecigrues débités comme des prières fait partie du rituel. Il rencontre un chineur ami qui, dans sa charrette à quatre roues chargée à bloc, propose de la chapellerie et de la chemiserie. Les deux commerçants bavardent et échangent des informations sur le crédit et la clientèle.

– J'ai appris que tu t'es payé un pétrin mécanique. Félicitations. Eh bien moi, je m'achète une camionnette d'occasion, le mois prochain. Il faut vivre avec son temps. J'ai calculé qu'avec les heures gagnées je rembourserai mon acquisition en un an et demi. Et pas de temps perdu à entretenir le cheval-vapeur.

Une ou deux fois par mois, il retrouve, en un lieu fixé à l'avance, l'épicier et le boucher-charcutier. Ils saucissonnent et vident ensemble deux bouteilles. Jamais plus, c'est immuable. Souvent le boucher se plaint de ne pas manger chez lui ce qu'il désire :

– Avec ma femme et mes gamins, on est condamnés à bouffer les restes, c'est-à-dire ce que les clients ont délaissé.

La tournée a été bonne pour Langlois, bien meilleure qu'il ne le pensait, mais dans de nombreux endroits il a dû boire un verre de vin. Chez Millet, c'a été la goutte, et maintenant une douce torpeur l'envahit, suivie d'une agréable sensation d'optimisme. Auparavant, il refusait, mais aujourd'hui il a tout accepté. Il voit la vie en rose. S'il continue ainsi il risque de faire comme Baron l'épicier, qui faisait aussi des tournées régulières ; un jour, ayant trop fréquenté les vignes du seigneur, il s'endormit sur la banquette de sa carriole et se réveilla tout étonné chez lui. Son cheval, qui devait sentir l'écurie, avait parcouru deux kilomètres tout seul, sans sollicitation et sans encombre, avec la voiture chargée de marchandises et du conducteur.

La voiture de Marcel passe alors devant la maison isolée de la veuve Charron. Comme les persiennes sont ouvertes, il fait stopper aussitôt sa carriole.

– Tiens, c'est bizarre, elle est donc revenue. Voilà des mois qu'elle était partie. Je vais voir si elle n'a besoin de rien.

Cette grande femme en noir venait de temps en temps à la boutique, mais elle a demandé récemment qu'on la serve lors des tournées. Il descend, ouvre la grille du jardinet, s'approche de la maison et frappe à la fenêtre. Il entend :

– Boulanger, apportez-moi donc un pain de cinq livres et un kilo de farine, je cherche ma coche.

Chapitre trois

Le boulanger fait le nécessaire et trouve la porte entrouverte. Il entre, pose le pain et le pochon sur la table. Il attend, et rien ne bouge. Comme il n'aperçoit pas sa cliente, il se permet de faire quelques pas. Il s'enhardit, traverse la pièce, attiré par le bruit léger de vêtements froissés et les fragrances d'un parfum capiteux. Il continue de se rapprocher, arrive sur l'entrée d'une chambre, et qu'est-ce qu'il découvre ? madame en train de se changer. Catherine Charron, à moitié nue, joue l'offusquée tout en le toisant d'un air assez provocant.

– Dites donc, la boulange, vous y allez un peu fort. Vous êtes drôlement culotté. Vous faites comme chez vous. Voulez-vous que j'appelle un voisin ?

Mais le ton manque assurément de conviction. Elle n'a pas crié :

– Pas touche !

Cette veuve de guerre d'une trentaine d'années, aux cheveux blonds coupés à la garçonne comme le veut la mode parisienne, a entendu la trompe du boulanger, qui a résonné dans son moi intime avec l'espérance de plaisirs dont elle est sevrée. Elle semble plutôt prête à capituler en rase campagne qu'à opposer une résistante héroïque à un assaut. Ses longues jambes bien galbées, posées sur le bout du fauteuil, paraissent un refuge bien excitant. Marcel, ému, fait la comparaison avec celles de Germaine, ce qui a pour effet de lui faire monter une bouffée de sang au visage. Son épigastre se contracte. Il sent bien qu'il ne se contrôle plus, émoustillé par la beauté de cette jolie créature qu'il ne soupçonnait pas aussi bien faite, sous ses vêtements de deuil sans coquetterie. Il continue de progresser machinalement et oublie complètement les conseils de son dernier patron, homme d'expérience :

– Surtout pas de contact avec les clientes. Tu es foutu et tu ne seras jamais payé.

Il se rappelle aussi des histoires de meunier venant réclamer le paiement de factures en retard. La boulangère payait quelquefois en nature pendant que le mari faisait son portage.

– Eh bien, que faites-vous là ? Je crois que cette fois-ci notre grand mitron exagère, dit-elle pour la forme, d'une voix bizarre, jouant la surprise indignée en couvrant sa poitrine avec ses mains croisées.

Il ne prononce pas un mot, s'approche d'elle, qui, après une seconde d'hésitation, lui tend les bras, lèvres offertes, tout en s'effondrant lourdement sur le lit, après avoir enlevé – car c'est une personne soigneuse – le macramé en dentelles.

* *
*

Chapitre trois

Marcel a donné son premier coup de canif dans le contrat, mais pas dans la coche. Ce sera le premier et le dernier. Il a été trahi par un enchaînement de circonstances dont le véritable responsable est la modernité. Voulant prouver que son habileté n'avait pas souffert du nouveau pétrin, il est devenu altier, a joué au matamore, bu plus que de raison, et voilà la conclusion, dont il ne se sent pas fier. Il a quitté précipitamment la belle au grand galop, inquiet pour son cheval qui, tranquille, broute l'herbe du fossé. Comme quelqu'un qui n'a pas la conscience tranquille, il regarde autour de lui pour voir si on n'a pas remarqué cet arrêt à la durée inhabituelle. Il semble que non. On n'est jamais sûr de rien à la campagne, où beaucoup de bonnes femmes passent des heures derrière leurs rideaux à exercer leur curiosité. Le manque de distractions explique ces longues patiences. Dégrisé, il a un peu honte de son abandon avec cette donzelle à facteurs, bons spécialistes du *café des pauvres,* se dit-il. Pourvu que Germaine ne se doute de rien ! Il a pratiquement tout vendu, ce qui le rassure : la carriole est quasi vide. Il fouette Bayard, auquel il dit quelques mots apaisants, afin de rentrer vite à la boulangerie, en servant sur le pouce un dernier client.

Il trouve ses enfants qui s'amusent dans la cour, en compagnie d'un petit voisin, surveillés par leur grand-père Gaspard assis devant sa demeure, *Le*

Chasseur français à la main, attentif à leurs jeux. Un peu à l'écart, grand-mère Mariette reprise de vieilles chaussettes violettes, à l'aide d'un œuf en buis, en se plaignant par moments de sa mauvaise vue.

Accroupis devant une caisse, les gamins s'empilent les menottes les unes par-dessus les autres, dans un concert de cris et de couinements. Marcel vient saluer ses beaux-parents en leur rendant compte de la réussite de la tournée. Ils étaient un peu soucieux, les voilà rassurés. Puis il rejoint ses rejetons pour se mêler à ce jeu de la main chaude qu'il leur a appris il y a peu de temps. Chacun met sa main, puis le suivant fait de même dans un ordre immuable et bien précis : une droite, une gauche. On retire celle du bas qui vient se poser au-dessus de la pile, dans une succession d'exclamations, tout en chantant :

Am stram gram
Pic et pic et collégram,
Bour et bour et ratatplam,
Am stram gram.

Ces excitations bruyantes font accourir Fox, qui tourne dans tous les sens en se mettant à aboyer. En participant à cet amusement, Marcel a l'impression de laver sa faute au contact de la jeunesse pure et sans tache. Le poids du remords qui pesait sur son cœur se dissipe pour s'envoler peu à peu. Il respire à fond un grand coup et se sent bien mieux en rentrant dans la maison. Il jure intérieurement qu'il ne succombera plus jamais à la vue d'un cotillon.

Chapitre quatre

Le 14 juillet 1931 avait été bien fêté, sous une chaleur lourde et humide. On parlait encore de l'élection récente du nouveau président de la République Paul Doumer, qui, au premier tour, avait battu l'enfant de la meunerie, Aristide Briand, de quarante et une voix. Le fameux déjeuner de gala de sept cent vingt-cinq couverts au Trianon de Versailles comprenait des invités de marque : André Citroën, Sacha Guitry, Yvonne Printemps, Vincent de Moro-Giafferi, Henry Bordeaux, Henry de Jouvenel et le docteur Voronoff, célèbre greffeur de testicules, ainsi que bien d'autres personnalités qui avaient alimenté la chronique locale de Marcignat.

Sur la place décorée du village, le bal aux lampions, apothéose de la journée, rassembla comme d'habitude toute la jeunesse de la commune. Le nouveau chef d'orchestre, Gaston Moreau, qui dirigeait maintenant l'orphéon depuis deux mois, était un gars du pays. Pendant son service militaire à la Garde républicaine, il était entré à la section musicale, puis était devenu un remarquable instrumentiste à la glorieuse fanfare, appelé, disait-il, à de hautes fonctions. Réformé à la suite d'un accident de cheval, il était revenu définitivement au pays où ses talents de musicien faisaient merveille. À partir de la fin septembre, ce cacique avait décidé d'organiser des cours de solfège pour les jeunes. Paul envisageait vaguement d'y aller : la musique l'attirait. Mais lorsqu'il en parlait, les grands lui riaient au nez en disant :

– *La mi ré mi la ré do si.*

Il ne comprenait pas l'astuce et personne ne lui donnait d'explications.

Un bal-parquet sans toit avait été monté au bout de la place. Comme l'endroit était en pente, on avait dû utiliser des jeux de cales assez élevées au bout supérieur. Cet espace de jeu idéal rassemblait les gamins qui s'y cachaient en rampant comme des Sioux.

Les domestiques de ferme invitaient à danser les filles de commerçants du bourg, qui leur donnaient ainsi l'impression, pendant une soirée, de gravir plusieurs rangs dans l'échelle sociale. Le garde champêtre et le lieutenant des pompiers avaient célébré la fête nationale avec beaucoup de conviction patriotique, en ingurgitant un nombre respectable de chopines à la suite d'un pari stupide ; ils se disputèrent pour une peccadille et firent mine de s'étriper. On n'eut pas besoin de les séparer. Ils tombèrent tous les deux par terre et rencontrèrent beaucoup de difficultés pour se relever. L'un d'eux cria à l'autre, un ami de quarante ans :

– Je te défends de me tutoyer.

L'offensé répliqua :

– On n'a pas gardé les cochons ensemble.

Cette altercation amusa de nombreux assistants et devint pendant une semaine le sujet de conversation favori dans les bistros, au lavoir et dans la boutique du maréchal-ferrant[1].

Marcel vint y faire un tour sur le tard, accompagné de sa femme et de ses enfants qui exigèrent avec une assurance simultanée qu'on leur offrît de la grenadine. Germaine présentait sans modestie la dernière création de Mélanie, sa couturière, un ensemble rouge décoré de dentelles, au manque de discrétion évident. Paul dut faire danser sa sœur Alice, parée d'une belle robe blanche à fleurs jaunes agressives, excitée par la fête dont elle parlait sans cesse depuis une semaine. Pour lui c'était une corvée, mais il voulait sincèrement lui faire plaisir. Les Langlois s'assirent sur les bancs devant

---

1. *Voir* Le dernier Forgeron, *du même auteur, chez le même éditeur.*

de longues tables provisoires installées sur des tréteaux, éclairées par des bougies. Le boulanger fit danser son épouse et la plupart des voisines de son quartier. Les maris leur rendirent la pareille dans une ambiance bon enfant. Tous en furent chassés, heureusement après le feu d'artifice, par un orage subit, qui fit se disperser danseurs, musiciens, curieux et spectateurs, anxieux de trouver un abri.

* *
*

Les vacances approchaient à grands pas. À l'école, on ne voyait plus guère les fils de paysans. Ils donnaient un solide coup de main à la ferme, tant les travaux de la moisson réclamaient une main-d'œuvre abondante : l'agriculture ignorait les vacances. Duponchel terminait tranquillement son année scolaire par des leçons de choses sur les métiers. Ces sujets plaisaient beaucoup aux enfants, à présent détendus, à qui on demandait de faire preuve d'initiative et de poser des questions. Ces cours, sous forme de causeries, s'adressaient surtout aux titulaires du certificat d'études et à ceux s'y préparant pour l'année suivante, mais toute la classe en profitait plus ou moins. On avait commencé par la profession d'agriculteur, la plus répandue chez les pères d'élèves. Ils furent nombreux à poser des questions souvent pertinentes et inattendues : c'était un peu leur propre vie dont ils débattaient.

Ce sujet épuisé, l'instituteur commençait aujourd'hui à parler de la boulangerie et du pain, aidé semble-t-il par deux gros livres ouverts qu'il consultait régulièrement. Les enfants furent étonnés d'apprendre que cette activité dans notre pays existait finalement depuis peu de temps, par rapport aux débuts de l'humanité. Les hommes des cavernes vivaient de la cueillette, ainsi que des produits de la chasse et de la pêche, crus, puis cuits après la découverte du feu. Les grains d'orge, de blé, de sarrasin, de millet ou d'avoine furent d'abord avalés en bouillie. Il se passa beaucoup de temps avant qu'on songe à les broyer entre deux gros silex, puis à les faire cuire, mélangés peut-être avec des châtaignes ou des glands.

– Mais dans quoi les faisait-on mijoter ? Les casseroles, ça n'existait pas alors ! interrogea Paul.

– Pas encore d'ustensiles de cuisine, mais on essayait de trouver des pierres plates, légèrement concaves, ou bien on cuisait dans un four primitif creusé dans la terre et au fond duquel flamboyaient des brindilles sèches ou des excréments séchés d'animaux. Calmer sa faim dans l'allégresse rend ingénieux.

– On faisait donc la tambouille avec de la merde bien sèche. Comme assaisonnement, on ne fait pas mieux, ricana Bastien.

– Sais-tu que ça se passe encore de nos jours aux Indes, où les bouses de vache sont soigneusement collectées pour la cuisson des aliments ? Je l'ai lu, commenta Daniel, le fils du charron.

– La cuisson sous la cendre dura très longtemps. Plus tard, quand on sut faire des poteries avec de la terre glaise, on fabriqua des sortes de plats, continua le maître. Au VIe millénaire avant notre ère apparurent les premières galettes minces, non fermentées. Environ deux ou trois mille ans plus tard, les Égyptiens inventèrent réellement le pain levé, mais sans le vouloir. Une femme ayant oublié un restant de pâte de farine le retrouva deux jours après gonflé. C'était l'eau du Nil, et surtout son limon contenant de petits organismes vivants, qui avait fait office de levain. Puis apparurent les premiers véritables boulangers de l'histoire.

– Mais comment sait-on tout cela ? interrogea Paul à nouveau, toujours attentif à ce qui concernait le métier familial.

– Les rois égyptiens, appelés pharaons, se faisaient enterrer dans de vastes tombeaux richement décorés. On y a donc retrouvé des fresques et des dessins souvent coloriés représentant les travaux des artisans, notamment ceux se rapportant au pain, avec une grande minutie. Cette nourriture, parfois enrichie d'œufs, de miel ou de lait, était très variée. On en confectionnait de toutes formes, souvent représentant des animaux. Des gâteaux, en somme. Le pétrissage était fait soit au pied, soit à la main, par deux hommes accroupis se faisant face. Le pain était aussi un mode de paiement en nature.

– Et nous, pendant ce temps, en Berry et en Gaule ? interrogea Léon Maillet.

– Oh, nous étions bien en retard par rapport à ces peuples-là. Le pain s'est ensuite répandu au Moyen-Orient, puis en Grèce. Le fameux Homère vante dans *L'Illiade et L'Odyssée* la qualité des pains grecs. L'usage gagna les Romains, qui prirent vite goût à cette nouveauté. Ne disait-on pas alors : « Que désire le peuple de Rome ? Du pain et des jeux ! » Jules César apporta indirectement le pain en Gaule, où l'on utilisa la levure de bière ; mais ce n'est qu'au début du VIIIe siècle qu'apparaissent les premiers boulangers dans les villes, les abbayes, la cour des seigneurs et des rois. On en voit sous Charlemagne. Un texte de Dagobert le signale officiellement. On les appelait les tameliers, ou talemeliers. Ce n'est qu'à partir de 1050 que le pain et le vin deviennent la base de notre alimentation. Et c'est le roi Philippe Auguste qui permit aux boulangers d'avoir un four chez eux.

– Pourquoi tamelier ?

– Cela vient du mot tamis, on tamisait la farine pour la rendre plus fine, et le mot boulanger a été utilisé à cause de la forme ronde du pain en boule. Vous voyez comme c'est simple et logique. Du temps des seigneurs on ne connaissait pas encore les assiettes. On les remplaçait par des espèces de petites crêpes plates qui épongeaient le jus de la viande. À la fin du repas on jetait ces galettes imbibées au-dessus des murailles du château fort. Au-dehors, les serfs plus ou moins affamés attendaient cette aubaine avec impatience. Puis les corporations virent le jour au XIIIe siècle, avec des règlements draconiens pour empêcher un métier d'empiéter sur l'autre. Il y avait des maîtres et des commis. Cela occasionnait parfois des procès qui n'en finissaient pas. Dans toutes les professions. Un exemple : le plus long fut celui des tailleurs de Paris contre les fripiers, pour fixer la démarcation entre vieil habit et habit tout fait ; commencé en 1530, il se termina en 1776, quand Turgot modifia le système corporatif. Saint Louis dispensa les villes de la banalité des fours et le roi Jean le Bon établit trois sortes de pain obligatoires, classées suivant leur blancheur et leur qualité : le plus blanc, le pain de Chailly, ensuite le pain coquillé et le pain bis. Pour terminer, je vais vous réciter quelques belles lignes du grand poète Guillaume Apollinaire, mort de la grippe espagnole après une trépanation, quelques jours avant le 11 novembre

1918. C'est un extrait de *L'Hérésiarque.* « Il y avait des flûtes longues et minces, des pains polkas pareils à des écus ronds – fuselés d'or à cause de la croûte, et d'argent à cause de la farine saupoudrée [...] des petits pains viennois, pareils à des oranges pâles, des pains de ménage appelés bouleau ou fendu, selon leur aspect. » Paul, je te conseille de les copier, c'est une belle évocation du métier de ton papa.

* *
*

Paul partit passer une quinzaine de jours de vacances chez son oncle Octave et sa tante Suzanne, ravis de sa visite. Leur boulangerie vendait beaucoup d'épicerie en dehors du chocolat : des biscottes, des conserves, des bonbons, des confitures. Elle avait comme voisins, en face, un boucher et un épicier, configuration la meilleure, choisie avec discernement par ce malin d'Octave. Après ces deux boutiques d'alimentation, le marchand d'articles orthopédiques Bonnard proposait des articles dont la vue rendait le garçon mal à l'aise. Une affiche représentait un individu harnaché de ceintures et d'anneaux de cuir, de la taille jusqu'aux pieds. Les bandages herniaires, une jambe de bois articulée, des suspensoirs, des yeux artificiels et tout un tas d'articles médicaux n'avaient rien de folichon… On voyait en vitrine des corsets gainés de métal (le modèle « cuirasse Jeanne d'Arc » était déposé !), des béquilles, des ceinturons compliqués, des bandes molletonnées, des bas à varices, des ventrières, des cannes, des bassins émaillés blancs. Le garçon se demandait de quelle maladie il fallait être atteint pour porter tout cela et il frémissait en imaginant ces malformations assurément monstrueuses. Peut-être était-ce destiné surtout aux fameuses « gueules cassées » revenues si nombreuses de la guerre. L'annonce peinte en grosses lettres blanches – *Exigez nos dernières nouveautés* – le laissait perplexe, ainsi que celle écrite en plus petit : *Application gratuite par monsieur Bonnard lui-même. Discrétion assurée.* Paul rêvait la nuit de ces instruments de torture et s'en voyait bardé. Il avait un mal fou à se dégager de toutes ces sangles infernales en cuir, et se réveillait en sueur, heureux d'être délivré du cauchemar.

L'autre voisin, les Messageries bourbonnaises, possédant une cour commune avec la boutique de son oncle, était un transporteur et loueur de voitures hippomobiles, d'automobiles et de camionnettes. Prévenu à l'avance, il allait à la gare chercher le client en lui confiant une carriole, avec ou sans cocher. Dépositaire de marchandises, monsieur Prévost s'occupait aussi de réceptionner des colis et de les livrer. Dans le grand hangar au fond de la cour, près de la réserve à bois de la boulangerie, stationnaient des véhicules de toutes sortes, et surtout, dans une petite remise, un corbillard tout noir aux draperies de même teinte, bordées de fils d'argent, entassées avec précaution dans le fond de la voiture funèbre.

En dehors de leurs bons rapports avec les Arnaud, les deux magasins en question présentaient un agrément commun pour Paul : deux gamines à peu près de son âge avec lesquelles il aimait jouer. La première, Colette, était laide comme les sept péchés capitaux, mais pourvue d'un caractère agréable et enjoué ; la deuxième, Arlette, jolie comme un cœur, souvent aguichante, se comportait parfois en vrai chameau.

Avec Octave, la conversation tomba par hasard sur la religion. Loin de ses parents, Paul expliqua à son oncle l'agrément qu'il prenait à aller au catéchisme depuis plus d'un an. Esprit pur et direct, mais très curieux, il ne pouvait qu'être attiré par les principes d'honnêteté et de charité exprimés par les Évangiles. Aider les faibles et les pauvres lui apparaissait comme une nécessité dans un monde cruel et sauvage. À travers les dix commandements, les préceptes religieux de bonne conduite lui semblaient correspondre à son éthique un peu naïve, sans beaucoup de nuances. Dieu, vieux grand-père à barbe blanche, entouré d'anges aux ailes immaculées, régnait autour d'une balance pesant le bien et le mal engendrés par chacun d'entre nous. Paul transformait en images d'Épinal les tableaux de bondieuseries inspirés par la Bible accrochés à l'intérieur de l'église. Obligatoirement les méchants méritaient le chaudron infernal des flammes de l'enfer, tandis que les bons s'assuraient une vie future idéale dans la joie et l'harmonie perpétuelles. Cependant, la question du purgatoire le chagrinait un peu et commençait à prendre son esprit en défaut : il correspondait déjà à un début d'arrangement, comme un genre de cote mal taillée. N'était-ce pas la porte ouverte au laisser-aller et une possibilité de pratiquer quelques fautes et compromissions, permettant de souffrir un peu avant de déguster le bonheur suprême du paradis ?

D'autre part, il ne comprenait pas bien la parabole de la personne giflée sur la joue droite qui doit rester impassible et tendre ensuite la joue gauche. L'enfant prodigue ne méritait pas non plus, d'après lui, un pardon aussi excessif au détriment de son frère respectueux du travail bien fait, méthodique et sérieux, qui passait un peu pour un niquedouille.

Octave écoutait les réflexions du garçon convaincu et sincère, tout en essayant de freiner son enthousiasme candide, loin des réalités pratiques. Il aimait aussi le taquiner fréquemment et le provoquer un peu, en toute affection d'ailleurs.

– Tu m'as raconté ton histoire de perdrix volées. Or tu as bien joué au vengeur.

– Oui, mais là, c'était un voleur qui méritait d'être puni. Il avait vraiment exagéré.

– Tu n'as pas le droit de te transformer en justicier et d'appliquer une sorte de loi du talion. Les chrétiens non seulement ne le recommandent pas, ils l'interdisent… Tes parents travaillent honnêtement et méritent amplement leurs bénéfices. Si cela continue comme je l'espère, un beau jour ils seront à l'aise. Et même riches aux yeux de certains.

– Oui, peut-être.

– Or pourquoi la Bible dit qu'il est plus difficile à un riche d'entrer au paradis qu'à un chameau de passer à travers le chas d'une aiguille ? À mon avis ce n'est pas juste, c'est par leur travail qu'ils auront mis de l'argent de côté, ils n'ont pas à en rougir. Au contraire.

– Oui, mais on a dû dire ça pour les très riches. Ce n'est pas le cas de papa et maman, qui ne volent pas l'argent qu'ils gagnent.

– Mon cher neveu, je suis d'accord, mais tout est relatif. En ce qui concerne la richesse, je peux t'assurer qu'elle est parfois sans limites et que tu trouveras toujours quelqu'un au-dessus, quel que soit le rang.

– Quand monsieur le curé nous parle de la Bible, il nous dit que c'est un livre très sérieux, vieux comme le monde, qui doit nous servir d'exemple de conduite. Je ne l'ai pas lu. Il est d'ailleurs très gros et les caractères sont imprimés tout petit. Peut-être me le prêtera-t-il l'an prochain lors de ma première communion ?

– Tu parles d'exemples. Eh bien, moi qui ai pris le temps de le parcourir, je peux te dire que ce n'est pas du tout recommandable.

– Ce n'est pas croyable. Quoi par exemple ?

– On y trouve des criminels, des voleurs, des incendiaires, des violeurs, des usuriers, des espions, des brigands, des tricheurs, des assassins, des filles de joie, des prêtres perfides, des adultères, des mères qui couchent avec leur fils, des filles qui en font autant avec leur père après l'avoir saoulé. En résumé, des gens pas fréquentables. À Sodome et Gomorrhe, on battait le record à tout point de vue, puisqu'on ne trouvait pas dans toute la population dix hommes justes. Malgré son arche, Noé était un ivrogne.

– Tu m'étonnes, mais c'était peut-être pour nous montrer surtout ce qu'il ne faut pas faire et nous mettre en garde contre les pécheurs de tout acabit.

– C'est possible. Mais pour en revenir à ce que tu connais bien, le pain est mentionné dans la Bible de très nombreuses fois. Tout au début, dans la Genèse, Dieu chasse du paradis Adam, suivi d'Ève, en lui disant : « C'est à la sueur de ton front que tu mangeras ton pain, jusqu'à ce que tu retournes dans la terre d'où tu as été pris. » Et Melchisedek, roi de Salem, après la victoire d'Abraham sur le roi de Sodome, fera apporter du pain pour fêter ce triomphe. Plus tard, Yahvé fait annoncer à Abraham, par trois anges, la naissance d'un fils. Le patriarche leur dira : « Reposez-vous sous cet arbre pendant que je vais chercher un morceau de pain pour fortifier votre cœur. » Abraham l'annonce ensuite à sa femme Sara en lui ordonnant : « Prends vite trois mesures de farine de froment, et fais cuire des galettes sous la cendre. »

Dans l'exode du peuple juif d'Égypte, on indique : Le peuple prit donc de la farine pétrie avant qu'elle fût fermentée et, l'enveloppant dans des manteaux, la mit sur ses épaules. Il fit cuire la farine emportée d'Égypte et en fit des pains sans levain, cuits sous la cendre ; il n'avait pas pu la faire lever, les Égyptiens le contraignant de partir sans retard. Moïse dit à son peuple : « Pendant sept jours, tu mangeras du pain sans levain » (c'était donc du pain azyme). On cite aussi Jérémie le prophète, condamné à la prison. On lui donnait chaque jour une miche de pain de la rue des boulangers à Jérusalem. Jéhovah s'adresse également à Ézéchiel, prophète lui aussi : Prends du froment, de l'orge, des fèves, du millet et de l'épeautre ; mets-les dans un vase et fais-t'en du pain. Tu mangeras cela sous la forme de galettes d'orge, et tu le feras cuire sous tes yeux, avec des excréments d'homme.

– Dieu n'était pas regardant. Tu parles d'un fumet ! Pouah !

– Tout cela est à double sens. Il faut ne pas le prendre à la lettre et comprendre l'allégorie. J'arrête, mais je pourrais continuer pendant des heures. Le pain fait figure de mythe dans l'histoire des hommes. Il représente le symbole même de la vie, associé au vin. Soutenue par le christianisme, sa longue histoire est un peu la nôtre et lui communique un caractère sacré éternel. Le pain est fait souvent avec beaucoup d'amour et c'est pour cela qu'on ne s'en lasse pas, bien que nous en mangions trois fois par jour pendant toute notre vie. Ceux qui le fabriquent méritent qu'on les salue. Quand tu visiteras la cathédrale de Bourges, une des plus belles de France, à moins d'une heure d'ici, tu verras derrière l'autel, parmi les magnifiques vitraux du XIIIe siècle, celui de saint Jean l'Évangéliste, où l'on voit en bas à droite un boulanger dans son fournil en train de sortir du four une boule de pain à l'aide d'une pelle. Dans un autre blason, à gauche, une boulangère tend une miche à sa cliente, une noble dame. Les donateurs de ce vitrail étaient justement les boulangers de Bourges, ce qui prouve qu'à l'époque ceux-ci étaient pieux, généreux et assez aisés. Les mêmes sujets sont traités un peu différemment à Chartres et à Évreux.

* *
*

Le lendemain, Paul lisait *L'Histoire du pain,* tandis que son oncle parcourait *L'Ami de la boulangerie,* magazine de la Chambre syndicale des boulangers. Cette revue le mettait au courant des nouvelles du métier sur le plan national. Il y avait appris l'hémorragie survenue chez ses collègues du Nord, près de la Belgique. La clientèle, souvent à cheval sur la frontière, était allée acheter son pain de l'autre côté en raison d'une différence de prix appréciable tenant apparemment à des raisons fiscales. Les instances professionnelles avaient aussitôt réagi, mais les autorités officielles mirent longtemps à résoudre l'épineux problème.

Les questions d'actualité étaient toujours les mêmes : difficultés énormes pour l'application des règles sur les heures de travail du personnel, et officiellement pas de travail entre 22 heures et 4 heures du matin. L'offensive, à caractère européen, était menée par le Bureau international du travail à Genève et par la Cour de justice de La Haye. Mais le lancement officiel était compliqué et les décrets d'application difficiles. On en parlait depuis des années.

En 1919, on avait bien failli voter une loi qui interdisait au boulanger indépendant, exerçant seul, de travailler la nuit comme bon lui semblait !

Comme un leitmotiv, on répétait que le prix du pain n'était évidemment pas assez taxé, compte tenu du prix du blé. Les gouvernants avaient plutôt tendance à chercher à avantager le monde paysan, qui, électoralement, pesait bien plus lourd que les professions de bouche, respectables, certes, mais beaucoup moins puissantes. Ce jeu du chat et de la souris se poursuivait depuis des lustres et chacune des parties étalait des arguments péremptoires. Le temps passait et rien ne se réglait.

L'autre sujet de préoccupation était la prime de panification, jugée toujours insuffisante.

Paul, qui avait jeté un coup d'œil sur la revue, demanda :

– Pourquoi on parle toujours du boulanger et rarement de la boulangère ? Pourtant, tu l'as dit même ici avec mes parents, son rôle est capital.

– Oui, certes, mais lorsqu'on écrit boulanger, en réalité cela veut dire le couple. Par contre, au siècle dernier et même avant, une boulangère était une sœur converse qui fabriquait elle-même le pain dans une communauté religieuse.

– Elle devait souffrir, la malheureuse, pour pétrir avec tout son harnachement. Elle ne pouvait tout de même pas se mettre à poil, comme vous, qui l'êtes presque aujourd'hui.

Chapitre quatre

* *
*

Le mardi suivant, Octave proposa à Paul de venir avec lui pour effectuer sa tournée, dans sa nouvelle voiture automobile : un ancien taxi de Paris transformé en camionnette. L'enfant battit des mains. Malgré sa grande envie, il n'était jamais monté dans un tel véhicule, et il se réjouissait de découvrir les plaisirs inconnus d'une balade mécanique.

– En fin de tournée, j'irai dire bonjour à mon meunier. Tu pourras donc voir fonctionner un moulin.

– Ce sera la journée des découvertes.

La tournée de l'oncle était un peu différente de celle de Marcignat, et beaucoup plus courte. La clientèle, moins rurale, semblait plus réservée. Moins de démonstrations pour le salut. On disait bonjour, simplement, sans s'étendre, et on repartait la miche sous le bras. Beaucoup de pain fantaisie et peu de *fesses de jument.* À la sortie d'un village, la petite route blanche déserte gardait des restes de la senteur des moissons. Par moments, des troupeaux de moutons ou de vaches limousines blanc et noir ralentissaient la progression. Des oies affolées, le cou allongé, couraient parfois sur l'accotement en longeant les haies. À l'entrée d'un petit hameau, le klaxon rameuta des chiens aux aboiements interminables, suivis d'aïeules en bonnet et de vieillards chapeautés de noir, s'appuyant sur une canne.

– N'oubliez pas de dire à ma cousine Louise que ma mère va mieux.

– Merci d'annoncer à votre voisin Bonnard que je viendrai après-demain changer mon bandage.

– Mon oncle est au plus mal, on risque d'avoir besoin du corbillard la semaine prochaine, prévenez donc le père Lebrun.

Il fallait une bonne mémoire pour enregistrer ces messages. Mais Octave avait l'habitude. Cela lui assurait la fidélité de la clientèle à une époque où le téléphone était très rare. Il avait ainsi réussi à contrer les menées d'un boulanger d'un village voisin, venu il y a deux ans marcher sur ses brisées durant plusieurs mois. La concurrence avait été âpre, et Octave avait enlevé le morceau par son service souriant, son sérieux et la régularité systématique de ses passages.

– Cependant, cela ne m'a pas empêché de perdre ici deux bonnes clientes pour un motif stupide. Presque voisines, elles se voyaient tous les jours et s'entendaient très bien. L'une d'elle, bonne tricoteuse, exécuta pour l'autre un joli pull-over qu'elle lui avait commandé. Il paraît que le motif du lainage était magnifique. L'artiste s'était surpassée. Mais en payant, l'acheteuse oublia de faire des compliments, et l'autre en fut tellement vexée qu'elle fit la gueule. Avec le temps, l'affaire s'envenima, et, pour ne pas avoir à se rencontrer, les deux bonnes femmes ne viennent plus ici, à mon point de halte. Je ne les ai jamais revues. Je suis le dindon de la farce.

On rencontra le facteur dans une ferme. On trinqua ensemble dans la laiterie, avec le paysan, sur le rebord de la fenêtre à l'odeur de fromage. Ce fut l'unique fois pendant la tournée. L'homme de la poste racontait son périple. Il connaissait des gens habitant des écarts, abonnés au quotidien local surtout pour avoir le plaisir d'une visite.

– Ils s'ennuient dans ces hameaux perdus. Ils prennent le journal pour ne pas se sentir complètement seuls. Chez eux, il y a souvent un canon à boire.

Quelques plaisanteries égayèrent ce moment de détente, consacré aux gaudrioles et aux potins locaux. Puis Octave s'arrêta devant une longue maison sans voisinage, à dix mètres de la route, après avoir prévenu Paul :

– Ne bouge pas d'ici, ne t'inquiète pas. J'en ai pour cinq minutes à peine.

Mais l'attente dépassa largement le quart d'heure et Paul commençait à se faire du mauvais sang, quand il vit revenir Octave, les oreilles écarlates et les cheveux en bataille.

– Si ta tante t'interrogeait, j'aimerais mieux que tu ne lui parles pas de cet arrêt. Ça ne la regarde pas. Tu es maintenant un homme, je compte sur toi.

– Promis, tonton, jura Paul, qui ne chercha pas à demander des explications, tout en se demandant néanmoins ce que devait signifier cette longue escapade.

Puis, la tournée étant terminée, Octave prit son neveu, l'assit entre ses jambes, posa ses menottes sur le volant tout en se grattant les bras sous une poussée périodique de l'eczéma du boulanger, dont il n'arrivait pas à se défaire malgré un usage fréquent de graisse et de baume.

– Quand on a de l'eczéma, on n'a souvent pas d'asthme ; et vice versa. C'est curieux.

Heureux comme un pape, Paul, cramponné au cercle en bois noir, avait l'impression d'être le véritable conducteur. On dut freiner fort pour ne pas écraser des poules, au milieu de la route, picorant dans un tas de crottin.

– Maintenant, nous allons saluer notre ami le meunier. Je crois qu'il est encore plus bavard que moi, et tu verras, il est assez instruit, mais il a tendance à être un peu prétentieux, et monsieur je-sais-tout. N'aie pas peur de l'interroger, il adore ça.

– Ça te fait des frais supplémentaires en allant livrer. Je ne sais pas comment fait papa… Mais vends-tu plus cher ?

– On parle souvent de cette question dans nos réunions syndicales. On est tous d'accord pour envisager de prendre un petit supplément, mais la clientèle n'est pas disposée pour le moment, et il y aura toujours un concurrent pour casser la baraque. Mais je suis certain que ça arrivera un jour ou l'autre.

L'auto se mit à descendre pour se diriger sur la droite, par un chemin assez large, vers la rivière que l'on apercevait, sinueuse et bordée de *taiteaux*. Devant une peupleraie se présenta un groupe de maisons à toits rouges : le moulin. Haut de quatre étages, le bâtiment, au fond d'une grande cour pavée, semblait être accroché à la rivière par une grande roue à aubes aux dimensions impressionnantes. Elle tournait lentement dans un bruit sourd couvert par le bouillonnement du déversoir proche. Les pales en bois du grand cercle laissaient dégouliner l'eau en petites gouttes qui glissaient comme des larmes sur les rayons métalliques gros comme des bras.

Un pignon en fonte de trois mètres environ de diamètre en actionnait un autre beaucoup plus petit. Ce dernier entraînait des engrenages verticaux et horizontaux qui, à leur tour, mettaient en branle des batteries de poulies à l'aide de courroies. Les dents des pignons ruisselaient de suif. À tous les étages, dans une odeur de farine, on retrouvait les mêmes systèmes d'entraînement actionnant des instruments compliqués au fonctionnement bruyant. Le blé parvenait au-dessus des meules par des élévateurs à godets emprisonnés dans des colonnes carrées en planches. L'appareil, dit *bluterie,* tamisait par rotation la farine, grâce à de fines toiles de soie aux épaisseurs variées. Les déchets, surtout le son, étaient expulsés sur un côté dans une petite chambre de réserve. Partout du bois : escaliers, marches, rampes, poutres, poteaux, plancher, trappes, étais, caisses, coffres, diables, brouettes, ainsi que les échelles dites de meunier, sans *rolons* mais avec de petites marches. Les risques d'incendie s'en trouvaient accrus, d'autant que la farine peut s'enflammer assez facilement.

Le meunier, petit homme ventru, court sur pattes mais agile, les accueillit en faisant de grands gestes. On remarquait tout de suite un crochet au bout de son bras gauche, remplaçant une main perdue à la guerre. Des calomniateurs suggéraient qu'il s'agissait d'une blessure volontaire.

– Vaut mieux vivre avec une seule main que d'être mort avec deux, persiflaient-ils, assurant que les mutilations volontaires entre 1915 et 1918 n'avaient pas été rares.

Volubile et démonstratif, monsieur Nicaud expliquait le fonctionnement à Paul, émerveillé de voir le moulin tourner comme une grosse horloge.

– Il faut surveiller constamment l'ensemble des machines, mais c'est la pignonnerie qui exige le plus de soins. Nous la graissons souvent pour soulager les dents, ça réduit le frottement et évite la casse. Celles des pignons moyens et petits sont en bois. Nous en avons un lot d'avance, en cormier, et nous en changeons de temps en temps. Une fois par an, un spécialiste vient les vérifier complètement.

– Un vrai dentiste. Mais comment faites-vous pour tout arrêter en même temps ?

– C'est simple, nous fermons la vanne d'arrivée de l'eau. La flotte s'en va alors dans la rivière. Privée d'eau, la grande roue n'est plus entraînée, tout s'immobilise et on peut facilement effectuer la réparation… À la fin de l'année je me modernise, je remplace mes vieilles meules par des cylindres en acier. Ah ! je suis partisan de la tradition, mais il faut savoir évoluer. Je suis un des rares à ne pas en être équipé, sur les quatre-vingts moulins, environ, qui restent dans le département. C'est rien à côté de ce qu'il y avait à la Révolution : près de cinq cents. Les meules provenaient presque toutes de la carrière de La Ferté-sous-Jouarre, en Seine-et-Marne, qui en exportait dans le monde entier. Ton oncle aura une farine encore meilleure. Je le lui certifie. D'autre part, nous devons trier le blé, enlever les saletés et faire attention aux charançons.

– Comment faites-vous ?

– Lorsqu'on me livre du blé qui semble un peu poussiéreux, j'en prends une poignée que je jette dans un bol d'eau. Le bon blé va au fond, et le charançonné flotte. Je refuse alors la livraison, comme lorsque les grains sentent l'ail. Il s'agit de graines d'ail sauvage qui empâtent la farine. Alors ça bourre et on est obligé d'arrêter et de tout nettoyer.

Et le meunier continua d'expliquer que les premiers moulins à eau apparurent en France au VIe siècle. Avant, on pilait le grain à la main : mortier et pilon. Quand les Ostrogoths assiégèrent Rome, à la même époque, ils coupèrent l'eau pour affamer la ville, mais le général Bélisaire fit construire des moulins flottants dont les roues étaient entraînées par le courant du Tibre… Les Arabes, vers le VIIe siècle, inventèrent le moulin à vent, qui apparut en Angleterre vers le IXe siècle. Ce n'est qu'au XIIe siècle qu'on en vit à Paris, dans le Nord et en Hollande. En Beauce, il y en avait près de cinq cents vers 1900. Il n'en reste plus que quelques-uns. Que de chemin parcouru !

– Je vais te raconter maintenant l'histoire du moulin privé de vent. On disait que c'étaient des soldats de retour des croisades qui l'avaient fait construire, tellement ils en avaient vu entre Constantinople et Jérusalem. Jeannot, infortuné meunier dont le moulin était paralysé, implora Dieu, qui ne l'entendit point. Le pauvre homme, désespéré, invoqua alors le diable. Méphisto apparut aussitôt en criant : « Que veux-tu ? – Du vent pour faire tourner mon moulin et du blé à moudre. » Aussitôt les ailes se mirent à tourner, pendant que des ânes à la file s'approchaient, avec tous un sac de froment sur le dos. « Merci, je suis sauvé. Que dois-je faire pour vous témoigner ma reconnaissance ? – Très simple. Signe-moi ce petit papier. Profite de la vie, tu me paieras dans l'autre monde. – Mais dans le monde des ténèbres, on ne peut pas apporter d'argent.

– Pas question de monnaie, tu me donneras simplement ton âme. C'est peu de chose et cela pèse moins lourd qu'un grain de blé. – Si c'est si peu de chose, pourquoi, vous en contentez-vous ? – Disons que ça m'amuse. – C'est d'accord, mais laissez-moi réfléchir un peu. » Et Jeannot, tout de même inquiet de s'engager pour l'éternité, partit à l'abbaye toute proche pour demander conseil. En entrant, il entendit une voix provenant de la statue de saint Thomas. « Meunier, pourquoi as-tu appelé Méphisto à l'aide ? Pourquoi ne pas être venu me voir avant de faire une bêtise aussi énorme ? Tu as donné ta parole, il faut signer. Mais trempe bien ta plume dans le bénitier avant d'écrire quoi que ce soit. » Le meunier suivit les prescriptions à la lettre. À peine eut-il posé la plume sur le parchemin qu'un éclair se manifesta, mettant le feu au document. Le diable, hurlant, décampa sur-le-champ dans un nuage de souffre, sans faire de commentaires. Le meunier soulagé, donna à son moulin, le nom de saint Thomas.

Monsieur Nicaud était intarissable, aimant faire étalage de sa mémoire, devenant presque cuistre à vouloir tout expliquer. Alphonse Daudet, dans les *Lettres de mon moulin,* parle de maître Cornille, meunier (à vent) qui devint fou à l'arrivée du modernisme. Paul se disait que tout évoluait depuis que les hommes sont sur terre. C'était partout la même chose. Il entendait maintenant souvent autour de lui : « Il faut se moderniser », que ce soit dans sa famille, chez le meunier ou chez ses amis, fils de paysans dont les parents se mécanisaient de plus en plus.

Octave suivit alors son fournisseur dans son bureau pour discuter des questions de prix. Pendant ce temps, Paul, les yeux grands ouverts, fourrait son nez partout pour ne rien perdre de la visite.

– Va où tu veux, j'ai donné des consignes à mes commis, mais fais bien attention aux courroies. Elles sont toujours dangereuses, lui avait recommandé le meunier, avant d'ajouter : En principe, on n'y passe jamais, mais surtout ne va pas dans la grande chambre à farine. Tu serais asphyxié par la poussière de farine. Un accident de ce genre est survenu dans le département du Loiret au début de l'année. Le frère du meunier est mort presque de suite.

Chapitre quatre

Le gamin, après avoir fouiné et exploré tous les étages, sortit dans le hall d'entrée pour faire le tour extérieur. Ses pas le menèrent vers le côté de la rivière, qu'il franchit sur une petite passerelle. Ce grand curieux voulait voir s'il n'y avait pas de poissons, observant avec une attention extrême les remous sur le côté du moulin. Au bout d'un moment, il entrevit des ombres, mais l'écume blanche du courant les masquait un peu. Il se pencha pour mieux regarder, accroché à une branche, sans se rendre compte que la berge était glissante. La branche se rompit, son pied gauche buta sur une pierre et il se sentit emporté à la sortie de la vanne. Avant même d'être au contact de l'eau, il se mit à crier très fort :

– Au secours ! Au secours !

Le courant l'emporta et il se débattit dans les tourbillons du mieux qu'il put, essayant de se rapprocher de la rive. Il ne savait pas nager et il se rendait bien compte qu'il coulait peu à peu. À demi asphyxié, dans le tohu-bohu des flots, il agita ses bras de plus en plus, redoubla ses cris, mais rien ne venait. L'eau lui rentrait par la bouche et le nez. Un brouillard couvrait sa vue lorsqu'une camionnette de livraison pénétra dans la cour. En descendant, le chauffeur entendit l'appel, hésita quelques secondes pour savoir d'où venait le hurlement et se précipita. Par chance, une perche gisait sur le sol ; il la tendit à Paul qui s'y agrippa machinalement.

Cinq minutes plus tard, le rescapé se trouvait dans la chambre de la meunière qui le frictionnait vigoureusement avec de l'eau de Cologne sous les yeux de leur fille Hélène, âgée d'une dizaine d'année. Avec répulsion il avala un grog brûlant bien fort.

– Tu as eu de la veine, deux minutes de plus et tu n'étais plus là. Un ami a perdu son fils de cette façon, il y a deux ans, dit le meunier.

– Je croyais que tu étais un homme, je m'aperçois que tu te comportes encore comme un gamin. Heureusement que l'eau n'était pas trop froide, plaisanta Octave qui voulait dissimuler ainsi sa grande frayeur.

– On va t'habiller comme les compagnons boulangers sous Henri III, obligés d'être continuellement en chemise, caleçon et bonnet, uniquement de drap gros et blanc, sous peine de prison.

Pour ne pas effrayer la famille, on décida de minimiser l'incident. Un gros bain de pieds, voilà comme on présenta l'affaire, ce qui n'empêcha pas Octave d'en prendre pour son grade. Cette futée de Suzanne, marraine de Paul, reniflait l'événement. Son intuition lui disait que c'était certainement beaucoup plus sérieux.

– N'aurais-tu pas bu un peu la tasse ? lança-t-elle en fixant entre les yeux le noyé manqué.

Ce pauvre Paul, coincé entre son oncle penaud et sa tante accusatrice, ne savait quoi répondre sans avoir l'air de mentir, il crut bien faire de préciser, sur un ton très doux :

– Oh, si peu que ça ne mérite pas qu'on en parle.

– Ah, ah, je me doutais bien qu'on essayait de me cacher quelque chose. Octave, tu exagères, c'est inouï de ne pas être plus raisonnable. Le plus gamin des deux c'est toi. Mon petit Paul, est-ce qu'on s'est bien occupé de toi ?

– Oh oui, la meunière et sa fille ont été très gentilles.

Et le pauvre boulanger dut subir la longue diatribe de sa femme pendant que Paul était dans ses petits souliers. Octave, diplomate, faisait le gros dos. Il avait l'habitude de ces réprimandes, d'autant plus que Suzanne était assez rancunière.

* *
*

Le lendemain Paul explora les rues de Saint-Amand-Montrond proches de la boulangerie, en compagnie d'Ariette, la fille du transporteur. Toujours dans la crainte d'une nouvelle catastrophe, Suzanne avait été très restrictive : il ne fallait pas que la promenade dure trop longtemps. L'heure de retour devait être respectée. Il s'attardait devant les vitrines inconnues de lui à Marcignat. Dans celle du photographe, bien en évidence, de jeunes mariés, l'air niais, souriaient en se tenant la main devant des gerbes de fleurs. Des bébés joufflus, tout nus, couchés sur le ventre, présentaient béatement leur postérieur. En uniforme, des soldats bombaient le torse sans pour autant paraître guerriers.

À côté, les chapeaux fleuris de la modiste, aux formes étranges, l'amusèrent énormément. Par contre, il répugna à s'arrêter devant le magasin des pompes funèbres, qui exposait des caveaux en marbre, des couronnes mortuaires et des croix en perles. Mais la mention « Deuil en vingt-quatre heures » de la teinturerie le fit sourire : dans les années trente, à la campagne, on se mettait en noir lors de la perte d'un proche ; de nombreuses femmes passaient ainsi toute leur vie avec des vêtements couleur charbon. Il s'ensuivait des rites étranges et des locutions cocasses : demi-deuil, grand voile, voile court, *elle a posé son deuil !*

Cependant, c'est le staffeur qui l'intéressa le plus. Ce plâtrier ornemaniste présentait en réel ou en photos un nombre formidable d'articles d'une variété aux noms déconcertants : rosaces, poinçons, écoinçons, pilastres, colonnes, cartouches, agrafes, cymaises, tores, oves, gaudrons, perles et pirouettes, etc. En revanche, Ariette détestait ces plâtreries qui ressemblaient à de gros gâteaux à la crème. Cela provoqua une petite dispute.

– Tu n'as pas de goût. Ce doit être ridicule dans un appartement, assura-t-elle avec conviction.

Évidemment, tu peux imaginer que ce sont des pains avant la cuisson.

Le ton était si agressif que Paul en fut courroucé. Au retour de la promenade, tonton leur offrit pour goûter un gros morceau de pain de mie tout chaud. La fillette emmena chez elle Paul un peu boudeur et les deux amis se mirent à lire. Le livre d'histoire de France de la gamine, élève de l'école libre, déconcerta le garçon. Les mêmes événements étaient présentés d'une manière fort différente, notamment en ce qui concerne la Révolution : le bon roi Louis XVI devenait un martyr, tandis que les Saint-Just, Robespierre et autres conventionnels étaient transformés en bourreaux sanguinaires, sans la moindre nuance.

– Allons donc nous y retrouver dans tout cela !

Paul retourna ensuite dans le fournil, où Octave, profitant d'une absence imprévue de son épouse, chanta en clignant un œil d'un air complice à son neveu :

Le duc de Bordeaux
Ressemble à son père,
Son père à mon frère
Et mon frère à mon cul.
De là je conclus
Que le duc de Bordeaux
Ressemble à mon cul
Comme deux gouttes d'eau.

– Apprends-là bien, elle remporte toujours autant de succès. Et je t'offre ma dernière création, pour la montrer à ton père : un pain en couronne. Ça plaît surtout aux cyclistes, qui peuvent emporter leur pain sans soucis, en le glissant dans le guidon. J'ai récolté ainsi de nouveaux clients qui ont été attiré plus par ce côté pratique que par la qualité du pain, qui reste évidemment la même. Je suis un des premiers ici à en fabriquer. Oh, je sais que je serai copié. C'est normal. C'est d'ailleurs ce que j'ai fait moi-même, en le voyant pour la première fois à Bourges. Des farceurs prétendent même que l'on peut l'accrocher à la queue du chien. À condition bien sûr que ce ne soit pas un basset ou un petit chienchien à sa mémère.

Chapitre cinq

IL AVAIT PLU toute la nuit de mercredi à jeudi : une pluie fine et tiède qui avait arrosé de la manière la plus efficace le sol encore verdoyant des prairies et des taillis. Le tic-tac monotone des gouttes avait réveillé Paul, tout heureux de cette manifestation du ciel. Aller aux champignons était prévu depuis quelques jours, c'était le moment idéal. Comme convenu, son copain le blond Christian vint le chercher le matin dès l'aube dans le fournil. Son père, fonctionnaire du Trésor à Saint-Amand-Montrond, homme sérieux, possédait une grande expérience mycologique dont son fils commençait à profiter. Non seulement il fallait connaître des centaines d'espèces, savoir distinguer les champignons comestibles des mauvais, mais aussi choisir les terrains propices, la proximité de certains arbres, et utiliser les bonnes conditions météorologiques. Bien des éléments à retenir en somme, car ce petit végétal sans fleurs ni feuilles est capricieux.

– Avec ce temps chaud et humide, on va faire un malheur. On m'a signalé des flopées de girolles dans les bois de Mézières, déclara Christian la bouche pleine de brioche toute chaude, que Marcel, malgré sa colère, avait offerte aux enfants avant leur départ. Le boulanger était hors de lui. Fil de fer avait fait une bourde monumentale en oubliant de saler la première fournée. Les pâtons mal levés étaient sans saveur, de la savate pratiquement invendable, et le mitron, tout penaud, avait essuyé une remontrance de derrière les fagots. Tête baissée, le fautif se rongeait les ongles.

– Mais qu'est-ce qui t'a pris ? Où avais-tu la tête ? Voilà des années que tu travailles ici sans problème. J'ai vu tout de suite en ouvrant la porte du four que tes pains n'avaient pas d'allure et qu'il s'était passé quelque chose d'anormal. Je te l'ai déjà dit cent fois : un vrai boulanger doit « lire » et « sentir » sa pâte (je n'ai pas dit renifler) ainsi que deviner la suite en la voyant. D'ailleurs, je remarque que depuis quelques jours tu es dans la lune. Surveille donc ton travail.

– Patron, je suis cent fois plus vexé que vous, vous me le retiendrez sur ma paye. Je n'ai pas d'excuses, si ce n'est que j'ai marché ce matin du pied gauche dans la merde, en entrant dans la cour. C'est signe de malchance. Je l'ai remarqué de nombreuses fois.

Marcel n'insista pas trop sur cette bévue, et sa réprimande fut, somme toute, assez brève, car il savait que ce pépin arrivait au moins une fois dans la vie d'un boulanger, même au plus sérieux. Il suffisait d'être dérangé par un événement imprévu, d'être en mauvaise santé passagère, du fait d'une forte migraine ou d'un lendemain de fête... Des fournées loupées survenaient chez les meilleurs : une chaleur trop forte et un décalage imprévu de quelques minutes, et crac, voilà presque tous les pains brûlés. Un retard au réveil pouvait provoquer bousculades, énervements et oublis. On laissait passer l'orage comme on pouvait par des distributions gratuites aux fidèles clients pour leurs animaux : cochons, poulets, lapins, chiens... Marcel le réservait à certains malades hypertendus, ainsi qu'à ses volailles. On disait, sans preuve d'ailleurs, que des boulangers victimes de cette étourderie mouillaient le pain avec de l'eau salée et le faisaient réchauffer le lendemain pour le vendre ensuite sans rien dire. N'oubliez pas que le Pétomane était un gars de la boulange.

Juchés sur leurs vélos, les deux gamins s'engagèrent dans la sente forestière tortueuse, deux kilomètres après la sortie du bourg, pour se diriger vers les baliveaux situés en bordure. La bruine avait été remplacée par une légère brume ouatée qui s'accrochait par endroits aux haies et aux buissons. Dans les fossés, les fleurs de l'été commençaient à perdre un peu de leur éclat, devenant plus pâles à l'approche des rouilles d'automne. Tout autour, les futaies semblaient figées : pas un souffle de vent. Les cyclistes pédalaient en silence, sachant qu'il était préférable d'être discret dans cette recherche qui rassemblait de nombreux amateurs. Gorgées d'eau, les ornières glissantes les obligeaient à être vigilants et à zigzaguer pour éviter une chute. Parfois, un lapin détalait subitement, présentant sa queue blanche avant de disparaître dans un fourré. Ils durent mettre pied à terre après une embardée à la fin de laquelle Christian atterrit sans dommage le derrière dans une flaque d'eau, mais à soixante centimètres d'un fil de fer barbelé. Avec un bruit quasi métallique, une volée de perdrix quitta la lisière du bois pour atterrir dans les chaumes du champ mitoyen, aperçu au loin à travers les branchages. Après avoir parcouru une centaine de mètres dans un layon bordé de jeunes sapins, les deux chercheurs aperçurent après un virage, au loin, une vaste clairière bien disposée à la cueillette. Hélas, trois silhouettes, agenouillées sous des arbres, ramassaient avec avidité la récolte poussée dans la nuit. Le remplissage des paniers fonctionnait parfaitement bien.

– Merde, je les reconnais, ce sont les *Ratapoils,* venus du Préau. Des gars pas faciles du tout. Ils ne vivent que de rapines et de combines. C'est pour vendre et non pas comme nous, pour notre bec. Nous ne sommes pas vernis.

Évidemment, les trois gaillards, mal rasés, casquettes, un foulard autour du cou, se relevèrent à l'approche des concurrents et s'avancèrent menaçants. Leurs grands paniers d'osier aux trois quarts remplis signifiaient un endroit idéal. Mais la stature imposante des lascars et leur rictus ne permettaient pas d'envisager l'ombre d'une négociation.

– Qu'est-ce que vous êtes venus foutre là, petits morveux ?

– La même chose que vous. Ici, dans ce bois, c'est à tout le monde et à personne.

– Déguerpissez, nous ne voulons pas de vous. C'est le premier arrivé qui gagne. Or nous sommes ici depuis longtemps. Il fallait vous lever de bonne heure.

– Mais laissez-nous passer s'il vous plaît. Nous irons plus loin, sans vous déranger.

– Pas question. Foutez le camp immédiatement et démerdez-vous ailleurs.

À leur corps défendant, les deux écoliers refirent le chemin inverse et gagnèrent une trouée pour trouver un raccourci parsemé d'épines qui leur permit de contourner habilement leurs adversaires. Des merles voletaient et couraient pour aller se cacher sous les frondaisons. Après des va-et-vient et des hésitations d'une dizaine de minutes, Paul et Christian réussirent à découvrir dans une ancienne coupe les fameuses chanterelles présentant à profusion leur pavillon jaunâtre. De toutes tailles, les champignons s'étalaient souvent sous des feuilles mortes, autour des tas de bûches, parfois disséminés ou bien accolés les uns près des autres. Il n'y avait qu'à se baisser, dans ce sol sableux et argileux tapissé de mousse, à l'ombre des fougères et des bouleaux aux frêles troncs d'argent.

– Dépêchons-nous. Je connais les *Ratapoils.* Ces drôles de pistolets sont capables de venir nous rejoindre pour nous sauter sur le paletot… Oh ! Il y a même des trompettes-de-la-mort. C'est formidable.

Malgré leur nom et leur aspect rébarbatif, ces craterelles noirâtres étaient en effet d'un goût exquis. En un bon quart d'heure, les sacs des garçons se remplirent presque complètement, et Paul fut content de trouver de la bardane dont les fruits munis de crochets et de piquants s'accrochent avec facilité aux vêtements ; la plaisanterie classique était d'en munir une plume d'oie et de la coller au derrière de quelqu'un, l'effet était garanti !

Tout à coup, Paul et Christian entendirent des bruits de voix et de pas.

Chapitre cinq

– Nom d'un chien ! Voilà les *Ratapoils.* Allons-y, s'il n'est pas trop tard.

Aussitôt les guidons reçurent chacun le produit des trouvailles et les deux gamins enfourchèrent à la hâte leur vélo afin de quitter cet endroit broussailleux qui sentait le brûlé. Prendre la poudre d'escampette était l'unique formule.

– Ah, on t'a reconnu, la boulange et ton blondinet d'acolyte. Vous avez été pourtant prévenus et vous avez triché. On va vous rattraper pour vous frictionner les côtelettes et récupérer ce qui nous appartient. On ne se laissera pas faire par des merdeux hauts comme trois pommes.

Et voilà les trois individus lancés à leur poursuite. Les garçons, désavantagés par l'état du sentier parsemé de fondrières, perdaient du terrain, leurs poursuivants progressant sur l'herbe beaucoup moins glissante. La distance qui les séparait diminuait. Paul et Christian appuyaient de toutes leurs forces sur les pédales, pour échapper à la meute qui se rapprochait irrémédiablement en criant les pires insultes : avortons, trous du cul, arsouilles, fils de pute, enculés, pedzouilles de mes deux…

– Encore deux cents mètres et nous arriverons à la route. Ensuite, ils ne pourront plus nous choper. Mais ça va être dur, hoqueta Paul, au bord de l'asphyxie.

Galvanisés par la peur, les deux complices, les dents serrées, la figure rouge, n'avaient plus un poil de sec, à l'écoute des hurlements scabreux. Il ne restait plus qu'une trentaine de mètres entre les deux camps. Une boue visqueuse et compacte, amassée entre les freins et les garde-boue des vélos, freinait l'allure.

– Cramponne-toi, Paul, je crois qu'on va y arriver. Ils ont l'air de souffler comme des phoques.

Le chemin s'élargit, rendant la chaussée plus roulante. Très haut, dans le ciel gris aux nuages moutonneux, des corbeaux croassant semblaient surveiller la scène. Dans un ultime sursaut Paul mobilisa ses dernières forces pour les communiquer à sa machine. Mais les autres, ramassant des pierres et du bois, bombardaient leurs rivaux. Un gros caillou frappa la roue avant de Paul qui faillit être déséquilibré. Un morceau de racine emporta le béret de Christian. La route tant espérée enfin se présenta. Malgré des feuilles jaunies en grand nombre, on pouvait y rouler beaucoup plus vite et sans peine. Les gamins étaient sauvés. Ils avaient eu chaud !

* *
*

Vers minuit, Paul se réveille, tout courbatu. Il a surtout des douleurs au ventre. C'est certainement la faute de sa course effrénée dans les bois : il a tellement été oppressé pendant quelques minutes ! On l'a accueilli avec joie à la maison et l'omelette aux girolles a régalé toute la maisonnée à dîner. Il a été complimenté au récit de ses exploits, qu'il a dû répéter plusieurs fois, tant les *Ratapoils* sont craints et détestés dans le bourg : leurs méfaits sont dans toutes les mémoires.

Maintenant tout le monde dort : silence total. Il descend silencieusement pour se rendre aux cabinets. Un clair de lune éclaire la cour. Tout à coup, à son retour, il aperçoit un faisceau de lumière au bord de la chambre de Fil de fer et entend un léger bruit. On dirait une sorte de gémissement.

– Tiens, se dit-il, qu'est-ce qui se passe ?

Il se retourne de tous les côtés et ne voit rien de particulier, en dehors de la mansarde. À pas de loup, il se rapproche et se rend compte que les cris, en forme de plaintes, s'amplifient et s'accélèrent. Comme la porte n'est pas bien fermée, sa curiosité en éveil l'attire vers cette manifestation insolite. Il monte lentement les quelques marches et regarde, par la fente. Quel n'est pas son étonnement de constater que le mitron n'est pas seul dans son lit ! Mimi, la petite bonne qui a succédé à Lolotte, est collée contre lui, échevelée. À bout de souffle, un bras pendant, elle soupire :

– Oh, je n'en peux plus.

Et Fil de fer de répondre, la voix cassée :

– Mimi, tu m'as ratatiné.

Malgré la pénombre, Paul, bouche bée, aperçoit le dos nu de la femme débraillée dans sa camisole de nuit grise. Ses pieds et ses chevilles dépassent du drap qui masque les cuisses et le bas du buste. Ses orteils semblent bien gris : elle ne doit pas les laver souvent. L'air épuisée, cherchant à reprendre son souffle, elle change de position, laissant entrevoir ainsi ses gros seins pointus terminés par une large aréole noire. Fil de fer est quasiment dévoilé : il ne porte qu'un petit gilet de flanelle ; il se retourne, présentant ses fesses maigres et les os de ses reins proéminents.

Paul est troublé, devinant vaguement ce qui s'est passé dans cette cambuse sans vraiment comprendre. Pourquoi ces glapissements d'animal ? Est-ce donc cela, l'amour, cette affaire qui faire rire grassement les anciens de la classe et les grandes personnes à la fin des repas ? Cette révélation ajoute à sa confusion. Sa sagacité est en panne. Les deux amants s'étreignent à nouveau, Paul aperçoit un instant fugace le nombril et une masse noire en bas du ventre de Mimi. Puis il entend le mitron qui baille à n'en plus finir en précisant :

– Je descends bientôt. Il vaut mieux que tu partes maintenant, Mimi, c'est plus prudent. Le patron m'a à l'œil. Hier, j'ai eu droit à une engueulade qui n'était pas piquée des vers. J'avais fait une blague dans le boulot. Il ne faudrait pas que ça se renouvelle.

– Je me méfie moi aussi. Si la patronne apprenait que je viens te voir, bégueule comme elle est, elle serait capable de me foutre à la porte. La place ici est bonne, je ne veux pas la perdre. Mais je reviendrai ce soir à la même heure.

– D'accord, bien sûr, mais fais bien attention.

Paul recula le plus doucement possible et regagna son lit sur la pointe des pieds, embarrassé, les nerfs à fleur de peau, dans la confusion la plus totale.

– Dois-je en parler à papa, car cela n'est pas tout à fait normal ? Leur comportement ne peut être que nuisible à la bonne marche de la boulangerie.

Mais un dénonciateur n'est-il pas un lâche ? À l'école, le mouchardage était considéré comme une faute grave, sévèrement blâmée par tous.

Il y a longtemps qu'il ne croit plus au Père Noël, ni aux bébés naissant dans les choux, mais dans son esprit les problèmes relatifs aux relations homme-femme sont remplis de mystères insondables. Il a bien essayé de lire ce qu'il a pu traitant du sujet, consulté des dictionnaires. Les définitions de « coït », « copulation » et « accouplement » sont vraiment trop succinctes pour être significatives. Il imagine, mais n'est sûr de rien. Tout cela est rempli de flou et d'imprécisions. Il se promet d'aller plus loin dans ses investigations, par exemple lorsqu'il retournera chez son oncle Octave, qui, certes, serait disposé à l'affranchir. Mais Paul a un peu honte d'aborder le problème avec lui ; il préférerait sa petite voisine Ariette, à l'air si déluré, malgré son mauvais caractère.

Quelquefois, par suite d'une visite familiale imprévue, il doit coucher avec sa sœur Alice. À chaque fois c'est la même chose : il y a la petite altercation entre eux concernant la couture du drap, située bien au milieu du grand lit. Personne ne doit la franchir sous peine de représailles. Finalement tout se termine par des cris réjouis et des embrassades fraternelles. Malgré son esprit fouineur, jamais il n'aurait eu l'idée d'évoquer avec elle leurs différences physiques, comme si les liens de sang modifiaient les réalités. L'attirance sensuelle est complètement différente. Parfois ils changeaient de positions, l'un à la tête et l'autre aux pieds, mais rien n'était fondamentalement modifié. Il se rappelle aussi qu'à cette occasion il lui arrivait, avant de se mettre au lit, de courir presque sur place avec sa sœur sur son dos en chantant :

A cheval sur mon bidet,
Quand il trotte, il fait des pets,
Prout, prout, prout, cadet.

Chapitre cinq

Il s'endort, le cerveau plein d'images confuses et contradictoires, décidé à faire provisoirement le mort, en se disant :

– On verra ça demain. Avec mes parents, ça risquerait de faire tout un mic-mac. J'en parlerai peut-être à mon grand-père, c'est une tombe. Il saura arranger les choses car il est fin diplomate.

Souvent, le jeudi, Paul allait avec sa sœur Alice déjeuner chez ses grands-parents qui les accueillaient avec une attention affectueuse. À la fin du repas, Gaspard racontait de longues histoires peuplées de dragons, de diables, de loups et de sorcières. Alice parfois avait peur et sanglotait. Le vieux boulanger évoquait aussi le métier avec tendresse pour celui qui, sans aucun doute, serait le successeur de la boulangerie qu'il avait reprise en 1889, l'année de la création du Syndicat général de la boulangerie française. L'affaire avait été créée de toutes pièces par son père Ernest avant la guerre de 70 ; ce dernier avait connu à Paris Ladurée, boulanger avant de se transformer, après un incendie, en pâtissier pour fabriquer ses fameux macarons, les meilleurs du monde. À cette époque, les hommes ne craignaient pas leur peine, comme il le soulignait fréquemment. Il y eut même, il y a longtemps, bien avant la Révolution, un livre minuscule au titre évocateur : *La Misère des garçons boulangers à Paris* ! Même les femmes peinaient toute la journée dans le travail. Il s'attardait ainsi sur la porteuse de pain à Paris, qui avec sa petite voiture en osier à quatre roues livrait à domicile. Le nom de la boulangerie figurait en gros caractères sur les côtés de l'engin. C'était pénible lorsque la femme devait monter au sixième étage, les bras encombrés de pains. Ce métier disparut avec la guerre de 1914. Il y eut même un mélo célèbre qui s'appelait ainsi, *La Porteuse de pain,* écrit par... Xavier de Montépin.

– Qu'est-ce qu'un mélo, pépère ?

– Une pièce de théâtre où jouent des personnages simples et populaires qui ont tendance parfois à faire pleurer.

Gaspard Lamelot faisait rêver ses petits enfants quand il déclarait avec emphase, en parlant de leur grand-mère :

– Elle sera toujours ma mie, tant que je ne serai pas un vieux croûton.

* *
*

Le mitron et la bonne prirent goût aux retrouvailles horizontales nocturnes. Comme tout se passait bien, ils en vinrent à négliger les précautions les plus élémentaires. Un soir, le père Lamelot, averti par Paul sous le sceau du secret, les entrevit, mais il attendit un moment pour en parler à son gendre. Homme d'expérience, il savait que ce genre de liaison était somme toute assez fréquent et qu'il fallait agir avec prudence. Parfois, c'était le patron qui se permettait ces écarts ; là, ce n'était pas le cas. Il fallut qu'un jour il entendît une violente discussion dans le fournil pour qu'il se décidât à intervenir. Une ou deux fois par semaine, Fil de fer arrivait en retard et avait tendance à bâcler son travail pour regagner le décalage. La qualité de la production de la boulangerie était enjeu. Gaspard avertit Marcel en lui demandant de venir le saluer au plus tôt, lorsque sa belle-mère serait absente. Le boulanger se demanda ce que voulait dire cette invite aux allures d'énigme et s'en vint trouver son beau-père l'air soucieux.

– Je crains qu'il ne te faille rechercher au plus tôt un mitron et une bonne, dit-il en lui expliquant ce qu'il avait découvert – selon lui par hasard, car il ne voulait pas parler de son petit-fils. C'est une histoire d'hommes, il ne faut pas s'emballer. Prends ton temps pour réfléchir.

– Ah, je comprends maintenant la raison des retards de Fil de fer. C'est dommage, ce mitron n'était peut-être pas extraordinaire et Mimi se faisait souvent disputer par Germaine, mais je m'étais habitué à eux. Son seul défaut était de faire coller parfois des pains dans le fond du four. Il lançait les pâtons trop fort.

– Oui, la gamine va tomber en cloque. Qui élèvera le petit, elle, fille de l'Assistance ? Comme elle travaillait bien, tu lui feras un bon certificat pour qu'elle trouve facilement du boulot. Ne sois pas trop routinier, Marcel. Tu n'aimes guère le changement. Il faudra que tu t'y fasses. Pour ne pas être pris de court, va vite voir ton beau-frère Octave, je suis sûr qu'il saura te dépanner. Attends d'avoir trouvé des remplaçants pour les virer.

Puis Gaspard, d'un air coquin, se mit à sourire.

– Fil de fer, insatisfait le matin d'un grand four, se rattrapait le soir dans un petit.

Marcel s'esclaffa avant de commenter :

– Ça m'ennuie pour les parents de Fil de fer, qui sont nos voisins. Ils vont froncer les sourcils, mais je leur dirai la vérité. Et je ne pense pas non plus qu'ils aimeraient avoir comme bru une fille de l'Assistance. Malgré la crise, les commis boulangers ne sont pas encore trop nombreux. Il retrouvera une place assez facilement, je crois. Ah, nom de nom, il y a toujours quelque chose qui ne marche pas. Jamais une année sans problèmes.

– Mais ça a toujours été, Marcel. Quand je me suis installé, j'ai dû refaire totalement le four de mon père, qui ne tenait plus debout. J'ai mis des années avant de respirer. Puis en 1900, une coopérative s'est montée à Vierzon. Tous les boulangers ont eu peur que ça ne se généralise. Ça a fait du bruit. On n'était pas fiers. Heureusement ça n'a pas fait tache d'huile. Cette affaire a quand même duré une bonne vingtaine d'années. J'ai eu aussi un commis voleur. T'inquiète pas, mon petit Marcel, quand on est sérieux et courageux comme toi, on tiendra toujours le bon bout. Et continue sur ton rythme. Car plus on va vite, moins on a de temps disponible.

* *
*

Le lendemain, Octave recevait la visite de Marcel, qui lui expliqua en long et en large tous ses problèmes. Le conseiller lui donna une réponse étonnante :

– Apprête-toi à faire venir des entrepreneurs et je te trouverai un mitron de premier ordre.

– C'est d'un commis et d'une bonne que j'ai besoin, non de maçons, déplora-t-il.

– Je te conseille de faire modifier ton four. En dessous, par-devant, tu vas faire installer un foyer qui recevra tes charbonnettes. Ensuite un conduit d'accès à la sole du four, pour fixer un gueulard, une pièce en fonte réglable, grâce à une tige qui permet de diriger la flamme à ta guise, afin de mieux chauffer la partie réservée à la cuisson.

Et Octave lui montra le fonctionnement de sa nouvelle installation, qui représentait une grande amélioration.

– C'est aussi important que le changement du pétrin, et crois-moi, ton pain sera encore meilleur.

Il sera mieux cuit et ton ouvrage sera facilité. Quand tes travaux seront terminés, je t'enverrai un bon mitron : René, c'est le cousin du mien. Il travaille à Paris et ne connaît que ce matériel. Mais ce provincial ne peut pas s'habituer à la vie de la capitale et il voudrait bosser en campagne. C'est l'homme rêvé, et sa famille habite dans les parages. Quant à la petite bonne, j'ai mon idée là-dessus : dans un mois à peine, je pense te trouver l'oiseau rare. Tu la trouveras peut-être moche, mais elle est courageuse. Je sais que nous subissons la crise, qui nous vient d'Amérique. Notre pain n'est pas assez cher, mais ça finira bien par s'arranger.

Marcel eut beaucoup de peine à convaincre Germaine, qui répugnait à sortir ses sous du fait des difficultés générales rencontrées dans le commerce depuis deux ans. Mais elle reconnaissait que les conseils d'Octave valaient leur pesant d'or. Pour ce qui est du personnel, il lui conseilla du doigté et de la patience :

– Ne fais surtout pas la gueule à Mimi et à Fil de fer. Imagine-toi qu'ils fichent le camp. Ce serait moi le plus embêté.

Le spécialiste du fournil vint exécuter le travail en fin de semaine. Deux *fourniers* pendant deux jours démolirent et reconstruisirent, avec le réconfort de deux cartons de bouteilles de vin blanc. C'était la tradition dans ce métier spécial. Marcel avait prévenu la clientèle qu'elle serait deux jours sans pain, ce qui permit de faire la soudure sans trop d'accrocs. Le plus dur pour le boulanger fut d'annoncer la mauvaise nouvelle à son commis, qui, contrairement à ses craintes, prit la chose du bon côté :

– Depuis que j'ai envie de vivre en ville, voilà l'occasion rêvée. Je pense que je pourrai dénicher du travail à Bourges. Et Mimi viendra peut-être avec moi. Je garderai un bon souvenir de vous, car vous m'avez tout appris. Je sais que votre pain est l'un des meilleurs du canton. Comme référence, ça compte, quand on cherche une place.

En ce qui concerne Mimi, Germaine ne prit pas de gants pour lui signifier son congé, et la servante se mit à pleurer à chaudes larmes.

– Que vais-je devenir ? Ici j'étais bien.

– Tu te serais tenue tranquille, il ne te serait rien arrivé. C'est ta faute. Tu ne peux t'en prendre qu'à toi. Mais comme tu es une fille assez courageuse, je vais t'établir un bon certificat et je promets de donner de bons renseignements sur toi si on m'interroge. J'en parlerai aussi à monsieur le curé. Il m'a dit l'autre jour qu'on recherchait à Bourges du personnel dans des maisons bourgeoises. Tu retrouveras peut-être là-bas Fil de fer.

– Peut-être, madame, je l'espère, car il ne me déplaît pas.

– Heureusement qu'il ne te déplaît pas, car autrement qu'est-ce qu'on pourrait dire !

Germaine avait-elle oublié que douze ans auparavant elle s'était pratiquement comportée comme Mimi ? Elle aussi avait été rejoindre un homme, au même endroit et dans le même lit ! Peut-être se rappelait-elle ces souvenirs, puisqu'en partant elle fit cadeau à sa bonne de quelques vieilles robes.

– Elles ont près de dix ans, mais elles devraient t'aller, car elles sont en bon état ; à l'époque, j'étais moins forte qu'aujourd'hui. Je ne peux plus les mettre. Nos tailles sont assez proches. Et le travail de la Mélanie Bernet, c'est du sérieux. Tu le sais bien.

Paul se sentait un peu responsable de ces départs et il pensait parfois qu'il n'avait pas été charitable, bien loin des préceptes de l'abbé Blanchet. Il réfléchissait alors longtemps et calmement dans sa chambre, pesant le pour et le contre. Puis il devenait fataliste, peut-être pour échapper à la punition évoquée par le curé. « Après tout, ce n'est pas moi qui ai fauté Je n'ai fait que raconter ce que j'avais vu pour la bonne marche de la boulangerie. Tant pis, ils n'avaient qu'à se tenir peinards. »

Trois mois après, les Langlois reçurent un faire-part de mariage de leurs anciens employés, maintenant pourvus de travail, après une courte attente, dans le chef-lieu du département du Cher. Recommandations, références et certificats avaient joué. Au milieu de l'année, on annonçait la naissance d'un fils baptisé Julien, Marcel, Germain. Les Fayolle ne gardaient pas rancune de leur renvoi, puisqu'ils avaient eu la délicate attention d'utiliser les prénoms de leurs anciens patrons.

* *
*

Les nouveaux employés, René et Yvonne, répondirent assez bien aux espérances ; compétents et dévoués, ils travaillaient en bonne harmonie. Les Langlois remercièrent chaleureusement Octave de leur avoir procuré du si bon personnel en lui offrant un déjeuner bien arrosé dans le meilleur restaurant de Saint-Amand. Ils s'offrirent du foie gras, de l'anguille et du confit, choses qu'ils n'avaient jamais dégustées.

René avait un physique très différent de celui de son prédécesseur. Large d'épaules, il avait tendance à accumuler la graisse, et son visage de grand bébé lui donnait une physionomie constamment joviale. Il aimait laisser supposer de temps en temps qu'il possédait le petit atout supplémentaire qu'on attribue généralement à ceux qui ont œuvré dans la capitale, mais cette légère vanité ne déplaisait pas à Marcel, cela faisait partie de sa publicité. Le nouvel arrivant lui apprit à bien faire pivoter le gueulard, grâce à un crochet spécial, afin que la flamme se répartisse bien du fond à la voûte.

Régler ce gros morceau de fonte bossu, devenu rouge cerise, demandait un minimum de dextérité et d'attention. Tout le monde put se rendre compte qu'on produisait maintenant du pain cuit d'une manière encore plus égale. René fit connaître aussi le pain polka fariné, et cette nouveauté recruta des amateurs. Il conseilla aussi à son patron d'acheter de la levure, de préférence de marque Springer, nom du Hongrois ayant introduit le produit en France, à utiliser avec précaution. C'était utile pour le pain fantaisie et cela donnait un peu plus de confort dans le travail du boulanger. Serviable, toujours de bonne humeur, il devint rapidement populaire dans le bourg. On se l'arrachait dans les bals. Il faisait des ravages dans les cœurs et les cotillons du village. Quand il partait faire un tour le samedi ou le dimanche après-midi, il n'hésitait pas alors, d'un air présomptueux, le bout de ses pouces dans les poches, à annoncer à son patron d'un air complice :

– Je m'en vais ranimer la flamme du soldat inconnu.

Quant à Yvonne, sa laideur était pour Germaine un gage de quiétude, et elle le confiait à son père.

– On est sûrs que ce qui nous est arrivé avec Mimi ne se renouvellera pas.

– Bien sûr, elle est noiraude, a le nez de travers et beaucoup trop de grains de beauté, mais ne soit pas trop naïve, ma fille. Il ne faut jurer de rien. La nuit tous les chats sont gris. Et quand on manque de grives on apprécie les merles, conclut-il d'un air espiègle.

René amusa beaucoup Paul en lui racontant la blague des boulangers farceurs, subie par les jeunes mitrons à Paris.

– Mon patron me dit un matin : « René, je te charge d'une mission importante. Tu vas me chercher une pierre à affûter le coupe-pâte chez mon collègue du boulevard Exelmans. Prends le vélo ou le triporteur. » Comme il l'avait demandé avec des accents sérieux dans la voix, et qu'il s'agissait d'un acte de confiance, je me sentais fier. Arrivé chez le confrère, on me répondit que j'arrivais trop tard, qu'on venait justement de porter la pierre au confrère de la porte d'Auteuil. Je partis à la nouvelle adresse pour entendre à peu près la même chose. C'est ainsi que j'ai parcouru tout Paris, avant de m'apercevoir que nous étions le 1er avril et qu'il s'agissait d'une farce classique. C'est un peu comme la clef du champ de tir chez les troufions, ou l'échelle à monter les blancs d'œufs chez les pâtissiers. Je ne regrette rien de Paris, sauf les fournils situés au sous-sol.

– Quelle idée, répondit Paul, moins d'air, moins de lumière et des marches à monter.

– Oui, mais il y avait le soupirail qui nous permettait de voir passer les jambes des filles. Rien qu'apercevoir leurs mollets et parfois leurs genoux, on les imaginait, grandes, mutines, alertes. On se montait le bourrichon, ce qui amenait souvent des remarques goguenardes du patron : « Vous n'avez donc jamais rien vu ? » On lui répliquait : « Ici, à Paris, on peut se rincer l'œil, tandis qu'en province, surtout à la campagne, beaucoup de femmes sont restées à la mode longue. On n'aperçoit pas grand-chose, tout juste leurs chevilles. »

* *
*

Paul, devenu enfant de chœur, participait régulièrement aux offices, en soutanelle rouge et cotte blanche agrémentée de dentelles, dans l'attente de sa première communion. En réalité, il avait accepté surtout pour faire plaisir à sa mère et pour retrouver ses amis Maurice, (l'éleveur de perdrix) et Christian. Pendant la messe il marmonnait les phrases toutes faites, imprimées sur un rectangle rouge, en réponse aux interrogations du prêtre. À un moment, on disait ainsi *sed libéra nos a malo*. Aussitôt son esprit imaginatif le transportait parmi une noce à Saint-Malo, sur les remparts devant la mer : le défilé n'en finissait pas, car il était libre. Pendant l'homélie, il aimait examiner l'expression des fidèles, surtout ceux montés à la tribune : souvent des adolescents boutonneux convaincus que d'avoir gravi l'escalier leur donnait de l'importance et qui se chamaillaient en silence pour figurer au premier rang. Pour finir son sermon, le prêtre, une fois sur deux, prononçait sa phrase fétiche :

– Aimez ceux qui vous haïssent et vous n'aurez pas d'ennuis.

Ce qui mettait Paul mal à l'aise, car il ne se voyait pas du tout aimer des gens comme les *Ratapoils,* ces parangons du vice.

Avant de descendre de chaire, le curé attaquait le nécrologe de la commune accompagné de recommandations de prières et de messes à l'intention des trépassés. Paul avait beaucoup de peine à y entendre le nom de sa famille maternelle, tellement la longue récitation sous forme de litanie était rapide et saccadée.

– Une chatte n'y trouverait pas ses petits, se permit de commenter un jour mademoiselle Corlier, qui tenait (si mal) l'harmonium, pourtant catholique pratiquante et dévouée.

Lorsque le prêtre prétendait avec une solennité onctueuse que le pain est le corps du Christ, Paul se trouvait encore confronté à un mystère. Cette métamorphose le laissait rêveur.

– C'est bien beau, les symboles, mais j'y perds mon latin.

Il répugnait à utiliser l'encensoir : l'odeur de l'encens le prenait à la gorge et le faisait tousser. Il s'arrangeait donc pour ne pas avoir à exécuter ces balancements sans fin avec l'instrument religieux aux chaînes argentées. Par contre, avec la queue de rat, il se délectait à éteindre les cierges et les bougies à la fin des cérémonies. Ce qui avait fait dire au curé Blanchet :

– Tu es le contraire du boutefeu, instrument servant à allumer les canons. Donc tu ne susciteras pas de querelles, car autrefois boutefeu était aussi le nom qu'on donnait aux gens agressifs et belliqueux.

Quand il retournait derrière l'abbé, à la sacristie, pièce humide à l'odeur de moisi peuplée de chandeliers suiffeux, de croix cassées et de statues en plâtre fort abîmées, il pensait à ses autres camarades qui se délectaient à boire en douce du vin de messe : lui se refusait à les imiter, il n'appréciait que le vin rouge. Dès que l'ecclésiastique avait quitté sa chasuble, son étole, son aube, et qu'il avait le dos tourné, ces gentils trublions n'hésitaient pas à devenir sacrilèges en psalmodiant :

– Qu'est-ce que Dieu ?
– Un vieux bonhomme qui pisse au feu.
– Qu'est-ce que Jésus-Christ ?
– Un petit bonhomme qui pisse au lit.

Lors des processions à l'extérieur, les *petits curetons* se livraient souvent à une compétition quand le prêtre officiait devant eux : faire tourner à bout de bras plusieurs fois le bénitier au-dessus de sa tête sans renverser l'eau bénite. Les plus adroits y arrivaient même avec le goupillon à l'intérieur.

*   *
*

La participation aux vêpres provoquait toujours d'âpres discussions dans les familles. La plupart des enfants de chœur trouvaient des prétextes pour ne pas y assister : migraine, mal au ventre, douleur au genou interdisant les génuflexions, leçons à réviser, récitation à apprendre, calcul mental à mettre au point. Ce dimanche-là, Paul, sous la pression de ses parents, dut partir à l'église, la mort dans l'âme, à 3 heures de l'après-midi, sitôt entendu l'appel des cloches du sacristain : il s'en allait au dernier moment, habitant tout près. Cette cérémonie se transformait de plus en plus en corvée, vu le petit nombre des participants : pas un seul homme, des grand-mères cacochymes dont les plus jeunes étaient au moins septuagénaires, coiffées de chapeaux de paille noirs agrémentés d'une fleur. Certaines apportaient l'hiver une petite chaufferette remplie de braise bien chaude qu'elles mettaient sous leurs pieds pendant la cérémonie.

À la sortie de la sacristie, il fut entouré par trois petits, c'est-à-dire des garçons plus jeunes que lui de deux ou trois ans. Comme ses copains habituels étaient absents, il accepta, sur leur insistance, de jouer avec eux au jeu des métiers. Chacun mimait une profession, que l'on devait deviner d'après les gestes, et les première et dernière lettres du nom cherché. Le scieur de long, le pêcheur et le violoniste furent vite repérés. Quand arriva son tour, Paul prononça V.R. en se bouchant le nez d'un air dégoûté. Au bout de quelques minutes, comme personne ne comprenait, il donna la réponse : vidangeur, ce qui provoqua la jubilation.

– Tiens, ne changeons pas d'air, dit-il, nous partons à la boulangerie, mes parents sont sortis avec ma sœur, nous allons donc pouvoir jouer à celui qui pète le plus fort.

En cours de route, sous les marronniers de la place, il embrigada Bastien, Maurice et Christian, en train de jouer à chat perché et se bombardant à coups de marrons.

Une fois dans le fournil, il monta sur une chaise et commanda, pendant que démarrait le charivari des grillons :

– Quittez vos culottes et vos calcifs, chacun votre tour vous pousserez le plus fort possible. C'est très simple, plus la pression du gaz est forte, plus la farine sera projetée au loin. Et attention, surtout pas de pet de travers.

Et voilà, sur la ligne de départ matérialisée à terre par la tige de l'écouvillon, tous les compétiteurs prêts, une assiette à moitié remplie de farine, tenue au ras des fesses. Personne ne voulant commencer, on décida de choisir le plus jeune. C'est ainsi qu'Alain, fils du forgeron, fut désigné, tous les regards étant fixés sur son pétard bien en vue. Comme rien ne survenait, on entendit bientôt des réclamations :

– Alors quoi, tu nous l'envoies, ta perlouze ? Remue ton croupion pour tirer le canon ! Chez ton père, pourtant, ça pète la flamme.

Dépité, le gamin déclara après plusieurs tentatives :

– Y a rien à faire, j'ai pas envie de péter.

Ce qui amena des hou ! de désappointement.

Le deuxième, d'un souffle imposant, fit envoler la farine à cinquante centimètres. Il fut applaudi avec des commentaires élogieux et des bravos.

Georges, le troisième, avoua l'air confus :

– Je me retiens, car sans cela ça sera un pet foireux, je risque de déposer un pruneau dans l'assiette.

Il provoqua une immense rigolade.

Paul, qui se préparait depuis un moment, dut calmer les ardeurs :

– Ne faites pas trop de vacarme, ma grand-mère, qui est curieuse et a l'oreille fine, serait capable de venir voir ce qui se passe.

Bien appliqué, il projeta la farine à près d'un mètre, sous des applaudissements nourris.

Le suivant, Christian, eut un lâcher de flatulence d'une sonorité remarquable, mais de force limitée. On mesura : à peine trente centimètres.

– Beaucoup de bruit pour rien, cria l'un d'eux. On aurait pourtant dit le tonnerre. Mais qu'est-ce que tu pues ! Tu n'as pas bouffé des savonnettes. Oh, ma parole, on dirait que tu as le cul sale. On ne peut pas dire qu'il s'agissait d'un bruit sans fondement.

Bastien, le plus grand de la bande, expira longuement, remplit d'air sa poitrine comme s'il existait une communication intérieure entre le haut et le bas, se concentra, et sa puissance carminative propulsa la poudre blanche à près de deux mètres. Le petit nuage formé mit quelques instants à retomber.

– Bravo, c'est toi qui as gagné. Voici le roi des péteurs, criaient tous les participants en applaudissant et en levant les bras du vainqueur.

– Les gars, maintenant balayez bien, afin que ce soit propre pour ne pas nous faire engueuler, dit Paul. Je vais chercher une galette dans la boutique, nous allons nous la partager. Nous avons bien rigolé, après les vêpres, il fallait bien ça.

– Maintenant, mes chers camarades, une dernière chose. Évitez, je vous en supplie, de venir jouer sur le tas de bois dans la cour. Évidemment c'est rigolo de grimper sur les charbonnettes. Mais c'est moi qui ensuite me fais remonter les bretelles.

On dit que je vous entraîne, ce qui n'est pas vrai. En réalité, c'est moi qui dois ranger les bouts de bois tombés, et c'est du boulot pas marrant, dont je me dispenserais bien. Dites-le à vos copains.

Les garçons jurèrent de respecter ces directives avant d'aller s'égailler sur la place…

* *
*

Marcel défendait un peu l'accès de son fournil, car il ne voulait pas être envahi par les badauds qui avaient plutôt tendance à stationner comme dans la boutique du maréchal. Il le disait d'ailleurs à ce dernier, quand, tous les mois, il lui amenait ferrer son cheval Bayard.

– Si je ne mettais pas le holà, ce serait comme chez toi, le défilé perpétuel. Je ne suis pas un bonnet de nuit, mais on ne doit pas négliger la besogne.

À la belle saison cela n'avait pas d'importance, mais l'hiver il était très chatouilleux. En effet, une porte laissée ouverte par mégarde risquait de provoquer des manifestations néfastes sur la fournée en cours : un puissant courant d'air pouvait faire croûter les pâtons. Les habitués le savaient et passaient alors par la boutique, ce qui ne plaisait pas toujours à la boulangère. Germaine ne faisait évidemment pas de commentaires désobligeants lorsqu'il s'agissait de fournisseurs. Le meunier était le mieux reçu. On avait trop besoin de ce grand bel homme bien mis, d'aspect un peu sévère avec ses lunettes et son nœud papillon, aux allures de gros manitou. Ses livraisons suscitaient parfois des discussions techniques longues et variées.

– Votre farine était trop humide.

– Il n'y avait pas assez de gluten…

Le meunier prenait note consciencieusement, avec calme, et promettait toujours de remédier dans la mesure du possible aux défauts constatés. Il faisait d'ailleurs de son mieux, car il savait que Langlois avait un autre petit fournisseur qui ne demandait qu'à grandir. Parfois il se confiait avec bonhomie :

– Ici, à la campagne, je rencontre rarement les jalousies des villes et des gros bourgs. Tant mieux. En effet, de gros clients menacent de me quitter si je livre leur concurrent voisin. C'est idiot, mais c'est comme ça.

Le marchand de sel ne s'attardait guère. Ce vieux monsieur chauve, au teint jaune de bilieux, déchargeait les sacs calmement, attendait le règlement et repartait aussitôt, car son produit ne souffrait guère de critiques. C'était le marchand de bois qui était le plus exubérant, avec sa tignasse ébouriffée, sa moustache en bataille et ses bras toujours en mouvement. Ses yeux clairs, pétillant de malice, semblaient dire :

– Il fait beau, la vie et les femmes sont belles, j'espère que tout va bien chez vous.

– Monsieur Goin, je vous demande exclusivement des charbonnettes en charme, et rien d'autre. C'est ce qu'il y a de mieux. Alors, pourquoi glissez-vous parfois dans la livraison du bouleau ou du sapin ? C'est moins bon. Tous les boulangers le savent.

L'autre alors donnait des explications à n'en plus finir, en prenant le ciel à témoin, parlant d'erreur insignifiante, et souvent tout se terminait autour d'une bouteille de rosé, bue dans la cuisine. Le vin pétillant dans le verre assorti d'un bout de galette gommait les réclamations.

Lorsque Marcel était en train de mouler et d'enfourner, il ne faisait pas bon venir discuter le bout de gras. Le travail commandait et le boulanger pouvait se mettre de mauvaise humeur. Il n'avait pas peur de dire alors, même à ses meilleurs amis :

– Nom de Dieu, fermez vos clapets.

Connaissant les habitudes, les bons voisins et familiers de la cour ne se pointaient qu'en fin de matinée, après la dernière fournée. Ils frappaient un petit coup sec à la porte du fournil en se nommant. Histoires drôles et badineries monopolisaient la conversation. On commentait parfois l'arrivée de nouvelles têtes dans la commune. Ces *étrangers,* surtout s'ils n'étaient pas berrichons, mettaient longtemps à s'intégrer. Un certain racisme campagnard créait une sorte de clan imaginaire assez fermé, et il fallait montrer patte blanche, après beaucoup de temps, pour y pénétrer. Quelquefois, Marcel, en fin de semaine, alors détendu, offrait à boire à la compagnie, une bouteille étant toujours prête derrière le pétrin.

Léo, le bistro, était devenu avec le temps bien moins fidèle. Sa femme Rosa, ayant découvert le pot aux roses avec madame Jolicart, avait pris ses cliques et ses claques et demandé le divorce. La petite veuve avait alors sorti le grand jeu, et c'était elle qui maintenant officiait derrière le comptoir, essuyant les verres et servant à boire. Son nouveau mari se consacrait surtout aux journaux, lorgnant avec envie vers le tabac du père Chardin à l'activité déclinante.

– Quand le fruit sera mûr, je n'aurai plus qu'à me baisser.

Le cafetier avait tellement fait de confidences au boulanger qu'il en était gêné, regrettant ses anciens épanchements verbaux tendancieux au sujet de Défunt mon mari.

Le père Bailly continuait bien tranquillement d'exercer son métier d'épicier. Il avait accroché sur sa vitrine de nouvelles plaques publicitaires : La Vache qui rit, une vache grenat hilare, avec des fromages en boucle d'oreilles ; La Poule au pot, le cirage Lion noir, l'insecticide Fly-Tox, avec une grosse mouche bleue aux yeux exorbités. Il s'était mis à la page en ce qui concerne les friandises pour les enfants. En plus de la réglisse et du zan, on trouvait maintenant tout un assortiment de bonbons acidulés et des petits caramels au chocolat à deux pour un sou. Paul était un fidèle client grâce aux pièces de Gaspard.

Un gendarme en retraite occupait l'ancien appartement de la nouvelle bistrotière. On le surnomma bientôt Guignol. Ce veuf, irascible et cabochard, prenait un plaisir sadique à apostropher, comme s'il était encore en service, les passants et les jardiniers traversant la cour pour aller à leur potager ; il avait calotté un gamin Chardin qui jouait sans sourdine de l'harmonica près de sa porte, et le père de ce dernier avait menacé de porter plainte. Plus personne ne lui adressait la parole depuis que la mercière madame Naudy l'avait surpris jouant à l'exhibitionniste. Mais on n'était sûr de rien, peut-être avait-elle rêvé, car depuis la mort de son mari, disparu, d'après la rumeur, d'une manière gaillarde et républicaine comme Félix Faure, elle n'avait plus toute sa tête.

L'atmosphère de la cour commune s'était bien modifiée en dix ans, mais le climat de chicane et de mauvaise humeur ne disparaissait pas pour autant de ce lieu de passage.

Il n'y avait que Paul qui avait presque tous les droits dans le fournil et la boutique. Le futur boulanger devait absolument tout connaître et il était anormal qu'il soit proscrit d'une conversation. Marcel goûtait les reparties de son fils, et la dernière concernant la nouvelle bonne l'amusait beaucoup :

– Elle est tellement laide que lorsqu'elle fait des grimaces elle l'est beaucoup moins.

La remarque était saisissante, Marcel se demandait si son fils ne l'avait pas empruntée quelque part.

Chapitre six

COMME PAUL ÉTAIT NÉ pratiquement à la fin de l'année, le curé l'incorpora avec la classe suivante de première communion, pour des raisons d'équilibre d'effectif. Il y avait eu dans le village beaucoup de naissances en 1920, et peu en 1921. Si les poilus avaient bien folâtré en revenant dans leur foyer, ils s'étaient calmés par la suite ! La décision de l'abbé ne déplaisait pas du tout à Germaine : elle serait fière que son fils soit le plus grand du petit groupe de communiants.

Depuis longtemps, Germaine avait commandé le traditionnel costume à col marin rehaussé du brassard blanc. Digne et recueilli, Paul avait été photographié chez le spécialiste de Saint-Amand-Montrond, la main droite, tenant un chapelet, posée sur le dos d'un prie-Dieu, l'autre main serrant un missel à couverture en basane offert par ses grands-parents maternels. La maman avait passé près d'une heure chez l'imprimeur pour trouver l'image idéale de communion qu'on offrait à la famille et aux camarades, avec au dos une intention datée. On l'accompagnait de la photo souvenir sur fond de chapelle. Le choix de la maman apparaissait parfait à tout point de vue : une reproduction d'une miniature du XVe siècle extraite des *Très Riches Heures du duc de Berry,* exécutée par Pol de Limbourg, représentant la multiplication des pains. Avec cinq pains et deux poissons, Jésus avait pu, grâce à son intervention miraculeuse, rassasier cinq mille hommes. Avec le reste, on remplit douze corbeilles. Était-ce du pain azyme ?

Hélas, Paul tomba malade quelques jours avant la retraite. Foudroyé par une mauvaise grippe, il avait 39 degrés de température le vendredi avant-veille de la première communion et 39,5 degrés le samedi matin. Il n'était pas question de participer à la cérémonie, qu'il passa dans son lit à grelotter sous l'emprise de la maudite fièvre. Le déjeuner du dimanche se déroula, morose, dans la salle à manger enfin ouverte pour la circonstance, pour étrenner le linoléum à motifs losanges fleuris recouvrant le sol. Afin de conjurer le sort, les Langlois n'avaient pas osé proposer des mets trop somptueux à leurs invités, les Arnaud et les Lamelot, soit sept personnes à table en tout, alors que depuis des mois on évoquait cette première communion comme un festin dont on reparlerait longtemps. Les grands-parents Langlois, malades, n'avaient pu se déplacer.

– On aurait l'air de narguer le bon Dieu, déclarait Germaine, déçue, qui avait laissé dormir dans l'armoire la toilette spéciale que la Mélanie Bernet lui avait confectionnée un trimestre à l'avance.

La seule note de fantaisie résidait dans le service de table brodé par Mariette et enfin terminé. Commencé depuis plus de dix ans, avec des abandons et des reprises, en fonction du courage et du temps disponible de la brodeuse, il montrait ses belles initiales L.L. bien entrelacées.

– Je me demandais si je le finirais un jour, dit-elle. Ça m'a semblé bien plus long que pour vos draps.

Le mousseux resta à la cave et on ne but que du rosé local de Châteaumeillant, sans prétention mais fort gouleyant. On n'organisa pas de dîner, qui aurait paru presque incongru : pas de festivités pour une fête qui n'avait pas eu lieu. Les Langlois repartirent en fin d'après-midi. Où étaient-elles, ces premières communions d'autrefois, où les hommes fredonnaient des chansons coquines en buvant la goutte pendant que les femmes chantaient des cantiques aux vêpres ? Pour plaisanter, on offrait le lendemain une allumette au fêtard, afin que ses paupières restent ouvertes. En partant, Octave se permit un dernier conseil à Marcel :

– À ta place, je remplacerais le Bernard par un moteur électrique. Sois à la page. Sais-tu qu'à La Roche-sur-Foron, en Savoie, la ville est éclairée à l'électricité depuis 1855 ? Ce fut la première en Europe, il y a plus de soixante-dix ans ! Tu devrais aussi faire installer une pompe à eau afin d'alimenter ton fournil. Que de peine en moins ! En ville nous avons l'eau sous pression, mais je crains qu'ici il ne faille attendre longtemps.

– J'y pense, ce n'est pas la mer à boire, mais avec le ralentissement actuel, dû à la chute des cours du blé, et la baisse du prix du pain, il faut serrer les cordons de la bourse.

Ensuite Marcel alla rejoindre son fils dont l'état s'améliorait enfin, petit à petit.

– Papa, raconte-moi une histoire de guerre, mais pas trop triste. Ça me changera les idées.

– Hier je me suis disputé avec les Moreau, tu sais, ceux des Quatre-Vents, qui viennent de s'agrandir. Comme ils m'achètent maintenant davantage de pains, ils ont exigé un rabais. J'étais prêt à faire des concessions. Mais ils étaient trop exigeants. Dans la vie, il y a des moments où il ne faut pas se laisser marcher sur les pieds. Pas de *lèchecuterie.* Cela me ramène en mémoire une histoire de 1917. Je venais d'être nommé ordonnance d'un vétérinaire. Ce capitaine au caractère difficile ne s'entendait pas avec ses collègues officiers, et il n'était jamais satisfait de ses ordonnances. Un matin, il me commanda sèchement : « Marcel, allez me chercher des pommes de terre et préparez-les pour mon déjeuner. – Pardon, monsieur le vétérinaire, je ne suis pas cuisinier, je suis ordonnance et je ne connais absolument rien à la cuisine. J'ai déjà assez de travail avec votre cheval et le nettoyage de la chambre. – Il n'est pas besoin d'être cuisinier pour faire cuire des patates. – Je ne me sens pas capable d'assurer ce service. Puis d'ailleurs j'ai autre chose à vous dire. Les autres ordonnances n'ont pas cette tâche-là à accomplir et ils touchent davantage que moi. Je croyais que l'indemnité réglementaire était supérieure à celle que vous me donnez. » À cette réponse, le vétérinaire, qui était couché, fit un bond dans son lit et dit d'une voix terrible : « Je n'admets pas que l'on me pose des conditions. » Puis, se radoucissant, il continua : « Si vous me faites un travail supplémentaire, je saurai vous récompenser. – Je ne puis compter sur votre reconnaissance, car vous ne m'avez jamais donné l'indemnité allouée. – Et combien vous dois-je, selon votre idée ? – J'ai toujours entendu dire que pour le grade de capitaine, l'indemnité était de quinze francs. Je ne touche que dix francs. – Ce n'est pas vrai. » Cependant, après un moment d'hésitation, le vétérinaire reconnut : « C'est sept francs pour le cheval et cinq pour l'homme, mais…

il faut apprendre son métier. » Je lui répondis alors carrément : « Monsieur le vétérinaire, honnêtement, je pense que je remplis bien ma tâche. Si vous me jugez incapable, cherchez une autre ordonnance. » Je me dirigeai calmement vers la porte. L'officier se ravisa : « Vous continuerez d'assurer mon service jusqu'à ce que j'aie trouvé quelqu'un pour vous remplacer. – J'accepte, mais pas question de cuisine. » Je partis ensuite raconter mes mésaventures à mes camarades : « Nous devons respect et obéissance aux officiers, mais nous ne sommes cependant ni leur domestique ni leur esclave[1] »

* *
*

L'affection pulmonaire de Paul l'arrêta trois bonnes semaines. Christian et Maurice vinrent le saluer pour le tenir au courant des nouvelles de l'école. Tous les trois parlaient avec une pointe d'inquiétude du certificat d'études : on les présentait dans un mois environ. Ils se tordaient de rire au récit de la bévue de Gérard Métivier, le fils du maçon, un peu le cancre de la classe. Celui-ci, interrogé sur le nom de la rivière qui séparait la France de l'Espagne, avait baissé la tête, les mains

1. *Extrait du journal d'un combattant.*

jointes dans le dos, cherchant en vain dans sa mémoire.

– Au milieu de son cours se trouve une île où fut signé le traité des Pyrénées, en 1659, précisa le maître.

Ce détail était bien superflu pour ce mauvais élève, dont le voisin, Roger Soulat, lui souffla : la Bidassoa. L'autre n'avait pas bien compris et murmura :

– La Bi, la Bi…

Roger répéta tout bas :

– … dassoa.

Perdu dans ses pensées, Gérard percevait mal la suite, qu'il assimila au nom du souffleur ; la langue lui fourcha pour prononcer l'expression qui avait depuis longtemps cours chez les grands : c'était un classique, comme le lac Titicaca.

– La bite à Soulat.

Ce fut la stupeur, suivie d'une longue explosion d'hilarité et de ricanements. Duponchel, manquant de tomber à la renverse, eut grand-peine à stopper cette effusion comique inouïe, terminée par le renvoi de l'insolent malgré lui.

– Tout de suite à la porte, Métivier, reviens demain avec un mot d'excuses signé de tes parents. Sinon, gare à tes abattis.

– Il en tient une couche, commenta Paul.

Un soir, Alain vint faire aussi une visite au convalescent. En le voyant arriver, les inséparables

Christian et Maurice, encore présents, se firent un clin d'œil et prirent leur air le plus triste qui soit, en se penchant vers Paul :

– On ne croyait pas que ta pécole était une maladie aussi dangereuse. On espère que c'est pas contagieux.

– Mais qu'est-ce que c'est qu'ça la pécole ? interrogea naïvement le nouvel arrivant.

– La peau du cul qui se décolle, répétèrent les trois gamins ensemble, en pouffant, pliés en deux.

* *
*

Paul rencontra quelques difficultés à se remettre en train à l'école. La longue grippe l'avait mis à plat. Il voulait mettre les bouchées doubles pour rattraper le temps perdu, mais il fallait d'abord suivre le présent. Sa vaillance étonnait. Il avait pratiquement perdu les kilos superflus qu'il traînait depuis longtemps.

– Il va de cul et de tête, comme une corneille qui abat des noix, assura son grand-père Gaspard.

Le mois de juin arriva. Les marronniers de la place étalaient leurs grosses branches noueuses surchargées de feuilles vertes, occultant une partie de l'église. Sans cesse, des oiseaux virevoltaient et craillaient doucement. L'air embaumait des mille senteurs de l'été : un temps rêvé pour faire l'école buissonnière. Duponchel commença les révisions pour les garçons du certificat d'études. On travaillait d'arrache-pied, chaque soir après les cours. L'instituteur se révélait beaucoup plus doux que d'habitude, au point que les gamins, surpris, se permettaient de commenter :

– C'est curieux, c'est plus le même que dans la journée. Il ne nous cherche plus des poux dans la tête. C'est qu'il a besoin de nous. Ça fera du bien pour son avancement si ça gaze bien.

La veille au soir du fameux examen, l'instituteur confia, la voix douce, une main sur sa bedaine, sur les marches de l'école :

– Je pense que vous êtes tous en passe de réussir. Ayez confiance. Il y a peut-être parmi vous un futur premier du canton. Je ne dis pas lequel, pour éviter des déceptions.

La veille de l'examen, Paul alla embrasser ses grands-parents et Gaspard le prévint avant de le quitter :

– Fais ton possible pour être reçu, car si tu ne voulais plus être boulanger, sais-tu que le certificat est indispensable pour être garde-barrière, facteur, cantonnier, lampiste et tambour de ville ?

Tous furent reçus, plusieurs avec une appréciation favorable, dont Paul, mais il n'y eut pas de récompense suprême. Duponchel était somme toute un peu déçu, malgré les galettes que les Langlois lui adressèrent chaque mois, avec fidélité.

* *
*

Un soir, il vint les trouver pour parler ensemble tranquillement de leur fils. Germaine, en blouse blanche, et Marcel, en gilet de flanelle grise, le reçurent simplement dans la cuisine pour lui offrir un morceau de tarte aux pommes accompagné de cerises à l'eau-de-vie, petite douceur favorite du maître d'école.

– Je me permets d'insister pour vous conseiller. Monsieur et madame Langlois, Paul devrait continuer ses études.

– Merci, monsieur Duponchel, c'est grâce à vous qu'il a réussi. Cela nous a fait grand plaisir.

– Non, c'est grâce à son travail. C'est un bon élève. Peut-être un peu trop taquin. S'il n'était pas tombé malade, je suis sûr qu'il aurait fait beaucoup mieux. Il faut le pousser car il a de la ressource.

– Mais des nouvelles études, ne croyez-vous pas que ce serait de la confiture pour les cochons ? Pour faire un bon boulanger, est-ce vraiment nécessaire de prolonger l'école ? objecta immédiatement Germaine. Connaître la date et le pourquoi d'une bataille, le nom du roi de Pologne ou la longueur d'un fleuve, ça n'aide pas à faire du bon pain !

– Mais il faut voir plus loin. Je ne sais pas, mais Paul pourrait peut-être espérer s'installer en ville, dans une grande boutique. Agrandir son rayon pâtisserie. Il n'aurait qu'à commander son personnel, se consacrer à la surveillance et faire sa comptabilité. Je connais à Paris, à Lyon ou à Marseille des boulangeries-pâtisseries de ce genre, le patron roule dans une belle limousine neuve. Pourquoi pas président du syndicat ? Avec le progrès l'homme va améliorer sa condition.

Flatteries et châteaux en Espagne ne coûtaient rien au maître d'école, mais ces évocations faisaient de l'effet.

– Nous ne demandons pas qu'il aille si loin. On n'est pas si mal que ça en Berry. Et le cours complémentaire, ça coûte. Jamais le pain n'a été si bon marché.

– Mais on peut lui faire passer l'examen pour l'obtention d'une bourse. Il a toutes les chances de réussir. Pendant sept à huit mois, je suis prêt à l'aider, d'une manière totale. Et cette préparation lui sera précieuse, lorsqu'il intégrera sa nouvelle école.

Paul ne se fit pas trop tirer l'oreille pour recommencer une nouvelle année scolaire. Lire et étudier lui plaisait assez, mais il aimait aussi faire de longs séjours dans le fournil, pour bien comprendre les différentes phases de la fabrication du pain. Puisqu'il serait un jour boulanger, il était utile qu'il s'imprègne de l'ambiance de la profession. De temps en temps, il mettait même la main à la pâte.

Dès la rentrée, Duponchel réserva à Paul un enseignement à la carte : souvent des devoirs spéciaux où l'élève devait faire preuve d'initiative et d'imagination. Il était primordial de savoir se débrouiller dans un nouveau livre, sans la présence permanente d'un maître. La formule, dans l'ensemble, donnait de bons résultats.

* *
*

Un jeudi matin, vers la mi-février 1934, Paul trouva Christian en pleurs : il venait de recevoir une lettre annonçant la mort de son oncle, également son parrain, décédé à Paris lors d'une émeute survenue le 6 février, place de la Concorde. Paul consola son ami comme il put et, attristé par cette nouvelle, il se mit alors à lire *La Dépêche du Berry,* journal local que son grand-père parcourait de la première à la dernière page depuis longtemps. Il voulait comprendre ce qui était arrivé. Mais il n'arrivait pas à saisir la réalité dans cet imbroglio de démissions, de communiqués, de confrontations et de commissions d'enquête. Des ministres se renvoyaient la balle. Qui mentait ? Il s'en ouvrit à son père, qui lui résuma la question.

– Depuis quelque temps, on apprend des scandales et des corruptions à n'en plus finir : le plus important a été celui de Stavisky, un escroc qu'on vient de retrouver mort à Chamonix : un vrai mystère. Les anciens combattants, comme moi, en ont eu marre de découvrir ces affaires organisées souvent par des députés voleurs et pourris. Soutenus par l'Action française et par les Croix-de-Feu du colonel de La Rocque, près de quarante mille manifestants se sont dirigés vers le Palais-Bourbon. La police et le service d'ordre ont été débordés. On a tiré dans la foule et il y a eu près d'une vingtaine de morts. Cela a provoqué la démission du ministère, et maintenant c'est Doumergue, l'ancien président de la République, qui tient les rênes : le maréchal Pétain, celui qui nous a sauvés à Verdun, fait partie du nouveau gouvernement.

Mais Christian récitait une version bien éloignée de celle-ci. Paul, bien embarrassé, n'y comprenait plus rien.

– La droite, aidée par des fascistes et le mur d'argent des deux cents familles, a voulu renverser la République. Mais les socialistes et les communistes veillaient au grain en organisant des manifestations et des grèves. Les travailleurs unis et la gauche ont empêché un coup d'État. La réaction ne gagnera pas. Papa me l'a expliqué.

Peu à peu, Paul devinait qu'il y avait, surtout en politique, deux regards différents pour traiter du même événement. Il se rappelait la lecture du livre d'histoire à Saint-Amand. Par la suite, il devait s'apercevoir qu'il en était toujours de même, chacun des deux bords, souvent de bonne foi, tenant un discours à cent lieues de l'autre. Pour un sujet identique, deux personnes honnêtes pouvaient avoir un point de vue complètement opposé. Il était déconcertant de constater que la vérité avait de multiples visages. La droite conservatrice, accrochée aux traditions d'ordre que sont la famille et l'armée, n'approuvait guère le changement. Par contre, la gauche, généreuse mais utopiste, demandait plus de justice et d'équité. Il comprenait bien qu'ouvriers et petits fonctionnaires réclament des avancées sociales, mais pourquoi les artisans comme son père et son grand-père possédaient-ils un tempérament de conservateurs ? Cela provenait-il de leur grande capacité à travailler et à économiser ? Ils ne voulaient pas partager le fruit de leur travail avec les autres, surtout avec ceux qui se tournaient les pouces. Toujours une contradiction : la nuit et le jour, la lune et le soleil, le blanc et le noir, le bien et le mal. Mais est-ce que c'était aussi simple ? se demandait Paul, avec candeur.

Chapitre six

* *
*

Il continua d'être persévérant et réussit parfaitement l'examen des bourses. Il entrerait au cours complémentaire de Saint-Amand-Montrond à la prochaine rentrée. Duponchel reçut ainsi le premier dimanche de chaque mois un pâté à la viande ou une tarte. Cependant, pour ne pas infliger à l'élève les contraintes matérielles du pensionnat, Octave et Suzanne proposèrent de loger leur neveu à la rentrée. Il serait ainsi demi-pensionnaire, tout au moins pour le premier trimestre. On verrait par la suite. Cette proposition réjouissait tout le monde, et d'abord l'élève et ses logeurs, pour des raisons différentes. Quant aux Langlois et aux Lamelot, ils étaient ravis de savoir Paul entre d'aussi bonnes mains.

* *
*

Au début de juillet 1934 arriva au *20.100.O* un jeune Parisien d'une quinzaine d'années, neveu de la nouvelle bistrotière, madame Peuchard. Vêtu d'un chandail à col roulé et d'un pantalon long, il avait l'air d'un sportif, avec son menton volontaire et ses cheveux en brosse. Comme il ne connaissait personne, il fut vite attiré par Paul, rencontré dans la cour. Malgré leurs origines complètement différentes, une solide sympathie unit les deux garçons. Élevé en banlieue populaire, Jacques ignorait presque tout de la campagne et de ses plaisirs bucoliques. Ce fils d'infirmier fut tout de suite subjugué par la sérénité et la poésie des environs du village, aux petits prés cernés de haies où paissaient des troupeaux de vaches, de moutons ou de chèvres. Christian, Maurice, Alain et Paul lui firent découvrir le charme des chemins creux, les cachettes fleuries dans les taillis, les bosquets embaumés ou les îles minuscules de la rivière peuplées de quelques canetons. Tout étonnait l'enfant de la ville, plus habitué aux cheminées d'usines et aux cités ouvrières. À pied ou à vélo, les turbulents copains jouaient ensemble la moitié du temps, à courir dans les champs en chaume, dans les bois, autour de la grotte de la carrière, pour cueillir des fleurs et des fougères, ou simplement pour faire la course. La chasse aux escargots les mobilisa deux jours complets et leur dégustation remporta un vif succès, sauf pour Jacques, qui rendit tripes et boyaux. En chantonnant, ils tendaient des collets, sans grand résultat d'ailleurs, et bousculaient des fourmilières pour suivre les réactions des fourmis désemparées. Ils aimaient aussi jouer au derviche tourneur, en toupillant sur place sans arrêt, jusqu'à l'étourdissement suivi d'une chute sur le sol. Malgré de longues recherches, ils n'avaient jamais pu trouver de crapaud pour lui faire fumer une cigarette, car les anciens se vantaient souvent en riant de cette plaisanterie cruelle.

Dans ces compétitions, Paul remarquait qu'il n'avait pas repris en totalité ses forces d'autrefois : il arrivait souvent bon dernier. L'affection dont il avait souffert était probablement plus perverse qu'on ne l'imaginait. Mais dans ces folles randonnées, quelle était sa joie de contempler ces vieux arbres et la rivière que ses ancêtres avaient dû admirer de la même façon ! Ce lien sentimental qui le reliait à ces témoins du passé le rendait nostalgique et lui faisait monter parfois les larmes aux yeux. Sans le savoir, il gardait au fond de lui un inflexible goût de la terre.

Lecteur assidu, Jacques avait apporté avec lui une mallette de livres qu'il offrit de prêter à son nouvel ami : des manuels scolaires et médicaux, des livres d'histoire ainsi que des romans.

– Je les ai piqués à mon grand frère, disait-il comme pour s'excuser de cet emprunt forcé.

En dépit de titres anonymes, certains de ses ouvrages contenaient des descriptions anatomiques croustillantes que Paul n'avait jamais vues imprimées : *Aphrodite, L'Amant de lady Chatterley*. Leur lecture faisait rougir son visage et donnait un commencement de réponses aux questions intimes qu'il se posait depuis quelque temps. D'autre part, Jacques, son aîné de plus de deux ans, apportait avec lui le parfum de la renommée parisienne faite de légendes remplies d'individus équivoques mais triomphants. Obligatoirement, on était là-bas nettement en avance sur toutes les connaissances, par rapport aux pedzouilles du bas Berry. Parfois tout cela c'était du vent, comme disait l'autre, car Paul s'était rendu compte que les prétendues prouesses et conquêtes féminines n'étaient souvent qu'affabulations et vantardises d'adolescent. Par ailleurs, Jacques rencontrait beaucoup de succès avec son appareil de photo. C'était à qui poserait devant l'objectif.

– Pourquoi ne construirait-on pas une cabane, comme Robinson Crusoé dans son île déserte ? proposa Jacques un beau matin.

– Ce n'est pas une mauvaise idée, tout le monde a chez soi des planches et de vieilles caisses dans la cave et le grenier, approuva Paul, mais il faudrait s'y mettre à quatre. Surtout pas de tire-au-flanc.

– Nous irons taper Gaston. Son père le charron sera content qu'on le débarrasse de ses chutes.

– Nous n'aurons que les pointes à acheter, répondit Christian.

– Je pense que je pourrai m'en procurer à l'œil, dans la boutique de mon père, précisa le fils du maréchal.

Le choix de l'implantation provoqua maintes discussions. L'un prétendait qu'il n'y avait rien de mieux que le bord de la rivière ou d'un étang, pour voir oiseaux et poissons dans leur élément naturel. Un autre assurait qu'il fallait plutôt s'installer en haut d'une côte afin de profiter d'un point de vue panoramique. Jacques poussait pour un endroit discret, où on pourrait amener sans craintes des filles. Finalement on décida de s'installer dans un grand arbre mort, à l'orée de la forêt départementale. Le vieux chêne encore solide, avec ses grosses branches tordues, se confondait dans un taillis, et son accès était très facile.

– Ce sera formidable pour observer le gibier, et peut-être qu'on pourra décider une gamine à se joindre à nous, déclara Maurice.

– Et personne ne nous verra, approuva le Parisien.

Paul fit un croquis très simple, ce qui lui donna la fonction de maître d'œuvre. On obéit plus ou moins à ce coordinateur qui, plan à la main, prenait son rôle très au sérieux et vitupérait contre les manquements au programme :

– Alain, un peu de soin, tu poses ta planche n'importe comment, comme un chien fout sa merde. Horizontalement, c'est mieux.

Pendant une semaine, les garçons, avec enthousiasme, scièrent des branches, découpèrent du bois et clouèrent sans arrêt, non sans ennuis, disputes et discussions. Ils chantaient des bribes de chansons de salle de garde que Jacques leur avait apprises. Christian se blessa à un pouce, Paul chuta et s'écorcha les genoux, Jacques, le plus maladroit, cassa deux manches d'outil, récoltant ainsi de sévères reproches.

– Ah, ces Parisiens, c'est bon que de la langue.

La construction prenait de l'ampleur, malgré des différences de niveau inévitables qui compliquaient la tâche des bâtisseurs. Quand arriva le dimanche, on considéra que c'était terminé, car la topographie du lieu limitait l'expansion. Des branchages, éparpillés sur le toit et les côtés, camouflaient en partie l'édifice. On était protégé des intempéries et un simulacre de porte clôturait l'ensemble, où pouvaient stationner cinq ou six gamins en position plutôt courbée. On avait bien envisagé un moment une fermeture genre pont-levis, mais la complication les rebuta. Plusieurs trous carrés, faisant office de lucarnes, permettaient de regarder de tous les côtés, ainsi que vers le sol, tandis qu'une grande planche clouée à une cloison remplaçait la table. Pas de sièges, on s'asseyait sur de vieilles couvertures, ou sur des sacs, en tailleur. Jacques déclama avec emphase pour montrer qu'il connaissait ses classiques :

– Prends un siège, Cinna, et assied-toi par terre/ Sans crainte de salir ton auguste derrière.

Mais les autres répondirent :

– Jacques, une photo, il faut immortaliser l'événement !

Chapitre six

* *
*

On pendit la crémaillère en organisant un repas. Chacun apporterait ce qu'il pourrait trouver grâce à une participation familiale, par la ruse ou par la force. Paul n'eut pas de soucis pour avoir un pain de cinq livres ; obtenir une tarte fut plus difficile, il dut parlementer, aidé de sa sœur. Jacques reçut de sa tante deux bouteilles de limonade, deux sortes de sirop, mais il lui chaparda une fillette de vin dans le cellier. Maurice ne put se procurer que deux boîtes de sardines et quelques noix. Alain, n'ayant d'autres ressources « légales » que les radis du jardin, trouvant sa part ridicule, prit sans rien dire à la cave deux pots de confiture, ainsi que trois œufs subtilisés dans le clapier de sa grand-mère.

Après ce déjeuner insolite, loin des ripailles, il avait été décidé un guet collectif. Le premier qui verrait un animal, hors insectes et papillons, aurait le droit d'amener, seul, une gamine dans la cabane. Chacun s'écarquillait derrière une lucarne pour mériter cette récompense pleine de promesses excitantes. Toutes proportions gardées, ils se trouvaient sans le savoir dans la même situation que les marins de Christophe Colomb, près de cinq siècles en arrière. À l'époque, on avait promis une pension annuelle de trois mille cinq cents francs à celui qui apercevrait le premier la terre nouvelle.

Pedro Yzquierdo émit des prétentions à cette récompense. Mais Christophe Colomb réclama et se la fit attribuer. Furieux de cette injustice, Yzquierdo gagna l'Afrique par la suite et se fit musulman.

Les quatre lascars regardaient de tous côtés en jasant comme des pies borgnes, mais pas d'animaux à l'horizon. Au bout d'une demi-heure de guet vain, il fut alors décidé de ne faire aucun bruit si l'on voulait avoir une chance de surprendre la faune. Bien leur en prit, puisqu'on entendit bientôt crier Jacques…

– Lièvre devant moi, j'ai gagné !

La bête, arrêtée, broutait paisiblement de l'herbe. Le son de la voix la fit détaler. Jacques fut aussi félicité et harcelé de questions pour savoir comment il allait s'y prendre pour décider une fille du pays.

– Vous verrez bien, je vous préviendrai.

Un écureuil mangeant des noisettes, aidé de ses pattes avant, les occupa ensuite pendant de nombreuses minutes.

– Ça suffit, nous allons nous ankyloser, faisons un tour dans les allées pour nous dégourdir les jambes. Mais la prochaine fois on amènera des lance-pierres pour descendre des merles ou des cailles que l'on pourra faire cuire et manger sur place.

Chapitre six

Au bout d'une dizaine de minutes, ils furent surpris par la pluie qui les obligea à rebrousser chemin, tout en s'extasiant devant l'arc-en-ciel qui venait d'apparaître. Jacques proposa alors de feuilleter ensemble le manuel médical illustré emprunté à son père. Le ventre et surtout les organes génitaux – et de loin – remportaient la palme dans leurs investigations. On s'y attarda très longuement. Chacun se rinçait l'œil devant les croquis et désirait relire les chapitres concernés. Voulant faire étalage de son expérience, Jacques faisait des commentaires de spécialiste. On lui posait des questions auxquelles il répondait avec une assurance sans faille : personne ne pouvait le contredire. Sa version simpliste concernant le fonctionnement des intestins provoqua beaucoup d'interrogations, surtout le gros colon, long de près d'un mètre et demi, où s'élaborait, paraît-il, continuellement les déchets, c'est-à-dire la matière fécale.

– Je n'arrive pas à croire qu'on traîne toute sa vie toujours près d'un mètre de merde dans le ventre, concluait rapidement Alain, songeur. Ça, je n'en reviens pas.

Christian, qui avait de la repartie, lui proposa :

– N'écoute pas trop ce qu'il dit. Toi qui sembles obsédé par le caca, je te conseille de lire *Vingt Ans sur le pot, ou la vie d'un constipé.*

* *
*

Par sa prestance et sa faconde, Jacques avait fait rapidement connaissance avec plusieurs donzelles du village. Ses relations amicales avec Paul et ses copains, ainsi que la position de son oncle, vieil habitué du bourg, rassuraient les jeunes villageoises, elles aussi réservées sur les *étrangers*. Son appareil de photo l'avait bien aidé dans sa campagne de séduction.

Lucien, le fils du bourrelier, avait une jolie cousine, Jacqueline, quinze ans, grande, des yeux bleus comme des pervenches, qui passait chaque année quelques jours de vacances chez lui. Elle plaisait aux garçons, mais elle avait remarqué ce nouveau venu dans la bande des copains de son cousin. Pour les Berrichonnes, Jacques apportait le petit air coquin de la capitale avec son cortège d'évocations plus ou moins sulfureuses, et le récit de ses tribulations nocturnes parisiennes avait diverti Jacqueline. Elle accepta donc son invitation et le suivit à vélo vers la fameuse cabane, qu'il avait parée de superlatifs et d'épithètes élogieuses.

Prévenus par le séducteur, les trois copains, cachés dans les fourrés sous l'arbre, le derrière sur de vieux glands, le nez entre les fougères, se dissimulèrent au mieux dès qu'ils les aperçurent afin de bien entendre leur conversation.

– La vue du gibier que l'on peut presque toucher du doigt est extraordinaire. Et puis nos deux noms, Jacques et Jacqueline, c'est fait pour s'entendre, claironna Jacques.

– Félicitations. On dirait que ta cabane a été faite pour des braconniers. Les gonds de la petite porte surprennent.

– On a pris ce que l'on a pu. Nous n'avions pas un fifrelin à dépenser. Ça c'est du cuir, une fourniture de ton oncle, des rognures de courroies. Je te fais la révérence avec ce verre de bienvenue de sirop d'orgeat. Nous le trouvons très bon.

– Merci, je comprends que ce bel endroit vous plaise. Ça te change de la ville. C'est vrai, cette boisson est délicieuse.

– Si nous voulons voir du gibier, allongeons-nous par terre, la tête près des lucarnes. Mais surtout ne parle pas fort.

– Crois-tu que ce soit nécessaire ? Debout on serait aussi bien, et tes couvertures sont sales.

– Si, si, il faut s'allonger.

Il y eut un moment de silence. Attentifs, les trois garçons spéculaient dans leur esprit sur la suite des événements. Paul murmura :

– Mais qu'est-ce qu'ils fabriquent ?

À nouveau, on entendit la voix de Jacques :

– En attendant le passage de lapins, un baiser d'accueil est tout indiqué. Ne crois-tu pas ?

– Un seul, Jacques, et rien d'autre. C'est bien compris ?

Le silence se prolongeait et les guetteurs, chacun à leur manière, tiraient des plans sur la comète. Le temps n'en finissait pas de s'écouler pour ces impatients. Un joli coq faisan se posa près d'eux, présentant avec fierté sa longue queue, et manifestement les occupants de la cabane ne s'en préoccupaient guère.

C'est à ce moment qu'on entendit un grand bruit. Jacqueline hurlait :

– Pas les pattes, sale cochon, tu as voulu me toucher les fesses et me peloter les nichons. Ah, ce rendez-vous, c'était un guet-apens, je vais le raconter à tout le monde. C'est du joli ! Tu n'auras plus qu'à vider le plancher.

Elle brûla aussitôt la politesse à son chevalier servant, descendit rapidement de l'abri et récupéra son vélo. Après s'être retournée pour voir si le galant ne suivait pas, elle partit à toute vitesse vers le bourg de Marcignat, pour y retrouver la demeure de son oncle. Jacques, le visage défait, apparut quelques instants plus tard, marchant lentement, et ses copains vinrent à sa rencontre. L'amoureux transi avait l'air d'un chien battu. Paul se permit de railler le garçon qui étalait si souvent ses bonnes fortunes :

Chapitre six

– Alors, le tombeur. Qu'est-ce qui s'est passé ? Ça n'a pas eu l'air de marcher. Ta nouvelle culotte de golf n'a pas impressionné ta conquête.

– Blanc-bec de Mouillefarine, tu m'emmerdes, fous-moi la paix.

Et aussitôt il sauta sur son vélo sans dire un mot à ses complices et disparut dans le sous-bois.

Comme il avait oublié son appareil, Paul, un peu vexé, déclara :

– Comme il n'admet pas la défaite, on va lui faire une blague. Photographier chacun notre trou de balle. Quelle surprise au développement ! On verra s'il saura nous reconnaître. Qu'est-ce que vous en dites ?

Les galopins mirent aussitôt leur menace à exécution, attendant l'étonnement de la victime. Le rappel de cette farce les amusa jusqu'à la fin des vacances, avec l'espoir de connaître rapidement le dénouement. Mais Paul avait des remords en se demandant s'il n'avait pas été trop méchant.

* *
*

Les vacances se terminaient. Jacques était reparti sans ennuis, après avoir offert à boire du quinquina à tous ses copains chez sa tante. Mais on ne sut jamais quelle avait été son attitude, après le développement de la pellicule. Son silence était sa meilleure vengeance. La belle Jacqueline, peut-être secrètement flattée des avances de Jacques, n'avait pas mis ses menaces à exécution. Personne n'entendit parler de l'affaire.

La cabane eut une vie brève. Elle fut détruite par un incendie, après que la foudre fut tombée sur un arbre proche. Paul, Christian et Maurice y étaient retournés plusieurs fois, mais leur chasse aux oiseaux n'avait pas été fructueuse. Une seule autre jeune demoiselle l'avait visitée : Alice, en compagnie de son frère. Elle en avait tellement entendu parler qu'elle voulait se rendre compte de la construction.

– Je suis bien déçue, avait-elle déclaré. J'imaginais une maison de poupées, avec peut-être des fées. Ce n'est pas bien propre, un truc pour les garçons.

* *
*

Avant de partir pour une vie nouvelle, Paul alla embrasser ses grands-parents. Mariette lui donna une petite enveloppe contenant quelques billets.

– Merci beaucoup, grand-mère. J'espère que je ne m'ennuierai pas trop, loin de vous.

– Ne t'inquiète pas, il faut prendre la vie du bon côté, lui répondit Gaspard. Et surtout profite toujours des bons moments qui se présentent. Quand

j'ai débuté, j'ai commencé par un chef-lieu de canton du Cher, Charost, situé à vingt kilomètres de Bourges. Un peu loin des miens, je trouvais le temps long, et c'est un événement comique qui me redonna le moral. La municipalité avait commandé une horloge pour la fixer sur la façade de la mairie. Une délégation de trois conseillers partit la chercher à Bourges, munie de la somme nécessaire. Mais une fois sur place ils furent déçus d'apprendre que l'objet, en provenance de Paris, n'était pas encore arrivé. Les trois hommes firent la tournée des restaurants dans l'attente de la livraison. Ces rustauds se gavèrent de saumon, poisson qu'ils ignoraient et qu'ils baptisèrent « morue rouge ». Ils n'osaient pas retourner chez eux, car on leur promettait toujours la grosse pendule, qui cependant n'arrivait pas. Au bout du quatrième jour, ils eurent enfin satisfaction, mais ils avaient dépensé une grande partie de l'argent destiné à l'achat. L'horloger ne voulut pas délivrer la marchandise sans un paiement total. Point d'argent, point de flûtes. Les trois hommes demandèrent alors ce qu'ils pouvaient espérer avoir avec le reliquat. « Le cadran, les flèches et le carillon. C'est tout ce que je peux faire, répondit l'homme à la blouse blanche. Et je vous fais une fleur.
– D'accord, nous allons nous organiser en conséquence. Nous reviendrons chercher la machinerie plus tard. »

Une fois rentrés chez eux, les compères installèrent ce qu'ils avaient rapporté. Chacun d'entre eux, à tour de rôle, caché dans l'horloge, actionnait les flèches et faisait sonner l'heure. Cette garde commença à leur peser au bout de quelques jours. Une nuit, dégoûtés, ils décidèrent d'abandonner. Les flèches restèrent alors figées, au grand dam des villageois. Le lendemain, le garde champêtre chargé d'enquêter sur ce mystère découvrit que le mécanisme avait disparu. Il conclut qu'il avait probablement été dévoré par un nombre impressionnant de rats. Voilà ce qui s'est passé et qui a fait rire tout le village pendant longtemps. Inspire-t'en pour garder le moral.

* *
*

En arrivant à la sous-préfecture du Cher, Paul trouva la maison de son oncle en travaux. Maçons et ouvriers s'affairaient un peu partout, un refrain aux lèvres, sur leur échafaudage. À cette époque, ces démonstrations joyeuses étaient courantes : une ritournelle aidait le travailleur à l'ouvrage. Cela ne l'empêchait pas de siffler les filles au passage. Celles-ci, flattées, n'en prenaient pas ombrage. Au contraire.

Chapitre six

– J'ai compris que j'avais vieilli le jour où je me suis rendu compte qu'on ne me sifflait plus, confia une cliente à Suzanne.

Les Arnaud agrandissaient leur boutique pour développer leur rayon pâtisserie.

– Les gens achètent de plus en plus de gâteaux, même en dehors du samedi et du dimanche, dit Octave. C'est d'un rapport supérieur au pain, et comme j'ai de la place, je ne veux pas me laisser damer le pion dans mon quartier par un *pâteux.*

– Qu'est-ce qu'un pâteux ?

– Tout simplement le surnom qu'on donne aux pâtissiers. Ils n'apprécient pas, d'ailleurs.

Et il expliqua l'antagonisme latent entre les deux professions apparemment complémentaires, mais somme toute assez différentes. Le pâtissier considère souvent que la boulange est de la grosse cavalerie, sans raffinement, tandis que lui, pour un travail plus soigné, n'est pas loin de se prendre pour un artiste. Le boulanger rétorque que, sous des apparences faciles, la fabrication du pain est délicate et toujours à la merci du temps, d'une mauvaise livraison de farine et de bien des éléments extérieurs. On voit beaucoup de boulangers devenir pâtissiers, mais rarement l'inverse, ce qui expliquait un peu cette guerre larvée. Peu à peu des boulangers ouvraient un rayon pâtisserie, mordant ainsi sur la clientèle du pâtissier. Pour la pâte feuilletée, conditionnant les galettes, les pâtés et les croissants, le boulanger bénéficiait auprès du public d'une petite cote d'amour.

* *
*

Le nouvel enseignement de Paul était complètement différent de celui de Duponchel. Plus de maître unique, mais un professeur par matière, chacune traitée en une heure. Cela le déconcertait un peu. Il mit plusieurs semaines pour s'y habituer, et ses notes et ses classements étaient honorables, bien que le niveau de l'émulation soit bien supérieur à celui de Marcignat.

Il partait de bonne heure, déjeunait au réfectoire de l'école et ne revenait que le soir, guère avant 7 heures, puisqu'il préparait devoirs et leçons à l'étude. Souvent le petit campagnard s'attardait à examiner les vitrines, mais il ne pouvait toujours pas apprécier la boutique du bandagiste. Quand il le pouvait il essayait de revoir ses amies Colette et Ariette, mais elles aussi suivaient un horaire à peu près identique, ce qui limitait les rencontres. La première, gaie et enthousiaste, lui semblait moins disgracieuse, tandis que la deuxième, toujours aussi volontaire et entêtée, moulait avec grâce ses formes naissantes de jeune femme.

Certes, il aimait bien causer avec Octave et Suzanne, mais il se rendait compte qu'un bavardage avec ces demoiselles avait dix fois plus d'attraits. C'était inexplicable, mais le charme féminin opérait déjà. Elles étaient plus dégourdies que les sœurs de ses copains de Marcignat, gamines qu'il croisait le plus. De nouveau le duel ville contre campagne ? Mais ce supplément d'attraits n'était-il pas illusoire, dû surtout à la nouveauté ?

Quand elles n'étaient pas disponibles, il allait voir travailler son oncle dans son fournil, qui, ravi, ne manquait pas de l'entraîner cinq ou dix minutes à mouler ou enfourner. Octave lui prodiguait des conseils, après lui avoir expliqué la gamme des pains : pain brié, pain fariné, fougasse du Midi, tourte dans le Nord, craquelin de Bretagne, pain de Beaucaire, empereur, bâtard, jokos, pain au raisin, boulot, saucissons, piqué, marchand de vin, ballon, etc.

– J'arrête. Il s'agit des principaux types actuels, mais si nous revenions en arrière on en trouverait bien une centaine, chacun reflétant une époque, un lieu, des coutumes, les mœurs d'un corps social. À l'étranger c'est pareil, tellement le pain est le miroir de la vie et du comportement des habitants. Je ne répéterai jamais assez que pour faire un bon boulanger il faut d'abord être aimable, ponctuel, sérieux, et se tenir au courant de l'évolution du métier. Car maintenant la technique bouge sans arrêt. Je suis persuadé qu'avant la fin du siècle presque tout se fera automatiquement grâce à des machines perfectionnées.

– Mais c'est probablement vrai dans beaucoup de professions.

– Oui, mais peut-être plus que dans d'autres, quoiqu'il y ait encore trop de marchands de pains, nom donné aux mauvais professionnels. De toute façon, mon cher Paul, il ne faut pas avoir de complexes. Tu as, comme les plus malins, deux bras, une tête et deux jambes. C'est peut-être simpliste comme raisonnement, mais il faut se dire qu'avec ça on peut aller loin.

Chapitre sept

CETTE FIN D'OCTOBRE était vraiment très agréable. Exceptionnellement doux, le temps incitait à la promenade, à la rêverie et à l'évasion. On se serait cru presque en été, si ce n'étaient les premières chutes de feuilles qui voletaient sous les légers tourbillons du zéphyr. La campagne commençait peu à peu à étaler les splendeurs de sa gamme presque complète de coloris, du jaune au marron et au grenat en passant par toute la palette des verts. Pour se changer les idées et retrouver ses racines villageoises, Paul décida d'aller faire un tour à vélo dans les environs de Saint-Amand-Montrond, en compagnie de ses amies. Colette étant absente, il proposa à Arlette de bien vouloir l'accompagner. Celle-ci le pria de patienter quelques minutes. Au bout d'un quart d'heure, Paul, excédé de faire le poireau, se permit de la relancer, ce qui ne plut guère à la demoiselle. On discuta sur l'itinéraire et les avis divergèrent. Paul voulait s'oxygéner dans la nature, tandis qu'Arlette préférait faire le tour de la ville. On se disputa et Paul, claquant la porte, prit la décision de faire la promenade en solitaire.

– J'en ai marre de subir le caractère de cochon de cette péronnelle. À chaque fois c'est pareil, mais c'est quand même une belle gamine.

Il choisit des petites routes agrestes en direction du sud, bercé par le gazouillis constant des oiseaux dans les bouchures. Il pédalait en promeneur afin de profiter de la variété des paysages de la plaine vallonnée, mouchetée par endroits de boqueteaux. La circulation étant très clairsemée, il pouvait sans crainte admirer au loin le bleu légèrement violacé des collines, la masse énorme des feuillages mordorés des grands bois et l'animation des travailleurs agricoles dans les champs. Il fit un long détour pour aller embrasser Alphonsine, sa grand-mère paternelle, qu'il ne rencontrait pas souvent. Pourtant, c'était une personne aimable, à la mémoire étonnante, connaissant de savoureuses anecdotes qui se passaient toujours « dans le temps » – formule vague et élastique où l'on mélangeait le lustre et le siècle –, transmises de génération en génération par le bavardage et les soirées hivernales. Il avait l'impression de rêver lorsqu'elle racontait des histoires de loups et de guerres napoléoniennes, vécues par ses aïeux. Son branlement de tête surprenait quand on la voyait pour la première fois, mais ensuite on n'y faisait plus guère attention. Il ne l'avait pas revue depuis la mort de son grand-père, au début de l'année. Il se sentait un peu fautif, mais la vraie responsable était Germaine, qui avait toujours un peu méprisé ses beaux-parents. Cela n'absolvait pas Marcel, coupable ici de veulerie et d'indifférence. Cette situation agaçait Paul et le rendait mal à l'aise.

Une côte assez pentue le força à quitter la selle, à monter en danseuse et à zigzaguer, le contraignant ainsi à rouler sur le bord de la route parsemé de minuscules cailloux.

« Le Belge Romain Maes, vainqueur du Tour de France il y a trois mois, aurait monté ça les doigts dans le nez, tandis que moi, qu'est-ce que j'en bave ! » pensa-t-il

Tout à coup, dans un virage, il sentit un petit choc à l'arrière : son pneu venait de crever, par la faute d'un silex. Sans s'énerver, il se dirigea tranquillement sur l'accotement, large à cet endroit puisqu'un sentier y démarrait pour aller se perdre vers un bosquet. Afin de se protéger du soleil, le cycliste s'installa à l'ombre près des haies hautes, jonchées d'arbustes et de liserons : il allait essayer de remédier à cette panne en posant une rustine. Son copain Alain, fils du maréchal, lui avait bien expliqué comment se débrouiller pour se tirer de cet embarras.

Sitôt arrivé, il entendit un bruissement en provenance du taillis. Il s'immobilisa et regarda discrètement à travers les branches. Il entrevit deux amoureux enlacés, allongés sur l'herbe, jeunes et bien faits, qui se murmuraient les mots d'amour les plus doux. Se croyant seuls au monde, ils mettaient en sourdine leurs propos, uniquement pour s'embrasser goulûment sur la bouche. Comme un chat, Paul fit un léger détour et s'approcha pour les observer. Les feuilles, à cet endroit, étaient si épaisses et les branches si ténues qu'il pouvait distinguer très facilement le manège ardent des disciples d'Éros sans être remarqué.

Un moment, le garçon souleva la jupe de la fille en lui disant :

– Tu me rends fou, ma chérie, je ne peux plus attendre.

Bientôt la femme laissa tomber ses dentelles pour présenter sans pudeur son mont de Vénus et une petite gorge bien faite mais plutôt menue. La blancheur de sa peau resplendissait sur le vert de la mousse devenue sa couche provisoire. Avec douceur, l'amoureux mit sa main sur le bas-ventre de la fille et caressa, tout en suçant avec sa langue la pointe brune des petits seins. Fermant les yeux, l'amante aux cheveux noirs épars, sous l'action câline, se mit à gémir en se tortillant sans aucune retenue. Au bout de peu de temps l'amoureux dégaina son arme turgescente qui disparut bientôt entièrement dans le pubis de sa partenaire. Les va-et-vient passionnés faisaient haleter et agiter dans tous les sens les amants. Ils ne pouvaient soupçonner une seconde que leurs mouvements saccadés et leurs soupirs étaient épiés dans leur moindre détail.

La vue de ce couple harmonieux, collé par la bouche et le sexe, au paroxysme du désir, excita progressivement Paul qui se sentit gonfler entre les jambes. Il mit la main dans son pantalon et sans qu'il s'en rende compte se crispa machinalement sur sa virilité en la remuant avec nervosité. Au bout de peu de temps il ressentit l'explosion d'un immense plaisir qui se répercuta à tout son être, une espèce d'illumination, et sa main devint toute mouillée. Son mouchoir dut essuyer ensuite les traînées qui avaient souillé son vêtement. À côté, une minute plus tard, le don Juan, le visage ruisselant, essoufflé, poussait un grand cri sourd, en geignant comme après une grande souffrance.

– Ma petite cocotte, comme c'était bon. Je crois, meilleur encore que d'habitude.

Il resta un moment figé sur sa partenaire, puis se renversa sur le côté pour retrouver sa respiration. La fille demeurait immobile, les yeux clos, le visage pâle, cuisses écartées, présentant, lascive, sa féminité aux feuillages. Paul, abasourdi, fixait son regard avec une curiosité extrême, persuadé qu'il venait de vivre un instant rare et inoubliable. Il demeura cloué sur place, jusqu'au moment où la femme se leva pour se rhabiller et partir à pas lents et gracieux vers le bout du fourré.

Grâce à une crevaison, Paul venait d'éprouver son premier plaisir sexuel et la découverte physique des mystères de l'amour. Sous l'émotion de cette révélation, il mit longtemps à effectuer la réparation, avant de repartir sur sa bicyclette. Le soleil couchant projetait parfois l'ombre du cycliste sur les façades et les portes des granges ainsi que sur les fourrés. Paul s'amusait à observer cette silhouette mouvante dans une vraie partie de cache-cache continuelle.

Pendant ce retour, il se remémora la scène au déroulement si rapide et il se dit qu'il n'aurait plus besoin d'interroger les livres, ni personne. La séance initiatique avait été bien autre chose qu'avec Fil de fer. Paul se sentait moins novice, sachant presque tout, bien qu'il ne comprît pas encore pourquoi la vue de l'amour charnel provoquait une contagion incontrôlable. Cette passion irrésistible ne devenait-elle pas animale, comme les chiens et les taureaux du village ? Sentiment et rut n'étaient donc pas forcément complémentaires, ce qui lui faisait un peu honte. Il se rappela d'un seul coup que la luxure faisait partie des sept péchés capitaux.

Chapitre sept

Il en récapitulait mentalement la liste, souvent récitée par l'abbé Blanchet. L'orgueil ? Il n'était pas vaniteux, mais où était la frontière avec la fierté ? Difficile à mesurer. La paresse ? Il ne la connaissait absolument pas, étant plutôt du genre agité. Même chose pour l'avarice, péché de maman, se disait-il. La gourmandise ? Peut-être un peu, mais apprécier les bonnes choses créées par Dieu, est-ce vraiment un péché ? La colère ? Bien sûr qu'il s'emportait comme tout le monde, mais il savait se refréner. Restait l'envie : il ne désirait pas les biens d'autrui, mais il reconnaissait que la vue d'une situation ou d'un objet pouvait mobiliser le désir, hors de tout sentiment de jalousie.

* *
*

Pour les fêtes de la Toussaint, Paul retourna avec joie à Marcignat, dont il avait été absent un mois, chose qui ne lui était jamais arrivée. Son cœur battait fort en approchant de la boulangerie. Il trouva la famille en ébullition et… une odeur fétide persistante qui régnait dans toute la cour et dans la maison. Pour faire plaisir à ses parents, on avait embauché pendant les vacances un gamin costaud adopté par les paysans d'une ferme des environs, brouillés avec le curé. Comme il donnait satisfaction, on l'avait gardé deux mois en plus au fournil, car il possédait toutes les qualités requises, sauf une : il était d'une susceptibilité maladive. Un jour que Marcel l'avait sermonné pour une peccadille, il quitta la boulangerie, le soir après le travail, et, pour se venger, vida sans rien dire un paquet de levure dans les cabinets. Environ deux heures après, les voisins sortaient dans la cour, le pouce et l'index au nez, en se demandant d'où provenaient ces remugles empyreumatiques. Personne ne comprenait la raison de cette puanteur insupportable. Falzar, homme pourtant paisible et sans histoire, prétendait même que ses tissus allaient en être imprégnés. Certains commençaient à suggérer que ce pouvait être un coup de Guignol, le gendarme coléreux, lorsqu'on découvrit le paquet de levure Springer, devant la porte des WC. Marcel comprit alors immédiatement ce qui s'était passé. Il s'excusa auprès de ses voisins en leur promettant une galette gratuite en fin de semaine, ce qui ramena le sourire sur tous les visages. Il commanda aussitôt le vidangeur. Le quartier empesta pendant trois jours et le gamin vindicatif fut condamné par sa famille à rester longtemps à la queue des vaches.

Du temps de Saint Louis, il n'aurait jamais pu devenir boulanger, car les règlements stricts laissaient sur la touche ceux qui n'avaient pas eu une conduite irréprochable : être de bonne vie et mœurs et professer la religion catholique, apostolique et romaine. Auparavant, il fallait avoir été vanneur, bluteur, pétrisseur, geindre, pendant cinq ans. Le métier acheté, l'aspirant boulanger devait encore accomplir un stage de quatre années, après avoir payé tout un tas de redevances.

Paul fut heureux d'embrasser sa sœur, ses parents et ses grands-parents qui pendant deux jours furent tout ouïe pour entendre l'étudiant raconter la plus grande partie de ses tribulations. Tous écoutaient avec attention comme s'il s'agissait des prouesses d'un explorateur lointain rescapé de régions inhospitalières. C'est Alice qu'il aimait le plus retrouver. L'éloignement lui faisait mesurer toute son affection, sentiment bien partagé par sa sœur qui restait de longs instants à le serrer dans ses bras. Âgée maintenant de onze ans et devenue jolie fillette, elle lui expliqua par le menu ses résultats scolaires, ses lectures et ses jeux avec ses petites amies. Sa grande fierté fut de lui montrer une poupée qu'elle avait confectionnée elle-même avec de jolis chiffons de chez Mélanie. Paul la félicita chaleureusement pour son originalité et ses mariages de couleurs, signe qu'elle avait du goût et le sens des nuances. Comme ils le faisaient depuis des années, ils allèrent se mesurer à nouveau derrière la porte faisant office de toise. Avec un couteau, on pointait la hauteur sur le bois en indiquant la date. Les commentaires sur les variations n'en finissaient plus, et Fox, toujours autour d'eux, jappait par à-coups pour montrer sa satisfaction de revoir son compagnon.

– J'ai pris trois centimètres depuis la dernière fois. Si cela continue, je serai aussi grande que maman, dit Alice. Toi, deux seulement. C'est pas sûr que tu rattrapes papa.

Paul eut également grand plaisir à revoir la plupart de ses copains qui n'avaient pas sa chance : presque tous travaillaient chez leurs parents ou parfois ailleurs. On les avait embauchés sitôt la fin de l'école. Quelques-uns, plus vernis, avaient été en vacances une quinzaine de jours chez des oncles ou des grands-parents aux alentours : rarement à plus de trente kilomètres. Ils répétèrent tous avec une simultanéité comique de monome :

– Triple veinard. Tu ne connais pas ta veine. On voudrait bien être à ta place. Il paraît que tu travailles bien. Cela ne nous étonne pas. Bravo. Mais attention à tes chevilles. Si les petits cochons ne te mangent pas, on fera quelqu'un de toi.

Il est vrai que Paul ne réalisait pas tout à fait le bonheur de son parcours. Cela lui semblait presque naturel. À cette époque, peu de garçons poursuivaient leurs études : la plupart du temps les meilleurs de la classe, sous l'insistance de leur curé ou de leur maître d'école. Rarement sous l'impulsion des parents.

Au cimetière, devant la tombe de l'ancêtre Ernest, Germaine, tout en disposant les chrysanthèmes, avait demandé à son fils s'il continuait à assister à la messe le dimanche. Il bredouilla avec confusion :

– Quand j'ai le temps et que je n'ai pas trop de besogne. Les cours, c'est plus dur que tu crois. Ça prend beaucoup de temps.

– Mon garçon, Dieu passe avant le travail. Ne l'oublie pas. J'espère que tu m'écouteras.

Insensiblement, Germaine se rapprochait de l'église en vieillissant, bien qu'à l'instar de sa mère elle ait toujours été une pratiquante assez fidèle, en tenant compte des impératifs du métier. Cependant, elle devenait de plus en plus généreuse avec le curé et ses œuvres, depuis que ce dernier proclamait en chaire que ce qui comptait le plus sur terre pour le bon Dieu était ce que l'on donnait. Pour elle, le denier du culte était une sorte de péage du paradis ; plus il était important, plus l'accès serait facile. Ce débours lui posait quand même quelquefois des cas de conscience, car elle était plutôt près de ses sous, mais la peur de la malédiction du Seigneur reprenait le dessus.

Paul avait promis de faire un effort, mais il reconnaissait qu'il se sentait un peu moins attiré vers l'église qu'auparavant. Néanmoins, il conservait dans son cœur les préceptes religieux appris au catéchisme : sorte de code moral qu'il essayait de respecter au mieux dans la vie courante. La prière quotidienne faisait un peu partie du passé.

Il reconnaissait qu'il y avait recours surtout quand des ennuis obstruaient sa route. Son oncle et sa tante ne pouvaient pas lui servir d'exemple, puisqu'ils n'étaient guère pratiquants.

– Le bon Dieu sait bien qu'on ne l'oublie pas. Mais c'est le dimanche matin que les boulangers sont le plus débordés. Alors comment faire ? déplorait Suzanne.

* *
*

Après la Toussaint, Octave expliqua à Paul l'offensive médicale concernant la qualité du pain. Autrefois, surtout au sortir de la guerre, vers 1920, la clientèle exigeait du pain blanc : blancheur signifiait qualité supérieure. On disait alors aussi qu'un pain était mauvais lorsqu'il contenait du son. Puis la Faculté après de longs examens, des études compliquées et des communiqués filandreux, déclara qu'il fallait équilibrer le blutage et prévoir un peu de son dans la farine. C'était préférable pour la santé, assuraient ces vénérables chercheurs.

– Nous sommes dans cette affaire, ainsi que les meuniers, bien embarrassés. Entre l'hygiène publique et l'exigence des clients, nous dansons une valse-hésitation. La consommation a tendance à baisser légèrement, mais régulièrement. C'est d'ailleurs une des raisons pour lesquelles je me lance à fond dans la pâtisserie.

– Cela me fait penser à un problème que Duponchel nous avait donné à faire à l'école. Il l'avait extrait d'un vieux manuel de calcul. Comme cela se rapportait à notre métier, je l'avais découpé et collé dans mon carnet qui me suit toujours. Je pense le retrouver pour te le montrer.

Et Paul partit vite pour revenir avec le précieux énoncé.

Le pain bis, qui est un quart de fois plus nourrissant que le pain blanc et qui est d'ailleurs plus hygiénique, se fait avec de la farine de froment qui a conservé une partie du son. Un hectolitre de blé donne 68 kilos de farine blanche et 75,8 kilos de farine bise propre à faire du pain bis. Sachant que les déchets de blé valent 14,75 francs les 100 kilos, on demande quel profit aurait par an, à manger du pain bis, une famille qui consomme 8,45 kilos de pain par jour si l'hectolitre de blé vaut 22,50 francs et qu'il faille 2,125 kilos de farine pour faire un pain de 3 kilos.

– Tu vois qu'il y a plus de cinquante ans cette situation préoccupait déjà les autorités, puisqu'on en a fait un problème pour toutes les écoles communales de France, insista Paul.

– Il n'y a donc rien de nouveau sous le soleil, de ce côté-là, mais par ailleurs il existe une grande évolution. La meunerie tend à se concentrer. Les petits meuniers disparaissent au profit de gros minotiers prenant de plus en plus d'importance. Mais la petite boulangerie résiste assez bien, malgré l'apparition de boulangeries industrielles comme aux États-Unis. En France, il y a encore près de quarante mille patrons boulangers qui maintiennent leurs positions, grâce à leur courage, à leur ingéniosité et aussi… à leur épouse. Mais tout peut changer. On ne sait jamais.

* *
*

Le 25 novembre, on fêtait la Sainte-Catherine. Ce jour-là le boulanger vendait davantage de pain, mais surtout des gâteaux de toutes sortes. Dans une entreprise amie des Arnaud, une vendeuse célibataire, ayant dépassé les vingt-cinq ans, coiffait sainte Catherine. Comme le voulait la coutume, elle choisit un chapeau de la plus haute extravagance, aux couleurs de la sainte : jaune pour l'espérance et vert pour la foi. Une petite fête avait été organisée, et à la tombée de la nuit, les Arnaud, fournisseurs de la pâtisserie, ayant été invités, emmenèrent Paul, ravi de découvrir une ambiance festive inconnue d'un campagnard. Il y rencontra ses petites amies voisines ; il trinqua et dégusta des friandises avec elles. Colette lui déclara dès qu'elle l'aperçut :

– J'espère bien ne pas coiffer sainte Catherine et être mariée avant. Je n'ai pas envie de faire une vieille fille.

Arlette, à la langue toujours bien pendue, rappela le dicton des jardiniers – « À la Sainte-Catherine, tout arbre prend racine » –, surtout pour évoquer la campagne et faire part d'une information curieuse.

– Paul, quand tu retourneras dans ta cambrousse, je vais te donner un conseil dont j'ai eu connaissance aujourd'hui. Si tu vas te promener dans une ferme, surtout ne fais pas pipi devant des dindons.

Et elle relata que sa classe étudiait la littérature sous Louis XIV. Boileau, le fameux écrivain, eut un sale accident alors qu'il avait une douzaine d'années. Un jour qu'il urinait, un dindon en colère avait attaqué avec son bec sa zigounette et l'avait bien amochée. On fit appel à un chirurgien pour essayer de recoller les morceaux. Mais le praticien se révéla maladroit et son intervention, mal faite, ne fit qu'aggraver les choses. L'auteur des *Épîtres,* privé ainsi toute sa vie de vigueur sexuelle, ne put jamais fréquenter les belles dames de la Cour. On disait alors que c'était un babilan, épithète d'alors donnée aux impuissants.

– Ce n'est évidemment pas le professeur qui nous l'a dit, c'était trop olé olé, mais c'est une fille de troisième année qui nous a montré un livre expliquant la mésaventure de Boileau.

– Tu parles d'une histoire cruelle ! Et bien sûr, ainsi, pas de mariage ni de rejetons. Brrr, j'en frémis rien que d'y penser, conclut Paul.

– Et que de bons moments perdus, n'est-ce pas, Paul, précisa l'effrontée Arlette, en riant à se décrocher la mâchoire, avant de préciser : Cela me fait penser au dicton : Belle braguette et rien dedans.

Grâce à un phonographe, on dansa à la bonne franquette dans une petite salle improvisée et Paul valsa avec Colette et Arlette, en constatant avec émoi que les deux demoiselles ne semblaient pas totalement insensibles à son charme. Que voulaient dire ces pressions de mains, ces frôlements et ces sourires langoureux ? Il rentra chez son oncle très énervé en réfléchissant à ces semblants d'invites et aux conclusions qu'il fallait en tirer.

* *
*

En janvier, sur l'insistance de son oncle et de sa tante, Paul choisit le *statu quo* : il ne serait pas interne. Il n'eut pas à se forcer pour se décider, car cette solution ne présentait que des avantages. Il bénéficiait de tous les avantages de l'école sans en avoir les inconvénients. Pour Octave et Suzanne, la présence de leur neveu les consolait un peu de leur déception de n'avoir pas eu d'enfants.

À l'école, Paul s'était fait des amis, surtout des garçons de la campagne, fils d'artisans, avec lesquels il se sentait en communion d'idées. Mais c'était surtout la moquerie, les calembours et les jeux de mots qui les rapprochaient. C'était à qui raconterait la meilleure histoire !

– Toi qui es de la boulange, sais-tu qui est plus chaud que le four de ton oncle ? interrogea l'un d'eux.

– Je ne vois pas, concéda Paul.

– C'est la cousine de Bourges de notre ami Philippe ! s'esclaffa l'interrogateur.

Les frasques de cette belle demoiselle à la lubricité prononcée étaient parvenues jusqu'en Boischaut et les mauvaises langues exagéraient sûrement en prétendant sans rire :

– À Bourges, tout le monde lui est passé dessus, sauf le tramway !

Paul avait surtout sympathisé avec son professeur d'histoire et de géographie, monsieur Chevalier, aussi bon connaisseur en français. Paul buvait les paroles de cet enseignant, petit-fils de boulanger, issu d'un milieu modeste qui maniait avec adresse l'esprit de synthèse : dans une confrontation, il savait dégager l'essentiel, ne se noyant pas dans les détails. Cependant, son anticléricalisme signalé agaçait parfois Paul. Chevalier ne disait jamais « À bas la calotte », mais il persiflait le clergé en termes équivoques, acides, presque venimeux. Cordialement, il avait surnommé Paul le petit pannetier, en référence au titre fameux de grand pannetier, personnage aussi important que le sénéchal, qui, de Philippe Auguste jusqu'à Louis XIV, supervisait tout ce qui concernait le pain dans le royaume de France. Ce titre existait également autrefois en Égypte au temps des pharaons, où le pain avait atteint un degré de perfection étonnant. On réservait les meilleures pâtes – mélanges de froment, de millet et d'épeautre – aux crocodiles et aux animaux sacrés.

Par ailleurs, ayant fait son service militaire en Afrique, Chevalier n'hésitait pas, de temps en temps, à sortir à propos un proverbe venu du continent noir, en rapport avec ces évocations. « Ne te moque pas du crocodile tant que tu n'as pas traversé la rivière » était son préféré.

Quand le programme le permettait, il essayait toujours d'évoquer tout ce qui tournait autour du pain. Le jour où la leçon tomba sur Henri IV, il rappela qu'un jour, sur la route d'Agen à Nérac, le Béarnais, chassant le cerf, s'arrêta dîner au moulin de Barbaste. Sa suite devait être nombreuse, puisque le détail des consommations du repas notait entre autres 4 barriques de vin, 160 livres de bœuf, 213 livres de mouton, 94 livres de veau,

26 chapons, 76 poulets, quantités d'autres choses et 58 douzaines de pains.

En 1590, alors qu'il était monté sur le trône, Henri IV se divertit lors du siège de Mantes-la-Jolie en jouant au jeu de paume contre les boulangers de la ville. Ces derniers gagnèrent et n'accordèrent pas la revanche, ce qui irrita le souverain. En effet, le lendemain, il faisait annoncer publiquement que le prix du pain baissait. Alors les boulangers, confus, s'en vinrent piteusement trouver Sa Majesté pour s'excuser et lui offrir la revanche, à condition que l'on ne touche pas à leurs tarifs. Le roi estimait particulièrement le pain de Gonesse, blanc, massif, à la saveur délicate, dont la vogue dura du XIIIe siècle jusqu'à la Révolution. Répondant à un ambassadeur qui lui faisait une énumération un peu trop pompeuse de ses titres, il lui demanda qu'on l'appelle simplement roi de Gonesse et d'Aÿ, c'est-à-dire roi du pain et du vin.

Le professeur fit découvrir un autre personnage très particulier : Antoine Parmentier. Bien sûr, Paul savait comme tout le monde que le savant avait lancé la pomme de terre en France. Il s'en rendait compte au réfectoire, où le hachis du même nom figurait souvent au menu. Mais l'élève ignorait que cet apothicaire-major avait effectué des essais très poussés pour faire du pain en y incorporant de la pomme de terre, et aussi de la farine de châtaignes, surtout pour des raisons économiques. En 1780,

Parmentier, associé à la création de la première école de boulangerie, rue de la Grande-Truanderie à Paris, y donnait des cours deux fois par semaine, destinés à de jeunes apprentis. L'enseignement était gratuit. On y fabriquait du pain blanc pour l'École militaire, et du pain bis pour les prisons. En 1782, il écrivit *Avis aux bonnes ménagères sur la manière de faire le pain.* Malgré tous ses efforts auprès de Louis XVI, puis sous la Révolution et l'Empire, cet infatigable chercheur ne put mener à bien son projet, mais il fit progresser la science et ses applications au comportement alimentaire des Français. Paul se permit de commenter :

– Ça m'intéresse de savoir tout cela. Mon père vient de remettre en honneur une vieille recette bourbonnaise : la galette aux pommes de terre, mélange de purée et de farine. Elle plaît beaucoup depuis sa sortie. L'an prochain, il veut relancer le pâté de Pâques, autre plat local traditionnel. Il s'agit d'un pâté à la viande dans lequel on incorpore des œufs durs. C'est délicieux.

* *
*

Il se lia d'amitié avec un des grands de l'année du brevet. Bernard, fils d'un commerçant de Saint-Amand-Montrond, lui aussi demi-pensionnaire, suivait chaque jour presque le même parcours pour rentrer chez lui. En marchant tranquillement sur les trottoirs ils évoquaient ensemble leur avenir.

– Moi, c'est simple, je serai boulanger. Ce sera la quatrième génération dans la boulange. Ça me plaît. Je serais bien resté à Marcignat travailler avec mon père, mais mes parents, poussés par le maître d'école, ont voulu que j'aie mon brevet. Moi, ça me suffira. Resterai-je toujours au pays ? Je pense que oui, mais peut-être que je désirerai avoir plus tard quelque chose de plus important.

– Tu as de la chance, moi je ne sais pas ce que je ferai sorti de l'école, en tout cas pas marchand de casquettes et de galurins comme papa. C'est pas folichon.

– Tu as peut-être tort, ton père a un beau magasin, il roule en Citroën. Il doit bien gagner sa vie. C'est ça le principal, et ce n'est pas pénible.

– Peut-être, mais je veux faire quelque chose qui me plaise, et je ne vois pas quoi.

– Et si t'étais obligé de lui succéder, pour une raison inconnue aujourd'hui ?

– Ne m'en parle pas, je serais aussi ennuyé qu'une tapette qui a des hémorroïdes.

– Quoi, une tapette ?

– Ben oui, un pédéraste, une tante.

– Qu'est-ce que c'est ?

– C'est pas vrai ! Tu ne connais pas ça ? Il n'y en a peut-être pas dans ton bled ?

Et Bernard dut expliquer tous les détails au fils d'un boulanger de campagne qui tombait des nues en apprenant l'existence d'individus aux mœurs et aux comportements spéciaux, dont il n'avait pas un instant soupçonné l'existence.

– Et ça existe aussi entre femmes. On les appelle des lesbiennes, ou plutôt des gouines, continua Bernard. Mais je n'en connais pas. Tandis que des tantes, il y en a quelques-unes à Saint-Amand-Montrond, mais je les ai à l'œil. Quand j'en verrai, je te les montrerai. Ça se repère assez facilement. Ils font des manières et ont des airs efféminés. De vraies chochottes prêtes à faire parfois des avances.

Le pauvre Paul rentra chez les Arnaud l'air vague et songeur ; n'expliquant pas ces anomalies contre nature qui, d'après lui, n'existaient pas à Marcignat. De près ou de loin, il n'avait jamais entendu parler de ces individus bizarres préférant les hommes aux femmes.

– Je sais maintenant que je n'en ferai jamais partie. Au moins, me voilà renseigné. À la campagne on est plus sensés, se dit-il, persuadé que les anormaux et les cinglés habitaient surtout en ville. Mais qu'est-ce que ça doit être à Paris !

* *
*

Chapitre sept

Un dimanche, au début du printemps, Octave emmena Paul assister à une vente à l'encan dans une commune des environs. Aux abords du village, carrioles et autos mobilisaient les bas-côtés de la route. Une foule nombreuse, endimanchée, se dirigeait vers une ferme à la sortie du bourg : hommes au visage bruni par la vie au-dehors, gamins turbulents, femmes de tous âges composées surtout de grand-mères. Peu venaient en acquéreurs mais pour profiter surtout d'un spectacle animé et haut en couleur. Au milieu d'une vaste cour se trouvait un bric-à-brac indescriptible : engins agricoles, outils, meubles, vaisselle, malles, bascule, objets les plus divers. Il s'agissait d'une succession importante, si l'on en jugeait par la belle façade stylée des bâtiments. On vendait tout, les héritiers n'ayant pu s'entendre sur le partage, cas de figure hélas fort courant puisque se produisant dans plus de quatre-vingts pour cent des successions

Sur une estrade, un tabellion rougeaud au regard triste, entouré de deux employées, assurait la bonne marche des opérations. Accoudé à la table, il semblait prêt à s'assoupir. Heureusement, son crieur apportait la fantaisie en présentant les articles avec humour. Sous des apparences bonhommes, ce remarquable vendeur, affublé d'un grand chapeau noir et d'un foulard rouge, savait créer un climat de détente propice aux échanges.

Psychologue, il faisait rire au bon moment tout en dosant habilement les enchères. Mais sa prestation n'était pas dénuée d'intérêt puisqu'on le rémunérait au pourcentage. Acheteurs et curieux, formant un demi-cercle, écoutaient tout sourires ses boniments. Des brocanteurs se consultaient dans l'attente probable d'une révision. Octave et Paul réussirent avec peine à se faufiler près d'eux. La vente avait déjà commencé par des choses de petite valeur : trépieds, échelles, seaux, arrosoirs. Des chiffres volaient au vent, mais un doigt levé ou un signe de tête signifiait une enchère. Il était bon de ménager ses gestes. Une fois, deux fois, adjugé, vendu : le marteau d'ivoire tombait sec. Une contestation mettait aux prises un énervé et un impatient pour une vieille brouette achetée plus cher qu'une neuve par la faute du bagout du bonimenteur.

– La tête sur le billot, je vous répéterai que c'est l'affaire du siècle. Sans aucun doute. Vous serez satisfait jusqu'aux trous de nez. C'est le nec plus ultra.

Paul ne put s'empêcher de remarquer :

– Il y va un peu fort.

– Bien sûr, mais c'est son style et ça marche, rétorqua Octave.

– Regardez, ma petite dame, cette belle maie, je vois qu'elle vous fait envie et votre mari veut faire plaisir, continuait le crieur.

– 500 francs ici, 540 au fond, 580 au premier rang.

Le mari baissait la tête et l'on se trouvait à 700 francs.

– Attention, 750, ce n'est plus à vous, 800, c'est parfait.

On montait ainsi dans le feu de l'action à 1 200 francs, mais la petite dame était contente : elle avait eu enfin le meuble tant désiré.

– Il aurait été formidable au temps des Carolingiens, lorsque dans les rues de Paris les crieurs, des *fourniers,* annonçaient à haute voix ou au son des trompes que leur four était chaud ; les particuliers pouvaient y apporter leur pâte à faire cuire. À cette époque, le pain se fabriquait ainsi, commenta Octave.

Une grosse paysanne amusa l'assistance en retroussant son jupon. C'est là que se trouvait son magot, car en principe on payait comptant son achat. Octave, intéressé par une jolie pendule, se manifesta à 1 200 francs. 1 250, lança une voix dans le fond. 1 300, répliqua Octave. On monta ainsi jusqu'à 1 500 francs. Paul, tout excité, suivait le déroulement des débats ; à chaque chiffre lancé son cœur battait fort, mais Octave restait de marbre : il la voulait, sa pendule. On arriva à 2 000 et les deux adversaires continuaient à progresser à chaque fois de 100 francs. Perdus dans la foule, ils ne pouvaient se voir.

– Mais qui est-ce qui me barre la route ainsi sans arrêt ? murmura Octave.

– Ne lâche pas, tonton, tu l'auras, répliqua Paul, je vais voir qui est cet empêcheur de tourner en rond.

Paul se dirigea péniblement vers la voix rivale, pour constater avec étonnement qu'il s'agissait du meunier au crochet, accompagné de sa fille. Il se précipita vers lui en lui disant avec une assurance naïve mais convaincante :

– S'il vous plaît, monsieur le meunier, mais pourquoi montez-vous sur mon oncle Octave ? C'est un de vos bons clients.

– Oh, c'est notre noyé manqué, déclara Hélène, la gamine. Je t'ai reconnu tout de suite.

– Ah, c'est bien dommage. Je ne pouvais pas le savoir. Évidemment j'arrête, s'excusa monsieur Nicaud.

Les deux hommes se retrouvèrent quelques instants après chez un bistro du village afin de bavarder sur les aléas de la vente ainsi que sur les événements d'actualité.

– Un mandarin curaçao avec un petit coup d'eau de Seltz me fait envie, commanda Octave.

Nicaud acquiesça.

Le meunier se confia à Octave, qui avait gardé sa chère pendule sous le bras, pendant que Paul et Hélène se remémoraient leur rencontre initiale en promettant de se revoir sans faute.

– On vote la semaine prochaine. Je suis inquiet, Octave. Je crains que le Front populaire passe. Ça sera le bouleversement : augmentation des salaires et des charges. Je suis ça de près depuis la création de leur truc le 14 juillet de l'an dernier. C'était la suite logique du 6 février 1934, qui a provoqué le rassemblement de la gauche.

– La hausse des salaires ne sera peut-être pas forcément une mauvaise chose. Les gens achèteront davantage, fit observer timidement Octave.

– Mais j'ai lu le programme de Blum. Ça va barder pour le blé. Nous allons tous déguster, les boulangers et les meuniers, au profit des *bounoumes*. Les paysans représentent une telle masse qu'on les flattera dans le sens du poil, répliqua Nicaud.

– Que pouvons-nous y faire ?

– Expliquer la menace autour de soi et bien voter.

* *
*

Au soir du dimanche suivant, 28 avril 1936, les candidats de la droite et du centre se trouvaient dans une posture périlleuse, et, au deuxième tour, le 5 mai, la gauche triomphait largement, obtenant 376 sièges contre 248. Dans le Cher : un communiste, deux socialistes et un homme de droite, appelé indépendant. La victoire du Front populaire n'empêchait pas l'éclosion de grèves généralisées qui aboutirent aux accords de Matignon : semaine de quarante heures, congés payés, conventions collectives. Le dirigeant communiste Maurice Thorez dut lancer un appel le 11 juin pour réclamer la reprise du travail.

Sur la lancée, on institua la prolongation de la scolarité, on nationalisa la Banque de France et les industries d'armement. L'Office national du blé fut créé le 15 août 1936 par Georges Monnet pour lutter contre la spéculation née des surproductions mondiales. En France, les récoltes excédentaires de 1932, 1933 et 1934 avaient provoqué une chute des cours mettant le monde agricole en péril. D'autre part, la meunerie s'était suréquipée : en quatre mois de travail continu, elle aurait pu moudre les besoins annuels, disait-on. Les professionnels étaient tous sur les nerfs. Mais le vote de la loi nécessita six navettes entre le Palais-Bourbon et le Sénat presque à bout de souffle, puisque c'était la fin de la session parlementaire.

Avec cette nouvelle loi commença le chambardement chez les boulangers et les meuniers. Les transactions entre paysans, meuniers et boulangers devenaient interdites et le commerce du blé transitait obligatoirement par le canal de coopératives ou, à défaut, par des négociants agréés.

Chapitre sept

Il fallut que chacun déclare ses stocks, et les livraisons de blé et de farine devaient être accompagnées d'acquit, comme pour l'alcool. Paul entendit son oncle et son père rouspéter et s'élever contre ces nouveaux impératifs draconiens, causes de travail supplémentaire. Sur des carnets à souche spéciaux, le meunier découpait une liste au ciseau pour indiquer les quantités, en précisant les noms et les dates. Le boulanger disposait de vingt-quatre à quarante-huit heures pour déposer ensuite l'acquit aux contributions indirectes. Des contrôles inopinés pouvaient survenir à tout instant. Les prix montèrent de part et d'autre. Le blé passa de 70 francs le quintal à 153 francs entre octobre 1935 et août 1937, et le pain de 1,60 à 2,35 francs. Régulièrement la presse faisait état des modifications : à cette époque le prix du blé et du pain avait une importance capitale.

– On n'est plus maître chez soi. Vous allez voir qu'on va être contingentés avant peu. C'est la fin de la liberté, assurait avec passion Nicaud à ses clients boulangers, qui approuvaient tous leur fournisseur sans la moindre réserve.

– C'est pire que du temps de Charlemagne, quand ses *missi dominici* devaient s'assurer du bon fonctionnement des fours et de la propreté des ustensiles garnissant la boulangerie, déplorait Octave, démontrant une nouvelle fois sa grande connaissance des événements touchant l'histoire du pain.

* *
*

À la rentrée, Chevalier ne put s'empêcher de signaler avec chaleur toutes les avancées sociales et économiques du nouveau gouvernement. Paul n'était pas souvent de son avis et ne se gênait pas pour expliquer le tintouin provoqué à la boulangerie par les nouvelles mesures.

– Pour mon père, socialisme signifie contrôle tatillon et restriction de la liberté.

– Peut-être dans ce cas précis, mais globalement la population en tirera des avantages. J'en suis persuadé. Nous étions à la traîne par rapport à de nombreux pays d'Europe. On en reparlera bientôt.

– Je ne demande qu'à vous croire, mais je n'en suis pas sûr. Quand les poules auront des dents !

Chevalier répondit par une interrogation curieuse.

– Vous qui êtes, je pense, catholique, je parie que vous ne savez pas ce que signifie Bethléem, là où est né votre soi-disant Dieu ?

– Pas du tout.

– Tout simplement la maison du pain. Cela devrait vous faire plaisir. Il est surprenant que votre religion n'ait pas pensé à en faire un symbole.

C'est mon grand-père qui me l'a raconté, comme cette histoire d'Afrique du Sud, vieille de quarante ans. Le célèbre président du Transval (pays des Boers, descendants de colons néerlandais, où se déroula une guerre féroce) Paul Kruger avait une épouse qui fabriquait elle-même son pain. En octobre 1895, elle reçut, manches retroussées, la visite imprévue d'une grande dame hollandaise de passage à Pretoria. « Excusez-moi de ma tenue. Je viens de pétrir notre pain, et la pâte, ça n'attend pas. » De retour à Amsterdam, la visiteuse raconta l'anecdote, qui contribua beaucoup à la popularité du président Kruger, à la tête de son pays pendant vingt ans de 1883 à 1902.

Et le professeur conclut en recommandant à Paul d'apprendre tout particulièrement une émouvante poésie d'Arthur Rimbaud, *les Effarés,* à la gloire de la boulange :

Noirs dans la neige et dans la brume,
Au grand soupirail qui s'allume,
Leurs culs en rond
À genoux, cinq petits, – misère ! –
Regardent le boulanger faire
Le lourd pain blond...
Ils voient le fort bras blanc qui tourne
La pâte grise, et qui l'enfourne
Dans un trou clair.
Ils écoutent le bon pain cuire.

Le boulanger au gras sourire
Chante un vieil air.
Ils sont blottis, pas un ne bouge,
Au souffle du soupirail rouge,
Chaud comme un sein.
Et quand, pendant que minuit sonne,
Façonné, pétillant et jaune,
On sort le pain
Quand, sous les poutres enfumées,
Chantent les croûtes parfumées,
Et les grillons,
Que ce trou chaud souffle la vie
Ils ont leur âme si ravie
Sous leurs haillons,
Ils se ressentent si bien vivre,
Les pauvres petits pleins de givre !
– Qu'ils sont là, tous,
Collant leurs petits museaux roses
Au grillage, chantant des choses,
Entre les trous,
Mais bien bas, – comme une prière…
Repliés vers cette lumière
Du ciel rouvert,
– Si fort, qu'ils crèvent leur culotte,
– Et que leur lange blanc tremblote
Au vent d'hiver…

Paul apprit ce poème par cœur, et le mois suivant il obtenait le premier prix de récitation, car il sut faire vibrer son cœur avec une telle ferveur que le professeur n'hésita pas une seconde. Ce résultat augmentait la confiance de l'élève, qui avait affaire à forte partie devant les meilleurs garçons de toute la région, venus pour la plupart avec l'ardent désir d'obtenir des résultats à la hauteur de leurs ambitions. Tous étaient motivés. La plupart savaient que leurs parents faisaient un gros sacrifice financier, en se privant en plus du bras de leurs enfants.

Chapitre huit

Les foires d'Orval se fêtent depuis des siècles dans la banlieue de Saint-Amand-Montrond. Cette importante et vieille manifestation existait probablement déjà quand le Grand Condé vivait retiré dans sa forteresse berrichonne, au moment de la Fronde. Ce prince du sang, auréolé de gloire après sa victoire à Rocroi contre les Espagnols, avait été baptisé dans la cathédrale de Bourges le 5 mai 1626 et fit ensuite ses études, avec son jeune frère le prince de Conti, chez les jésuites de l'école Sainte-Marie, installée dans l'hôtel Jacques-Cœur.

Attirée par l'agitation jubilatoire, la jeunesse se rassemblait durant plusieurs jours à la vaste fête foraine, devant les manèges de toutes sortes et les multiples baraques fleuries en roses de papier crépon.

Paul y vint un soir, accompagné de ses deux voisines, pour retrouver des camarades. Les espérances nées des javas et des tangos de la Sainte-Catherine n'avaient pas eu de prolongements pratiques. Colette, absorbée par la danse, la musique et ses études, devenue presque inabordable, connut en plus des problèmes de santé. Quant à Arlette, ses parents, mécontents de ses résultats scolaires, l'avaient placée dans une école privée de rattrapage. C'était aussi probablement pour mater son caractère difficile, où la critique insolente et la désobéissance tenaient une large place. Maintenant, elles avaient repris leurs habitudes antérieures et tous les trois étaient heureux de se retrouver pour aller s'amuser. Vêtues de robes claires à fleurs assez semblables, coiffées de petits chapeaux en feutre bleu marine, les demoiselles auraient presque pu passer pour des sœurs, et Paul était fier de les avoir à ses côtés, afin de parader et d'essayer de les éblouir. Frétillant comme un gardon, devenu beau jeune homme de dix-sept ans, souriant, les cheveux frisottés et le teint clair, le regard bleu charmeur, il ne pouvait qu'être un chevalier servant recherché.

Quatre garçons du cours complémentaire les attendaient en badauds, apparemment insensibles au bruit infernal : ronflements de moteurs, sirènes, rires en cascade, cris en provenance du grand huit, airs d'accordéon, limonaire des chevaux de bois, battements de tambour accompagnant les bonimenteurs de service. Les amis réunis décidèrent de faire le tour complet des podiums, sans se presser, afin de jouir de toutes les attractions qui se présentaient.

Ils s'extasièrent d'abord devant les avatars des conducteurs d'autos tamponneuses, bercés par la musique d'une chanson de Jean Lumière couverte en partie par les flonflons des boutiques proches. Une collision volontaire bloqua une fille blonde aux cheveux longs entre deux voitures. Elle se mit à hurler, rivée à son volant, comme si on l'égorgeait, tandis que les auteurs du télescopage – deux soldats en goguette – riaient comme des bossus en frappant de leurs mains la carrosserie de leur véhicule rouge.

– Ici, le client se trouve presque toujours pris en sandwich, formula Bernard.

– C'est peut-être parce que les billets se vendent comme des petits pains, riposta Paul, goguenard, toujours amateur de jeux de mots.

Galamment, il offrit à Ariette et Colette d'aller faire un tour dans ce manège à la turbulence continuelle, mais elles déclinèrent l'invitation avec une fermeté commune.

– On va bousiller nos vêtements et attraper des gnons. Merci. Allons plus loin, il y a certainement des choses plus intéressantes, avec moins de boucan.

L'attraction suivante, « Les Sauvages de Bornéo », jaune et rouge, attira davantage leur attention. Une énorme illustration représentait des cannibales armés de sagaies dévorant un explorateur. Pour la première fois en Europe, indomptables, doués d'une force herculéenne, ces créatures d'un autre monde apparaissaient comme extrêmement redoutables. Leur capture fut un instant de bravoure épique, ayant failli coûter l'existence à plusieurs explorateurs chevronnés.

– Mon grand-père m'a donné ce matin un gros billet, je vous offre l'entrée, proposa généreusement Bernard, curieux, qui prit place aussitôt derrière une longue queue de spectateurs impatients.

– Les filles, ne nous quittez pas si vous ne voulez pas être avalées toutes crues, lança-t-il, le regard protecteur.

À l'intérieur d'une cage de fer, trois Noirs dans la pénombre, simplement vêtus d'un pagne en lambeaux, dégageant une odeur âcre, sautillaient, gesticulaient, tournaient en rond en poussant des braillements inhumains. On leur jeta des morceaux de viande sanguinolente, provoquant une bagarre géante entre eux, chacun voulant accaparer la totalité. Puis ils commencèrent à dévorer leur barbaque avec la voracité de lions au milieu du désert. On leur passa une barre de fer rougie qu'ils se mirent à mordre, selon les dires du barnum, enveloppée d'une fumée qui masquait cet inexplicable phénomène.

– N'approchez pas trop, c'est très dangereux, conseilla un haut-parleur, tandis que les vociférations redoublaient d'intensité.

Les deux filles, un peu inquiètes, poussaient des vagissements plaintifs. Paul se permit de leur glisser en sortant :

– Comme attrape-couillon on ne fait pas mieux. Pas besoin d'être grand clerc pour voir la supercherie. Il faut peu de chose pour vous faire marcher. À la campagne on est peut-être moins déluré, mais on sent tout de suite l'esbroufe. Et un fils de boulange, ça n'aime pas beaucoup être roulé dans la farine.

Mais il ne fit aucun geste en sortant pour détromper les futurs spectateurs. C'était un peu sa revanche. Bien sûr il avait vu clair. S'il s'était trouvé là le lundi matin suivant, il aurait vu ces trois hommes redevenus blancs après lavage et démontant paisiblement la baraque qui avait fait mouche pendant toute la semaine. Leur fort accent berrichon n'était certainement pas d'usage en Indonésie. Ils devaient probablement maintenant sucer des pastilles au miel, pour adoucir leur gorge mutilée par une semaine de rugissements intempestifs.

Taxé de débile et d'enfantin, le train fantôme ne recueillit aucun suffrage, contrairement au « mur de la mort », où dans une grande sphère métallique ajourée, un motocycliste caparaçonné de cuir tournait à toute vitesse de bas en haut, dans la pétarade et la fumée bleue à l'odeur d'huile de ricin. La boutique suivante, des lutteurs en maillots noirs moulants, intéressa les demoiselles, apparemment séduite par les biscoteaux saillants de ces hommes athlétiques et impassibles, les bras croisés dans le dos. L'un d'eux, un mulâtre de la Martinique, impressionnait par son gabarit.

– Ce sont des types bien baraqués ! proclamèrent-elles avec une conviction sincère.

– Avec qui voulez-vous lutter ? répétait l'animateur, à la loquacité intarissable et parfois alexandrine, voici l'entraîneur du champion du monde Primo Carnera qui monte sur une chaise pour lui masser les bras. C'est un homme sérieux qui combat l'air serein, mais s'il trouve un tricheur, il lui collera un pain.

Les garçons réagirent aussitôt en se cognant simultanément du coude. On proposait des primes alléchantes aux volontaires, notamment des bouteilles de vin de qualité supérieure, pendant qu'un tambourineur accompagnait la présentation de roulements de baguettes. Un hurluberlu se manifestait de temps en temps, mais c'était souvent un baron : complice anonyme donnant au début du fil à retordre au sportif, pour finalement s'avouer vaincu, après un simulacre de combat fait d'incertitudes et de rebondissements, à la grande joie d'un public en délire.

Chapitre huit

Après un court séjour devant une loterie, la bande se retrouva devant le « Rendez-vous des costauds » : minuscule wagon en fer assez lourd, à lancer à la main sur un rail disposé en rampe montante. Si l'on poussait très fort, le petit véhicule terminait sa course en frappant un butoir. Alors explosait un pétard qui provoquait des éclats de lumière en même temps qu'un bruit de canon assourdissant.

Les deux filles suggérèrent avec insistance aux garçons de s'exercer pour démontrer leur force. Bernard, le plus robuste, prit un grand élan et réussit du premier coup, les deux autres eurent besoin de trois essais, tandis que Paul échoua quatre fois de suite malgré des geindres de pétrisseur. Geignant, transpirant, l'air contrarié, il fut, sous les quolibets d'Ariette, condamné à une tournée générale.

– Tu ne fais donc pas partie des costauds. Je viens de m'en rendre compte, railla-t-elle.

– On verra plus tard. Les fèves sont en fleurs et les femmes sont folles, s'excusa-t-il, dans la buvette où la bande sirota en blaguant du vin et des limonades.

Avant de trinquer, Bernard avait levé son verre en pontifiant :

– À la santé de nos femmes, de nos chevaux et de ceux qui les montent. Bien sûr, cette formule est usée et prématurée pour nous, mais mon parrain la sort souvent, et cela me fait toujours sourire.

– Espérons pour vous que vous serez bientôt en situation, insinua Colette.

* *
*

Depuis sa fameuse grippe, Paul se rendait bien compte qu'il était moins solide qu'avant et cela l'inquiétait un peu. Les sept firent ensuite quelques haltes devant des tirs et des confiseries dont l'odeur alléchante de gaufre et de nougat mit à mal la gourmandise sans frein des demoiselles. Paul participa à une tombola et gagna… un pain d'épice, ce qui amusa tout le monde, sauf lui, qui reprit :

– Vous avez tort de rigoler bêtement, car c'est probablement un des rares pains que ne fait pas le boulanger. Pas de pétrissage ni de levée : surtout de la farine et du miel. Ça tient plutôt du gâteau, mais le pâtissier classique en fabrique rarement. C'est à la faveur des croisades que l'Europe l'a découvert. Les Allemands furent parmi les premiers à le fabriquer. C'est devenu surtout une affaire de spécialiste, il y en a beaucoup dans le Gâtinais, un peu du travail de grande série ; mais ça ne l'empêche pas d'être fameux. Pour ma part, j'adore ça le matin, au petit déjeuner, dans mon café au lait.

* *
*

Le temps se faisant frais, les amis quittèrent enfin ce tohu-bohu et la foule bigarrée. Paul rentra seul avec Arlette, en lui donnant le bras sans façon. Il n'avait pas bien apprécié la repartie de cette dernière et se demandait comment il allait pouvoir se venger un peu. Sa raillerie avait été la goutte d'eau qui fait déborder le vase. Dans sa tête, des idées saugrenues se bousculaient et les fantasmes les plus fous venaient se manifester.

« Cette petite a besoin d'une leçon, se disait-il, depuis le temps qu'elle se paye ma tête, ça suffit comme ça. »

Enhardi par les verres de sauvignon, il se décida tout à coup. Comme il faisait nuit, il rasa les murs en entrant dans la cour de leurs demeures respectives. Brusquement il s'arrêta pour plaquer sa compagne dans une encoignure de porte. Il la serra bien fort contre lui en posant immédiatement ses lèvres sur les siennes. Surprise, Arlette ne résista pas et se laissa faire. L'éternelle bavarde se taisait. Il prolongea son baiser, tandis que ses mains se faisaient exploratrices. Une sensation étrange envahissait tout son corps, d'autant que sa partenaire répondait aux avances sans manifester la moindre réserve, en collant ses seins contre lui.

– On va nous voir, il ne faut pas rester ici. Allons plus loin, dans la remise du fond, on sera tranquilles. Personne n'y vient jamais à cette heure-là, souffla-t-elle d'un air soumis semblant donner blanc-seing à Paul qui répondit doucement :

– Évidemment, il ne faudrait pas qu'on me prenne la main dans le sac !

– Qu'est-ce que tu nommes un sac ? questionna-t-elle en gloussant.

Le couple enlacé entra dans le vaste local où stationnaient plusieurs véhicules. Deux chats détalèrent à leurs pieds en miaulant. Le clair de lune permettait de se mouvoir sans trop de difficultés. Paul cherchait ce qui paraissait être le havre d'accueil le plus confortable. Difficile de choisir dans cette obscurité inhospitalière. Bizarrement, c'était le corbillard qui offrait le plus de confort. Grâce à un marchepied inattendu, ils y montèrent sans vergogne, pour s'allonger aussitôt sans rien dire sur les tentures et sans se soucier le moins du monde de la poussière, des toiles d'araignées et... des occupants traditionnels. Paul recommença ses baisers dans le cou, les joues, les oreilles pour revenir à la bouche d'Arlette, manifestement satisfaite de la tournure des événements. L'image du couple du bosquet lui revint aussitôt en mémoire et il mit en pratique tout ce qu'il avait bien observé pour faire la chose la plus naturelle du monde avec une facilité déconcertante, enveloppé de miel. Il avait quitté la terre et volait par-dessus les nuages, à la lisière du paradis, voguant dans la douceur, le tendre et le tiède. Des fleurs inconnues, aux senteurs exquises, jalonnaient son chemin, tandis que des étoiles à l'éclat scintillant participaient au feu d'artifice. Il était à mille lieues du Berry, évitant le Styx et le Léthé, se rapprochant à une vitesse folle du pays de la félicité et du bonheur permanent, où les paysages regorgeaient d'or, d'argent et des pierres précieuses les plus rares, au rythme de la plus harmonieuse des musiques. Arlette démontrait qu'elle n'avait rien d'un glaçon et qu'elle participait au fabuleux voyage en savourant son extase, dans l'euphorie, les yeux fermés.

Les ressorts de la voiture accompagnaient sans discrétion le rythme des amoureux insensibles à ces manifestations mécaniques. Pauvres draperies funéraires ! Elles n'avaient jamais connu pareils tourments. Un moment Arlette se mit à gémir en soupirant :

– Attention, Paul, ne reste pas.

Dans le feu de l'action, le garçon n'entendit pas la prudente requête et prolongea son assaut passionné avant de s'arrêter brusquement, en sueur, à bout de souffle, en marmonnant des mots incompréhensibles. Cette nouvelle révélation s'inscrivait nettement au-dessus de la première et il comprenait pourquoi cette délectation sublime avait tant d'importance dans la vie des hommes. Sa vengeance dépassait tout ce qu'il avait pu oser espérer. L'avenir lui apparaissait radieux. Il n'était pas possible que les lointains habitants de l'Éden aient été plus heureux. Mais cette agréable impression fut de courte durée. Arlette se levait en rajustant sa toilette d'une manière décente et l'apostrophait, en baissant le ton de sa voix afin que ses propos ne volent pas trop loin.

– Paul, tu ne m'as pas écoutée. Espèce de mufle ! Tu t'en fous. Je suis furieuse. Tu n'es pas prêt de me reprendre, sale égoïste. C'est une ignominie. Adieu.

– Oui, mais j'ai été suffisamment costaud pour te faire plaisir. Je crois que tu avais l'air de trouver ça tout à fait à ton goût. C'est ce que je voulais. Fous le camp avec ton sale caractère ! Ce ne sont pas les jolies filles qui manquent ici. Bonne nuit quand même.

Quand Paul se retrouva seul dans sa chambre, la pression étant tombée, il avait le sentiment qu'il venait de franchir une étape importante dans sa vie, en se comportant en adulte. Il s'assit sur son lit et se mit à réfléchir, comme il ne l'avait jamais fait auparavant, dans une ingénuité assez manichéenne. Avec calme, il décida de faire son examen de conscience, en toute humilité, et il constata qu'il avait successivement fait preuve d'orgueil, de colère et de luxure. N'était-ce pas beaucoup trop pour quelques heures ? Il ne regrettait même pas son attitude ! Tout s'était enchaîné machinalement sans qu'il s'en rende compte. Il n'avait fait qu'accompagner son instinct suivant les circonstances, et il essayait de définir son degré de culpabilité. Avait-il perdu son contrôle ? Il était donc difficile de se comporter avec un minimum de dignité, en homme responsable. On ne pouvait tout de même pas toujours dans la vie jouer la soumission et l'indifférence, sous peine d'être taxé de mauviette inconsistante et d'esprit sans caractère. La fameuse règle d'or à la simplicité biblique que son curé lui avait présentée si souvent ne comptait en théorie que des avantages idylliques, mais la mise en pratique rencontrait bien des obstacles. Il ne se sentait pas du tout dans la peau d'une de ces entités un peu désincarnées où excessives, sans saveur ni odeur, qu'on affublait du nom de saint homme. Paul concluait en reconnaissant qu'il avait comme tout le monde des défauts et des faiblesses, et qu'il fallait vivre avec, sans trop dévier de la ligne droite d'un minimum de vertu.

* *
*

La semaine suivante, le professeur de français pria ses élèves de commenter un fait divers authentique sortant du commun, en rapport avec l'actualité. On recommandait de dégager, si possible, dans la conclusion une morale et une réflexion. Pas d'époque précise ni de fiction. Comme il y avait eu le mois précédent un vol étrange à l'intérieur du cours complémentaire, encore mal élucidé, Paul se rappela une histoire racontée par sa grand-mère Alphonsine, originaire de Sancerre. Elle s'était déroulée sous le règne de Louis XV dans le Sancerrois. Il avait par la suite pu vérifier l'exactitude de cet exceptionnel événement. Malgré un état de santé fiévreux, dû probablement à un refroidissement lors des foires d'Orval, Paul se lança dans cette longue narration.

En juin 1746, la nommée Jeanne Gravier, originaire de Bourges, épouse de Pierre Rollin, cavalier de la maréchaussée à Sancerre, fut arrêtée pour avoir volé des couverts en argent chez un bourgeois de la ville, où elle allait régulièrement faire du ménage. La Rolline protesta de son innocence de la manière la plus énergique, mais malgré ses dénégations elle fut condamnée à être pendue sur la place des Halles. Dès le début de sa prévention, elle déclara être enceinte, et supplia qu'on eût pitié de son enfant et qu'on sursît à son exécution jusqu'à son accouchement. Le bailli considérait que cette affirmation n'était qu'un prétexte pour gagner du temps. Il n'en tint pas compte et fit extraire la condamnée de sa prison pour la conduire à l'endroit habituel du supplice.

Pendant la durée du parcours, elle ne cessa de crier : « Monsieur le bailli, faites de mon corps ce que vous voudrez, mais je vous en supplie, pour l'amour de Dieu, ayez pitié de mon fruit. Ordonnez qu'on m'ouvre après ma mort, vous verrez si j'ai dit la vérité. » Devant une telle sollicitation, le bailli fit reconduire la Rolline à la prison, afin de procéder à un examen médical. Un vieux chirurgien de quatre-vingt-quatre ans, Étienne Chrétien, assura qu'elle n'était pas grosse et déclara même : « Si elle est enceinte, qu'on m'exécute à sa place. » Une sage-femme, consultée, prétendit le contraire avec une assurance encore plus formelle.

Le bailli, bien embarrassé, demanda au vicaire de Notre-Dame de Sancerre d'aller voir la prisonnière, le curé la connaissant depuis fort longtemps. La femme Rollin persista dans ses dires avec la plus grande vigueur. Le bailli prit alors la décision d'exécuter la sentence, ce qui provoqua une vive réaction de l'abbé : « Attendez encore un mois, alors la vérité éclatera de toute évidence. » Il s'engagea même à dédommager le bourreau qu'on avait fait venir de Bourges. On lui réfuta : « Monsieur le curé, faites votre métier, laissez-nous faire le nôtre. »

La malheureuse fut pendue le 25 juillet 1746. Quand elle eut cessé tout mouvement, on la jeta dans un tombereau pour être à nouveau pendue aux environs, à la branche d'un chêne, à la limite de la commune de Bué. Le lendemain, on découvrit un enfant mort-né sous le corps de la femme. Pour se disculper, le chirurgien Chrétien déclara qu'une fille de mauvaise vie avait dû profiter du cadavre pour jouer de la méprise. Tout Sancerre se rendit sur place pour déplorer cette pénible histoire et condamner avec sévérité la justice. Beaucoup de paroissiens des villages voisins réagirent de même. Les magistrats consternés firent cependant la sourde oreille pour ne pas gêner l'homme de la médecine, homme jouissant de la plus haute respectabilité, mais probablement trop vieux pour donner un avis aussi capital. La mère et l'enfant furent enterrés et on en resta là.

Un an après ces événements, on remarqua une pie volant avec un objet brillant dans le bec, qu'elle alla cacher dans le faîtage d'une maison. On avertit le propriétaire, qui se rendit à la cachette pour voir de près cette chose étincelante. On découvrit ainsi de nombreux objets métalliques, dont les fameux couverts en argent, prétendument volés par la pendue.

Le souvenir de cette tragique aventure est resté vivace pendant longtemps dans le Sancerrois. Les vieux habitants des villages proches de Vinon et de Bué racontent parfois à la veillée le détail de cette erreur judiciaire, et parlent avec émotion du

« chêne à la Rolline » qui resta debout très longtemps. Mystère : son tronc ne se développa plus depuis lors, au contraire des arbres plantés autour de lui.

Bien qu'il fut quelque peu patraque, Paul sut mettre beaucoup de sensibilité dans ce fait divers extraordinaire qui mettait en évidence les difficultés du bon fonctionnement de la justice, l'entêtement d'un juge, la nécessité du recul pour pouvoir juger dans la sérénité, et la sévérité d'une époque. Les peines étaient alors manifestement hors de proportion avec les délits. Ce fut plus fort que lui, retrouvant un instant ses racines, il se permit, bien qu'il s'agisse d'un roman, de mentionner *Les Misérables.* Jean Valjean était devenu bagnard pour avoir volé un pain à la devanture d'un boulanger afin de porter secours à sa sœur démunie, veuve avec sept jeunes enfants ; il fut condamné à cinq ans de galère. Mais le roman de Victor Hugo, avec sa valeur de symbole, avait eu un tel retentissement sociologique qu'il n'était pas saugrenu de faire un rapprochement avec l'affaire de la pie voleuse. Il conclut en évoquant l'obligation de mettre en évidence les circonstances atténuantes, ainsi qu'un minimum de mansuétude, de pardon et de rédemption à réserver aux inculpés.

Son devoir eut un grand retentissement dans l'établissement. Personne n'avait eu connaissance de cette anecdote émouvante, à la limite de la vraisemblance. Le développement, effectué par Paul avec beaucoup de rigueur et d'humanité, lui permit d'obtenir une note élevée et d'être classé premier à la fin du trimestre. Sa satisfaction était complète, car il ne s'imaginait pas capable de parvenir à un tel résultat.

* *
*

– Le cirque Pinder vient à Saint-Amand le 10 novembre. On ira tous les trois. Je vous offre cette sortie, proposa un soir Octave.

Le spectacle les enchanta. En vedettes, le boxeur français Marcel Thil, champion du monde, et miss Ellia domptant dix tigres. Ils virent aussi des clowns, des trapézistes, des Lilliputiens – petits bonshommes hauts comme trois pommes –, des phoques savants, des ours, des lions, des zèbres et des éléphants. Ils étaient éblouis.

– Je plains les campagnards qui ne sortent pas de leur trou. Ils ne connaissent rien de la vie, ne put s'empêcher de dire Paul.

– D'accord, mais souvent ce n'est pas l'envie qui leur manque, simplement ils n'ont pas d'argent à dépenser, répondit Suzanne. C'est pour cela qu'il faut serrer les dents dans la vie, avoir un peu d'ambition afin de se procurer des revenus suffisants pour se distraire un peu.

– Tu peux être certaine que je m'y emploierai, opina Paul, et ce que je viens de voir ce soir ne peut que m'y inciter.

* *
*

Quand il rentra chez lui pour les vacances de fin d'année, il se sentait mal fichu, sans envie et sans ressort. « J'ai trop travaillé, se dit-il, il faudra que je me repose. » Ses copains, Christian et Alain en tête, vinrent le saluer, mais il n'avait guère envie de vagabonder.

– Tu fais la tête de quelqu'un à qui on a vendu des pois qui ne voulaient pas cuire, lui dirent-ils.

– En temps ordinaire, après une telle repartie, je vous serais rentré dans le lard, mais ne m'en veuillez pas si je reste ici. Surtout ne croyez pas que je veuille jouer au prétentieux. J'aimerais tant qu'on passe ensemble une bonne partie de rigolade, comme dans le temps, mais j'ai besoin de me reposer. Vous savez bien que je ne suis pas un rabat-joie.

Il joua avec Fox et Alice, accompagna son père en tournée, bavarda avec ses grands-parents, mais ce qu'il désirait le plus c'était dormir, dormir… Il passa ainsi de longues heures, allongé dans sa chambre, à faire la grasse matinée, pendant lesquelles il lisait souvent des romans classiques et aussi des ouvrages historiques et techniques consacrés à la boulangerie, prêtés par son oncle.

Comme il venait de traiter dans sa composition du bourreau sous Louis XV, il fut surpris d'apprendre qu'avant l'arrêt de Turgot du 3 janvier 1775 la corporation des boulangers était tenue de payer une partie du salaire du bourreau. C'était donc un privilège pour les boulangers, comme celui de pouvoir acheter et de revendre des porcs sans payer de droits, parce que ces animaux leur étaient nécessaires pour manger le son que le meunier ne séparait pas alors de la farine. Ce n'est que sous Louis XVI que le blutage fut introduit dans les moulins. Tout était très réglementé à cette époque, beaucoup plus qu'aujourd'hui, malgré les doléances continuelles de tonton Octave et de papa Marcel.

Ce dernier lui fit part de ses projets, il équipait son pétrin d'un moteur électrique, supprimant ainsi beaucoup de bruit dans le fournil. Le moteur à essence Bernard avait fait son temps. Il abandonnait aussi la vieille carriole devenue assez déglinguée, d'autant que Bayard avait pris de la bouteille, il était à bout de force. C'était en voiture automobile que Marcel effectuerait désormais ses tournées dès la fin de l'hiver. Une pompe électrique amenait maintenant l'eau directement dans le fournil et l'évier de la cuisine. Que d'habitudes bouleversées ! Décidément les parents Langlois se mettaient au goût du jour en n'hésitant pas à investir dans le modernisme. Paul voyait cela d'un œil agréable, car il savait qu'un jour il profiterait lui-même de toutes ces améliorations.

* *
*

Pendant le deuxième trimestre de l'année scolaire 1936-1937, il continua, avec des hauts et des bas, de ressentir une fatigue anormale, ce qui provoquait des résultats scolaires en dents de scie, à sa grande déception. Son ami Chevalier le consolait de son mieux en lui disant :

– Mon petit pannetier, ces défaillances arrivent presque à tout le monde, ne vous inquiétez pas.

Les Arnaud remarquaient bien que Paul n'était pas toujours dans son assiette, et Suzanne lui mijotait de bons petits plats pour le changer de la cuisine quelconque du réfectoire de l'école. Octave lui parlait de ses prochaines réalisations : il voulait bientôt transformer son four et le chauffer au mazout, c'était, paraît-il, une amélioration importante pour la bonne diffusion de la chaleur, ainsi qu'une diminution appréciable de manutention : plus de corvée de bois. Par ailleurs, il venait de se faire poser le téléphone.

– On peut dire que tu seras alors superbement équipé avec ton magasin tout neuf et ton nouveau fournil. Tu es quelqu'un qui connaît la réussite totale. Pourtant tu ne donnes pas l'impression de travailler plus qu'un autre, constata Paul.

– Oh, Paul, ce que tu appelles la réussite tient à tout un ensemble de petites choses, pas forcément spectaculaires. Un coup d'œil, un contrôle, une présence au bon moment, du flair et toujours de la persévérance. Parfois une décision hardie et une faculté constante à regarder les autres. Mais, inéluctablement, elle engendre l'envie et la jalousie, presque toujours d'une manière hypocrite. Toi qui es catholique pratiquant, tu connais l'histoire des pharisiens. C'est dans la nature de l'homme. Il faut le savoir et le comprendre pour ne pas trouver la rancœur au fond de son esprit.

– Ah, as-tu vu le journal de ce matin ? Le Savoyard Émile Allais est devenu champion du monde de ski. C'est un ancien mitron de Megève. Les gars de la boulange ne sont pas des mauviettes !

* *
*

De temps en temps Paul rencontrait Colette, avec laquelle il allait parfois au cinéma. Les dernières nouveautés de Paris parvenaient ici avec parfois une ou deux années de retard, mais c'était sans importance. *À nous la liberté,* de René Clair, et *La Kermesse héroïque* de Jacques Feyder furent ses premiers films. Il en sortit enthousiasmé. Les commentaires les réunissaient de bonnes demi-heures, car leurs goûts, souvent différents, les amenaient parfois à la limite de la prise de bec. Par intuition et par de petits signes discrets, mais éloquents, il devinait qu'elle était prête à devenir tendre, mais il renonçait à toute approche, car il ne se sentait plus du tout attiré. Elle restait une amie, mais rien de plus, d'autant que ses parents auraient probablement facilité les choses. Arlette était retournée en pension, et lorsque par hasard il la rencontrait, leurs conversations, toujours cordiales, dépassaient cependant rarement le stade des banalités. Il assistait assez régulièrement à la messe dominicale, où il priait pour améliorer sa confiance et sa santé. Il lisait alors son livre de messe en détail et les paraboles qu'il découvrait le plongeaient toujours dans des réflexions sans fin. Comment interpréter « L'homme ne vit pas seulement de pain, mais de toutes paroles qui lui sortent de la bouche » ? Sa présence à l'office lui apportait une certaine équanimité. Mais s'il poussait la sincérité jusqu'au bout, il reconnaissait une nouvelle fois qu'il devenait pratiquant, surtout lorsqu'il rencontrait des épines sur son chemin, mettant en pratique une devise de sa grand-mère : « Crois en Dieu et vérifie tout le reste. »

* *
*

Syndicaliste assidu, Octave, accompagné de son épouse, participait chaque année au banquet patronal de la boulangerie. Comme Paul était disponible, il l'invita à cette manifestation, où l'on débattait des principaux problèmes professionnels du moment.

– Ça te changera les idées. Tu verras comment se déroule une assemblée générale, et la façon de traiter les sujets d'actualité. Plus tard, tu bénéficieras de cette expérience.

Marcel et Germaine devaient être également présents, mais des ennuis de santé des grands-parents Lamelot les avaient contraints de rester au village. Mariette s'était foulé la jambe en glissant sur une marche et Gaspard traînait une mauvaise grippe. Marcel avait été long à convaincre pour se syndiquer. Son beau-père y avait toujours été farouchement opposé et Germaine rechignait à payer une cotisation. Il avait fallu toute la dialectique convaincante d'Octave pour qu'il rejoigne, « la crème de la corporation qui se battait d'un bout de l'année à l'autre pour la revalorisation d'un métier injustement dévalué ».

Ils arrivèrent à Bourges dans une vaste salle où se pressait déjà une foule imposante comprenant une grande partie des 295 boulangers syndiqués recensés dans le département. On en voyait de tous les âges. Les indépendants irréductibles représentaient, paraît-il, vingt-cinq à trente pour cent du total. Sur une estrade, le président départemental, entouré d'adjoints, énonçait l'ordre du jour. Il était question de travail de nuit, les décrets semblaient impossibles à respecter. On souhaitait des tolérances de l'inspecteur du travail : pas de procès à partir de 2 heures du matin.

– Pourquoi ces réticences stupides ? Les gens désirent du pain frais le matin de bonne heure. Comment faire autrement ? glissa Paul à l'oreille de son oncle.

– Les ouvriers racontent que, sous Louis XVI, un patron boulanger de la rue de la Ferronnerie à Paris, désirant devancer son collègue proche, fit commencer le travail à ses ouvriers une heure plus tôt : 6 heures du matin au lieu de 7. Pour répliquer, le voisin ordonna à son personnel de débuter à 5 heures. Un autre démarra à 4, puis un autre à 3 et ainsi de suite, jusqu'à ce que le jour entier eût été remplacé par la nuit. Il est certain que l'usage est ancien, mais il est logique d'essayer de trouver une formule équitable, grâce à l'emploi de matériel moderne et de la levure, chuchota Octave.

Le président évoquait maintenant les difficultés nées de l'application des quarante heures. Le respect des nouveaux décrets concernant l'Office national du blé se révélait contraignant. La prime de cuisson continuait d'être déclarée nettement insuffisante. Cette prime, dite *impense,* correspondait aux frais alloués au boulanger pour convertir en pains un sac de farine, depuis qu'avait été instituée la taxation du pain par l'administration préfectorale ou municipale. Âge mis à part, Paul trouvait que la plupart des congressistes se comportaient comme les élèves de son école, avec en plus dans le regard une curieuse attention béate ; comme si le fait de se réunir aujourd'hui allait résoudre leurs problèmes par un coup de baguette magique.

En milieu de séance arriva de Paris le président national de la confédération. Événement exceptionnel, puisqu'il s'agissait d'une première. Il fit un exposé clair et circonstancié de la situation de la profession en France, en expliquant ses démarches incessantes et ses démêlés continuels avec les pouvoirs publics.

– Chers amis, je ne vous le répéterai jamais assez, depuis les rois, la Révolution, les deux empires et les républiques, le prix du pain a toujours eu une dimension politique. Ce qui compte, c'est de mécontenter le moins de monde possible, les consommateurs, les paysans et... nous, très loin derrière, avec les meuniers. Les multiples lois et décrets qui ont vu le jour ont été votés uniquement dans ce sens, selon les circonstances et l'importance des récoltes de blé. Napoléon fut confronté aussi à ce problème, notamment en 1801. Un ouvrier gagnait alors deux francs par jour. L'Empereur fit tout pour qu'un pain de deux kilos ne dépasse pas quatre-vingt-dix centimes. Mais ça ne dura pas longtemps. Il faut donc se battre sans se décourager, pour ne pas être désavantagés, en apportant à l'administration des arguments de poids pour défendre notre position. Notre organisation n'a jamais hésité à effectuer les démarches les plus hardies. Elle n'hésita pas à demander une audience à Napoléon III, qui tint compte de ses doléances. Nous continuerons. D'ailleurs, des maires nous soutiennent. Dans sa séance du 3 décembre 1923, Édouard Herriot, à Lyon, a textuellement déclaré : « De tous les commerçants, le plus modéré est le boulanger. » Lui au moins ne nous prend par pour des mercantis.

* *
*

Le déjeuner se déroula dans les salons du Palmarium, immense bâtisse en brique, complètement envahie de tables recouvertes de nappes blanches qui tombaient jusqu'au sol. À la table d'honneur, abondamment fleurie, on remarquait le sénateur et maire Henri Laudier et un délégué du ministère, entourés des deux présidents, avec les membres du bureau, ainsi qu'une délégation du syndicat de la meunerie. La lecture du menu étonna grandement Paul :

– Comment allons-nous faire pour loger tout ça ? dit-il en écarquillant les yeux.

Galantine de volaille à la gelée
Matelotte d'anguilles
Timbale de riz de veau maréchal
Asperges sauce mousseline
Poulet de grain rôti
Glace pralinée
Petits gâteaux
Fruits
Moulin-à-vent
Champagne

– Ne t'inquiète pas, mon neveu. On a un trou sous le nez qui ne demande qu'à servir, et le dimanche, un boulanger a toujours un boyau de vide, répondit Octave, hilare, dont les glandes salivaires commençaient à fonctionner.

Vers la fin du déjeuner, Paul ne put s'empêcher de commenter :

– Je ne pensais pas trouver ici tant de boulangères. Elles possèdent toutes un sacré coup de fourchette et n'ont pas la gale aux dents.

Au moment du café, le président national fit un discours pour résumer ses revendications devant les autorités officielles. On les avait invités un peu pour ça. Il s'exprima avec calme, d'une manière solennelle et emphatique.

– La profession va donc si mal ? On dirait que le bureau des pleurs est ouvert, souffla Paul.

– C'est de bonne guerre : demander une main pour avoir un doigt, murmura Octave. Cela a toujours existé. Il ne faut pas avoir peur de crier famine sur un tas de blé. Mais crois-moi, la situation n'est quand même pas très fameuse.

Le sénateur et maire prit ensuite la parole. Étant inscrit dans un parti de gauche, il ne pouvait pas inciter les mitrons à travailler nuitamment, mais il lui était difficile aussi de ne pas sembler souscrire en partie aux desiderata des généreux amphitryons. Il trouva donc les phrases floues, obscures et ambiguës pour satisfaire tout le monde sans se déjuger. Bien entendu, on porta un toast à ceux qui travaillaient sans relâche, quelquefois au mépris de leur santé, dans le dévouement le plus total, pour le bonheur de la France et de la République. Les bons serviteurs du pain, un peu engourdis par ces ripailles bien arrosées, applaudirent à tout rompre, sans se rendre compte que l'orateur n'avait finalement pas promis grand-chose.

Après une distribution abondante de chocolat et de confiseries, le bal commença aux accents d'un excellent orchestre. On retrouva Nadaud le meunier, suivi de sa fille Hélène. Paul eut grand plaisir à la faire danser, badinant et faisant risette avec elle. Ce ne fut pas facile de les séparer. Les deux jeunes répétaient toujours au moment de partir :

– Encore une, c'est la dernière.

– Pour quelqu'un qui se plaint de filer un mauvais coton, il y a de quoi être surpris, conclut Suzanne.

Les boulangers fêtaient leur métier à leur façon. Pendant longtemps, c'était le 16 mai, jour de Saint-Honoré, patron des faiseurs de pain. La Révolution supprima ces manifestations qui n'étaient plus dans l'air du temps. Napoléon rétablit cette commémoration fêtée à Paris en l'église Saint-Roch, remplaçant l'église Saint-Honoré détruite. Supprimée en 1832, la fête de Saint-Honoré reparut avec quelque éclat en 1853. Ce rétablissement fut de courte durée, les jeunes boulangers penchaient pour les idées nouvelles, où le plaisir remplace la prière. Puis vers 1881 on décida de prévoir un bal dans un lieu prestigieux de la capitale. Débutant à l'hôtel du Louvre, il eut lieu aussi à l'hôtel Continental.

Pour bien terminer la fête, quelques boulangers privés momentanément d'épouse n'eurent aucun remords à franchir ensemble, rue Sous-les-Ceps, la porte de maisons accueillantes, spécialisées dans la consolation raffinée des hommes seuls, avides de sensations fortes, pour oublier la routine insipide de leur alcôve.

Chapitre huit

*   *
*

Au troisième trimestre, la forme de Paul s'améliora nettement et un jeudi il sortit son vélo pour aller embrasser sa grand-mère maternelle. Il s'extasia à nouveau à la vue des paysages variés et tourmentés du Boischaut. La fenaison se terminait et la forte odeur du foin coupé se répandait un peu partout. On rencontrait des charrettes chargées au maximum, brinquebalant vers une ferme. S'étant attardé à bavarder avec son aïeule, Paul voulut accélérer son retour et sua ainsi à grosses gouttes, mouillant sa chemise. En rentrant, il prit froid dans le courant d'air de la cour, au moment de ranger sa machine, la porte du garage étant encombrée. Il se mit à éternuer sans arrêt, ce qui lui fit dire :

– Pourvu que je n'aie pas attrapé le rhume des foins.

Mais le lendemain matin il était courbatu, avait les jambes en flanelle, la gorge sèche et une mine de papier mâché. Il dut garder la chambre, alité complètement. Trois longs jours passèrent qu'il passa à jouer aux cartes en se faisant des réussites. La bonne santé se faisant attendre, on appela le docteur habituel des Arnaud, qui vint rapidement pour déclarer après une auscultation minutieuse :

– Vous n'avez pas du tout le rhume des foins, mais une bronchite carabinée. C'est beaucoup plus grave. Je vous donne un traitement énergique qui devrait donner, à mon avis, rapidement des résultats.

Le malade, fiévreux, prit ses médicaments en respectant à la lettre les prescriptions du toubib. Il transpirait tellement qu'on lui changeait les draps deux fois par jour. Une migraine persistante s'installait. Cependant, au bout d'une semaine, aucune amélioration ne se manifestant, ses parents décidèrent que le malade rentrerait chez lui à Marcignat pour avoir l'avis de leur médecin de famille, le docteur Martinière.

Octave se chargea de conduire lui-même dans sa camionnette son neveu bien encapuchonné avant d'effectuer sa tournée. Se privant de déjeuner, il fit rapidement l'aller-retour. En arrivant devant la boutique, Paul manqua de tourner de l'œil en coinçant son doigt dans la portière, ce qui affola ses parents. Mais cela n'avait rien à voir avec ses ennuis pulmonaires, et le malade, pour les rassurer, tint à prendre son repas dans la cuisine, entouré de toute sa famille.

– Ce n'est pas parce que j'ai l'os du foie qui me fait mal qu'il faut dramatiser, plaisanta-t-il. Pour les études, ça tombe mal, c'était aujourd'hui, je pense, la dernière composition de l'année. Dommage, j'étais bien placé, d'après les profs.

Il semblait manger de bon appétit le sauté de veau aux senteurs délicates que sa mère avait cuisiné avec amour pour lui. Mais à la fin du repas, au moment d'attaquer son fromage préféré, un chèvre du sancerrois, appelé curieusement crottin de Chavignol, il ne se sentit pas très bien et demanda à monter aussitôt dans sa chambre, terrassé par un sommeil irrésistible.

Commença alors une douloureuse épreuve pour Paul et ses parents : une maladie sans fin aux conséquences irréversibles.

* *
*

Chapitre neuf

LA CHASSE AUX BACILLES de Koch du docteur Martinière ne donnait guère de résultats encourageants, malgré la bonne volonté du vieux praticien. Les premières piqûres de sel d'or avaient pourtant suscité bien des espoirs : moins de fièvre, davantage d'appétit et disparition des douleurs dorsales. Puis la maladie avait repris du poil de la bête, toux et expectorations revenaient en force. Le moral de Paul oscillait constamment entre le doute et l'espoir. À part la famille proche, les visites étaient rares. Aucun de ses copains n'était venu le saluer, même pas de messages. Leurs parents les avaient certainement mis en garde : un poitrinaire représentait plus de danger qu'un pestiféré. Pour les convaincre on insistait sur l'éloignement de sa sœur Alice : c'était la meilleure preuve. Les vieilles peurs ancestrales du Moyen Âge refaisaient surface avec autant de constance et d'ampleur. Le visiteur le plus fidèle était Fox, qui restait de longues heures à dormir sur la descente de lit.

En dehors de ses somnolences, le malade dans la journée partageait son temps entre la lecture, l'écoute des bruits de la boulangerie et un peu d'écriture quand il ne souffrait pas.

Il suivait avec intérêt l'évolution de la situation politique en Europe, dans La *Dépêche du Berry*. Le journal, qui coûtait trente centimes, comprenait six pages, parfois huit le samedi, avec beaucoup de réclames, dont les plus fréquentes étaient Timbror, des marchands de meubles et la Jouvence de l'abbé Soury. Pour un week-end à l'Exposition internationale de Paris, on proposait le train, le logement, l'autobus, les repas et six entrées pour la somme forfaitaire de cent quarante-cinq francs. En juillet, il avait suivi le Tour de France, marqué par l'abandon collectif des Belges et la victoire du Bordelais Roger Lapébie. Les différentes manœuvres des vedettes de l'actualité : Franco, Hitler, Mussolini et Blum, chacun dans un registre différent, provoquaient bien des inquiétudes. La guerre en Éthiopie venait de se terminer, mais une autre faisait rage en Espagne. Communisme et nazisme n'étaient-ils pas des régimes abominables dont il fallait se méfier à tout prix ? En France, les ministères s'écroulaient comme des châteaux de cartes : Chautemps et Blum partaient et revenaient.

– Pourvu que tout cela ne nous amène pas un nouveau chambardement, déplorait Gaspard, de plus en plus inquiet.

– Non, non, ce n'est pas possible, après tous nos sacrifices, assurait Marcel, qui s'accrochait encore naïvement aux vieilles promesses de la « der des der ».

* *
*

Parfois des crises de désespoir emportent le malade dans une chute sans fin, vers les abysses de l'enfer. L'arrivée est si brutale qu'il mord les draps de rage. Au fond du trou noir de la crevasse, il scrute la lueur lointaine vers laquelle il faut remonter. Gravir cet insondable puits aux parois sinistres demande un effort surhumain. Il s'accroche comme l'alpiniste au roc, essoufflé dans cette tragique escalade. Il a cru longtemps que la mort était parallèle à la vie, et ne s'imaginait pas que leurs lignes puissent se rencontrer. Va-t-il bientôt passer de l'autre côté du miroir ? Quitter pour toujours ce monde qu'il aimait tant ? Subitement le rappel des jours heureux le galvanise. Il les voit défiler devant ses yeux comme les images d'un kaléidoscope : la chasse aux nids, la récolte des champignons, le concours de pets, le fournil d'Octave, les foires d'Orval, Arlette… Non, il veut montrer qu'il saura être le plus fort, triompher des forces de la nuit, afin de connaître à nouveau ces joies terrestres. L'intime conviction se forge en lui que s'il réchappe de la tourmente il ne sera plus tout à fait comme avant. Peu à peu il refait surface, se prend à espérer, mais ses yeux mouillés restent longtemps hagards. Lorsque son état redevient normal il s'aperçoit à sa grande honte qu'il aurait tendance à devenir misanthrope et à en vouloir à la terre entière. C'est après ces moments-là qu'il crie bien fort :

– Maman, apporte-moi un bout de chocolat.

Lorsqu'il a le temps, c'est Marcel qui monte, et Paul réclame aussitôt :

– Papa, raconte-moi une histoire de guerre.

Mais Marcel en a tellement évoqué qu'il ne sait plus quoi dire.

– Quand tu iras mieux nous irons visiter Sancerre. La région est très belle, paraît-il, et nous pourrons y acheter du vin.

– J'aimerais bien voir alors le fameux chêne de la Rolline. Tu ne sais pas ce que c'est, je te l'expliquerai là-bas.

* *
*

Paul avait écrit une longue lettre à Octave et Suzanne pour les remercier de leur accueil si affectueux, pendant de si longs mois. Avec le recul, il considérait que leur demeure avait été un paradis. Pourtant, sur le moment, s'il s'y sentait très bien, il n'avait pas perçu qu'il vivait un moment privilégié. Plus le temps passait, plus il se rendait compte que l'on apprécie le bonheur seulement après l'avoir perdu.

Il s'était même permis d'adresser une missive cordiale à Chevalier, son professeur, pour lequel il avait signé « un petit pannetier dans la peine ». L'enseignant lui avait répondu, d'ailleurs sur un ton presque amical, en lui souhaitant une meilleure santé et un retour rapide.

Un jour, une surprise : un petit mot d'Arlette, rédigé sur un joli papier rose.

« Mon vieux copain Paul,

« J'ai appris par ta tante que tu étais bien malade. J'en suis désolée et j'espère que cela ne va pas trop contrarier tes études. Ce serait bien dommage. Je garde un bon souvenir de toi.

« Je t'embrasse,

« Arlette. »

Il ne savait pas très bien comment lui répondre, d'autant qu'il ne souhaitait pas recoller les morceaux et qu'il ne restait plus de braise sous la cendre. Il valait mieux attendre un peu pour ne pas faire naître des illusions. Certes, elle avait tout fait pour recevoir une leçon, mais il comprenait bien aussi que leur étreinte aurait pu avoir un prolongement bien fâcheux. Alors quel salmigondis ! Sur le moment il avait eu le triomphe vengeur du mâle, mais sans bien réfléchir aux conséquences. Sa maladie n'était-elle pas une sorte de punition de son libertinage ? La malédiction divine, ça existe. Parfois, il se prenait à le penser, et cette idée venait l'agacer de temps en temps, comme une arête de poisson coincée entre deux dents. À moins que ce ne soit le diable qui ait pris le dessus, comme dans les contes de sa grand-mère : elle croyait dur comme fer aux manifestations de Satan, qui pouvait revêtir les apparences les plus honnêtes et les plus débonnaires pour se dissimuler.

* *
*

Lorsque survenait une période d'accalmie, ses parents s'ingéniaient à être rassurants pour lui remonter le moral.

– Tu tiens le bon bout, cette sale maladie va disparaître bientôt. Après tout, une bronchite, même mauvaise comme celle-ci, ce n'est pas bien grave. On en ressort toujours.

Ses grands-parents Gaspard et Mariette lui tenaient le même langage lénifiant, en minimisant la gravité de la situation. La grand-mère Alphonsine, dont le tremblement de tête s'accentuait, était même venue l'embrasser, chose rarissime, en prétextant un voyage imprévu. Ce n'était pas du tout bon signe pour lui.

« Mensonges, pieux mensonges. Vous me prenez donc encore pour un enfant », voilà ce que Paul avait envie de leur répondre. Mais il ne voulait pas leur faire de la peine et il se mettait intérieurement à philosopher. Le mensonge est le propre de l'homme, puisque l'Église ne l'a pas inclus dans les péchés capitaux, de même que la dissimulation hypocrite, qui en est la forme la plus pernicieuse. Contrairement à la vérité, qui est une glace sans tain, le mensonge est un miroir déformant. La parole est faite pour présenter sa pensée. On peut la déformer, la réduire, la modifier, l'embellir. On ment par duplicité, pour se faire valoir, par peur de la correction ou pour se soustraire à un péril, mais aussi par jeu, par pitié, par pudeur et par amour. C'est l'huile qui graisse les rouages bien imbriqués de la mécanique des us et coutumes. Le dieu Janus avait deux visages. Rarement la vérité est toute blanche. Au contraire, elle se manifeste dans une multitude de gammes de gris. Le prisme de la perception est conditionné par l'humeur du jour, par la condition sociale ou bien par le degré d'agressivité de chacun. « Il y a des choses indispensables dans la vie, pour la bonne marche de la société : mentir en fait partie, lui avait dit un jour Chevalier. Si vous ne savez pas mentir, il faudra apprendre. »

Mensonges d'aujourd'hui, vérités de demain. Pour ne pas périr sur le bûcher, Galilée se renia. Saint Pierre avait fait de même. La vocation de l'avocat n'est-elle pas de mentir ?

* *
*

Sur les conseils d'Octave, les Langlois s'étaient renseignés pour l'admission éventuelle de leur fils dans un sanatorium des Alpes. L'air de la montagne faisait, paraît-il, des miracles. On citait des guérisons étonnantes au bout de quelques mois. Le plateau d'Assy, dans la Haute-Savoie, recueillait le maximum de suffrages. Du courrier avait été échangé afin d'être prêt le cas échéant.

Consulté, le médecin traitant avait répondu, l'air bonasse, en écartant les bras :

– Je ne suis pas contre. Au contraire. Mais voyons d'abord un spécialiste des maladies pulmonaires, c'est plus sage à mon avis. On verra après.

– Expliquez-lui bien aussi qu'il doit traîner ça depuis longtemps. Des grippes et des bronchites, il les a collectionnées. La maladie doit être hélas bien ancrée dans son corps, avait insisté Germaine.

Le patient suivant de Martinière pouvait prêter à sourire. Un campagnard mal dégrossi vint lui présenter son pied gauche enflé et douloureux. Le médecin devina tout de suite la cause et prescrivit un traitement, tout en disant :

– Avant de partir, montrez-moi donc tout de même votre pied droit, par acquit de conscience, pour voir la différence.

– Pas besoin, docteur, il est en bonne santé, et tout va bien.

– C'est justement pour ça que j'aimerais le regarder, pour faire la comparaison.

Mais l'autre persista dans son refus, jusqu'au moment où le docteur s'emporta en exigeant :

– Quittez votre chaussette, ça n'est pas difficile.

L'éclopé mit un temps fou pour obtempérer. Il présenta enfin son pied droit, tout noir de crasse et pas lavé depuis des mois !

* *
*

Paul continuait à subir de douloureuses crises qui lui donnaient parfois la chair de poule. Il se mettait alors à tousser et à cracher sans arrêt, ce qui le laissait sans énergie, exténué. Alors il se couchait sur le ventre et mouillait le traversin de pleurs et de sueur. Son appétit fonctionnait comme un balancier : un jour il dévorait tout ce qu'on lui proposait tandis que le lendemain il pouvait ne pas toucher à son assiette.

Un matin, on vit donc arriver le docteur Martinière accompagné d'un médecin plutôt jeune, à l'aspect sérieux, franc et ouvert, au visage sanguin, avec des fils d'argent dans les cheveux : le docteur Garcillac. Ce dernier procéda aussitôt à une auscultation très complète de la tête au pied. Après avoir examiné les feuilles de température et de poids, les ordonnances, il quitta ses fines lunettes, les essuya, se pinça le nez, réfléchit quelques secondes avant de formuler d'une voix bien nette :

– Vous allez venir chez moi au plus tôt. Puis je chatouillerai probablement un tout petit peu ce grand garçon, mais on va le sortir de là. Je peux l'assurer.

En bas, les parents, sur le qui-vive, attendaient avec une anxiété extrême. Germaine n'arrêtait pas de tourner en rond. Garcillac lui confirma ce qu'il avait dit à Paul :

– On va d'abord le passer à la radio. Puis je proposerai de lui faire un pneumothorax. Oh, ce n'est pas compliqué : simplement une insufflation de gaz dans la plèvre, pour bloquer le poumon malade. Toutes proportions gardées, un peu comme un plâtre pour un membre brisé. On empêche le poumon de bouger pour qu'il puisse guérir.

Chapitre neuf

– Mais êtes-vous certain du résultat ?

– Sauf indication contraire de la radio, ce qui m'étonnerait, je réponds oui à quatre-vingt-quinze pour cent. Et de toute façon, je ne vois pas ce qu'on pourrait faire d'autre. Mais soyez patient, il faudra bien attendre un minimum de cinq ou six mois. Ensuite, l'entretien pourra durer une bonne année. Pour les études, comptez au minimum un an de perdu. Vous devrez vous déplacer environ chaque mois chez moi, dans mon cabinet.

– On avait parlé de sanatorium en Savoie, qu'en pensez-vous ?

– C'est très bien, mais ici ce sera bien plus simple. Pas de voyage. Et votre fils sera toujours près de vous.

* *
*

L'examen radiologique avait confirmé le diagnostic. Le traitement proposé n'était pas une partie de plaisir. Enfoncer dans l'aisselle, entre deux côtes, une énorme aiguille de la grosseur d'une pointe à chevron demandait du doigté et de la souplesse. Évidemment la piqûre représentait un moment pénible pour le patient. Le docteur Garcillac réussit du premier coup, ce qui ne fut pas toujours le cas par la suite. Ensuite il brancha un tuyau en provenance d'un appareil comportant deux cylindres en verre, ressemblant en plus petit au distributeur d'essence installé devant la boutique du maréchal, derrière la place. Garcillac surveillait constamment les niveaux et les graduations de l'appareil. Paul sentit une pression s'exercer sur tout le côté gauche, il était un peu oppressé, mais ne souffrait pas trop, beaucoup moins que pour l'intromission de l'aiguille. Il en profitait pour examiner le bureau médical, meublé de chaises et de meubles anciens. Les tableaux et les objets lui semblaient superbes. La vue de ce luxe le rassurait tandis que l'insufflation faite avec cet appareil étrange lui donnait l'impression de recevoir un élixir de vie qui détruisait irrémédiablement les sales petites bêtes incrustées dans ses poumons et ses bronches. La séance dura environ un quart d'heure et le médecin déclara aux parents Langlois, intrigués par l'opération qu'ils avaient regardée, à la fois inquiets et confiants :

– Tout s'est bien passé. Revenez dans quinze jours et ensuite ce sera tous les mois environ. Je pense que nous partons du bon pied. Mais il faut surtout que notre malade mange bien : beaucoup de laitages. Quand la fièvre aura disparu, il devra sortir un peu prendre l'air.

– Et comme médicament ? interrogea Germaine.

– Supprimez tout.

– Peut-être un fortifiant ?

– S'il l'aime, pourquoi pas…

– Il adore du porto battu avec un œuf et du sucre.

– Vous pouvez y aller, c'est parfait, à condition de ne pas exagérer.

Le retour vers Marcignat se déroula dans une ambiance plus détendue, d'autant que le temps participait à la fête. Seul Marcel gardait un visage sombre et renfrogné qui provoqua la réplique de Germaine :

– Tu devrais être satisfait que Paul soit dans le bon chemin, pourquoi fais-tu la gueule ?

– Bien sûr que je suis content. Mais je n'ai pas voulu t'inquiéter avant de partir. Octave m'a fait savoir que la grande réunion syndicale prévue lundi avec l'administration est annulée. Le décret Chautemps qui vient de sortir va compliquer encore la vie des boulangers. Davantage de paperasse. Comptabilité matière. Soi-disant pour mettre de l'ordre dans la filière blé, nous allons être de plus en plus contrôlés. Comme si nous ne l'étions pas déjà assez. Ah ! quelle colique, on peut le dire ! Ah, j'y pense d'un seul coup, je n'ai plus de *margot*. Allons chez Bardin en prendre quelques kilos.

Pratiquement tous les boulangers utilisaient la margarine, substance inventée par le chimiste français Henri Mège-Pouriès en 1869 à la ferme-modèle créée par Napoléon III au polygone de Vincennes. Ce corps gras avait le gros avantage de coûter bien moins cher que le beurre. Selon le lieu et la concurrence, on l'utilisait en petites ou grosses quantités pour les pâtes feuilletées des galettes et des pâtés. Certains mixaient même les deux, surtout pour le pain bénit.

– Ne crois-tu pas, papa, que tu noircis un peu les choses ? Bien sûr, je comprends ta mauvaise humeur. Mais c'est le revers de la médaille du métier. De tout temps, les boulangers ont été contrôlés et surveillés : le point de mire des consommateurs et de l'administration. Je suis en train de lire vos ennuis au milieu du siècle dernier. En 1846, il fut question de supprimer cette fameuse taxation. Or les syndics de Paris adressèrent au préfet de police une vigoureuse protestation :

« Si vous le faites, la situation des boulangers deviendra fausse et dangereuse. Celui qui vendra le pain plus cher que les autres deviendra de suite l'objet de la colère du peuple. Si les boulangers s'entendent pour un prix commun, on y verra la preuve d'une coalition coupable. De là au pillage et au meurtre, il n'y a qu'un pas. »

Les exactions n'étaient pas rares. En 1847, dans l'Indre, tout à côté d'ici, trois voitures de blé, traversant Buzançais pour se rendre à Issoudun, furent arrêtées par la population. On les conduisit au marché pour être vendues à raison de cinq francs le double décalitre de blé au lieu de sept. Les émeutiers mirent le lendemain les moulins au pillage, en exigeant cette fois un prix de trois francs. Le responsable de l'administration, Chambert Huart, ayant refusé sa signature, fut assassiné et dépecé.

À l'occasion du crime, vingt-six personnes furent arrêtées et traduites en justice. Trois furent condamnées à mort et vingt-deux à des peines variant entre les travaux forcés et cinq ans de réclusion.

À cette époque-là, on ne rigolait pas avec la justice.

* *
*

Minuit avait sonné au clocher de l'église et Paul ne dormait pas encore. Pas un bruit dans la maison. Il entendait son cœur battre, et cette résonnance lui semblait plus ferme. Il réfléchissait à l'évolution de la maladie et une certaine euphorie commençait à le gagner. Son amollissement continuel semblait s'en aller peu à peu et les prémices d'une amélioration pointaient le bout de leur nez, lentement mais sûrement. Cependant, n'était-ce pas un optimisme qui refusait de voir les réalités et les traumatismes du monde extérieur ? Il croyait avoir écarté la grande faucheuse de sa route, tout en reconnaissant que la présence de la mort avait eu un aspect inquiétant, mais aussi troublant et fascinant lors de certains instants qui pouvaient passer comme une sorte de dédoublement de la personnalité. Le spectre supposé entrevu, n'était-ce pas plutôt un rêve ou une divagation de malade ? Il sortirait, c'est sûr, renforcé du combat, et il ne verrait plus les choses de la même façon. Cet examen fit office de sédatif et il s'endormit aussitôt après avoir fait sa prière.

* *
*

Comme la situation prenait une tournure plutôt favorable, Paul se sentit d'humeur à répondre à Arlette. Il joua la brièveté, mais ne réussit pas à trouver les mots justes pour exprimer un peu de dédain.

« Ma chère Arlette,

« Merci de ton petit mot qui m'a fait grand plaisir. Je ne suis pas encore bien costaud, mais j'espère le devenir ; cela te fera peut-être plaisir. Sait-on jamais ? Donne bien le bonjour à Colette.

« Amitiés,

« Un petit pannetier. »

Colette ne tarda pas à se manifester en adressant la semaine suivante une missive au ton quelque peu enjôleur.

Chapitre neuf

« Mon cher petit Paul,

« J'ai été longtemps absente et c'est tout récemment que j'ai eu de tes nouvelles à la boulangerie, ainsi que par Arlette. Tu nous manques beaucoup. Je me rappelle souvent les bons moments que nous avons passés ensemble, dans la cour, à bavarder, au cinéma, pour la fête de sainte Catherine, ainsi que pour les foires d'Orval.

« J'espère que tu seras vite sur pied et que nous pourrons à nouveau sortir, danser et nous amuser.

« Je t'embrasse bien fort,

« Colette qui pense bien à toi. »

« Je n'ai que l'embarras du choix », se dit Paul en confrontant les deux billets. Deux femmes, deux caractères opposés qui curieusement lui firent débrouiller l'écheveau de ses pensées en rapprochement avec la mythologie grecque.

Circé, fille du Soleil, avait le pouvoir de transformer les hommes en animaux. Elle changea Picus, roi d'Italie, en pivert, et les compagnons d'Ulysse en pourceaux. N'empêche qu'elle fut mise au rang des dieux, malgré sa perfidie, ses philtres et ses maléfices, car elle savait se montrer pleine de douceur et de séduction, au contraire de Médée à la magie par trop maléfique, qui incarnait le mal. Ces deux fameuses magiciennes de la tradition hellénique représentent les deux images opposées de la femme. On retrouvera par la suite cette dualité dans l'histoire des sortilèges et de la sorcellerie.

« Je vais prendre mon temps pour répondre, se dit-il, car autrement Colette risque de s'enflammer, et je ne veux pas de ça. »

* *
*

La thérapie de Garcillac donnait des résultats assez spectaculaires. La fièvre disparaissait peu à peu, et Paul ressentait chaque semaine un léger mieux. Sur les conseils du médecin, Alice put venir retrouver sa famille. C'était maintenant une jolie petite demoiselle de treize ans qui, munie de son certificat d'études, allait pouvoir aider complètement sa famille. De temps en temps, elle servait les clients à la boutique, et sa grand-mère lui apprenait petit à petit les choses qu'une jeune fille de bonne famille doit savoir : repriser, tricoter, broder, repasser, faire la lessive, la cuisine et le ménage, sans oublier les leçons de politesse, indispensable dans une boutique.

Paul se levait chaque jour quelques instants, et un dimanche il descendit déjeuner dans la salle à manger que l'on avait ouverte à titre exceptionnel, Gaspard et Mariette étant de la partie. Le grand-père fit rire tout le monde, au moment de manger la salade de pissenlits qu'il avait été cueillir lui-même à la sortie du village. C'était une histoire authentique survenue il y a quelques jours dans le bourg. Deux frères, Jules et Ernest, habitaient ensemble dans une vieille maison derrière l'église. Hommes de journée à l'humeur vagabonde, ils travaillaient selon le temps et les besoins des employeurs. C'était une situation courante en campagne entre les deux guerres. Les deux tâcherons ayant la dalle en pente étaient des piliers de cabaret. Leur intempérance avait ruiné la santé des deux escogriffes, et Julot, le plus vieux, décéda un beau matin, après une nuit de bombance. Le rescapé alla trouver Léo pour lui dire :

– *Je cré ben que l'frangin i lé crevé.*

– En es-tu bien sûr, questionna le bistrotier, au courant des réflexions saugrenues du paltoquet.

– C'est qu'il est *tout fré,* baragouina Nénesse.

Il fallut se rendre à l'évidence, Julot se préparait à manger les pissenlits par la racine. Quand le fossoyeur l'eut mis en bière, après la livraison du cercueil fabriqué par le menuisier de la commune, dit Copeau, Nénesse, subitement, hurla très fort sans respect pour le défunt :

– Oh là là ! Retirez-le vite. Je me rappelle d'un seul coup que Jules a gardé ses chaussettes. Comme il les a achetées il y a trois jours chez la mère Naudy, je vais les changer contre les miennes qui sont toutes percées. Pour monter là-haut, pas besoin de neuves, les miennes suffiront.

On dévissa donc le couvercle du cercueil et on retira le mort – qui commençait à se faire raide – de la caisse en chêne, pour procéder à l'échange. Les chaussettes rouges étaient superbes et ne méritaient pas d'aller dans la tombe. Le fossoyeur but la goutte d'usage, puis, malade de rire, s'empressa de raconter partout l'événement qui défraya longtemps la chronique, puisqu'on en parle encore aujourd'hui.

* *
*

Comme le temps devenait agréable, Paul décida un après-midi de mettre le nez dehors lors du troisième mois de traitement. Comme tout se passait bien et que le ciel bleu incitait à la promenade, il traversa la rue pour se diriger vers le puits. Il s'assit en plein soleil, sur la vieille margelle en belle pierre blanche effritée dans les angles. Cette chaude exposition qui pénétrait tous les pores de sa peau lui apportait réconfort et bien-être. Il en profita pour examiner en détail l'entourage de son siège, chose qu'il n'avait jamais faite. Le rouleau en chêne, porté par un support rouillé, commençait à devenir vermoulu, et la manivelle qui déroulait la chaîne brillante et sa gueule de loup avait perdu sa gaine en bois. Au-dessus, le petit toit à deux pentes était orphelin de nombreuses tuiles.

Chapitre neuf

Ce puits avait une histoire. Il eut un jour besoin d'être curé. On descendit donc avec une corde Pierrot le spécialiste, qui se mit aussitôt au travail. Au bout d'un certain temps, il se plaignit d'avoir froid et soif. On lui fit donc parvenir un litre de gnôle. Il en but tellement qu'il fut bientôt incapable de continuer à travailler et même de remonter. Pour le tirer de là, on envoya Jojo, le plus costaud du bourg, qui s'empressa d'abord de finir la bouteille de goutte, pour déclarer au bout de peu de temps :

– Remontez-nous, ça ne va plus.

Avec beaucoup de peine on hissa les deux puisatiers. On s'aperçut que le premier des rescapés était inanimé. Par la faute de la corde ou de l'alcool ? On ne le sut jamais. On le déshabilla et on le frotta avec de la paille fraîche, puis on l'enterra dans un tas de fumier pour le réchauffer. Le lendemain il était en pleine forme !

Il y avait plusieurs dizaines de puits presque similaires dans le bourg, fournissant depuis des siècles l'eau à des générations de villageois, économes du liquide au détriment de l'hygiène. On peinait tellement à porter les seaux !

Le convalescent s'apprêtait à repartir quand un coup de frein brutal fit stopper un vélo.

– Qu'est-ce que tu fous là, le ressuscité ?

C'était Jacques le Parisien, coiffé d'une superbe casquette à carreaux, qui terminait ses vacances chez sa tante Peuchard. Paul lui répondit aussitôt par une expression railleuse, souvent employée à la campagne, mais qu'il ne fallait cependant pas interpréter à la lettre :

– Tiens, si on n'a besoin de rien, on est servi.

– Quoi ? Me prends-tu pour un foutriquet, avec ta gueule enfarinée ?

– Tu vois, je sors du lit après un séjour de plus de quatre mois. Raplapla, mais toujours debout. Mais dis donc, tu ne t'es pas foulé pour me dire bonjour. Ce n'était pourtant pas loin. Tu ne connais guère la reconnaissance. Lorsque tu es venu ici pour la première fois, tu étais inconnu au bataillon et tu as été bien content de me trouver pour te débêter.

– Paul, tu as raison de m'engueuler. Mais ce n'est pas entièrement de ma faute. On me disait que ton état ne permettait pas de visite et qu'il ne fallait pas te déranger.

– Peut-être, mais je crois que l'on avait plutôt la trouille que je te colle mes microbes. Enfin, n'en parlons plus, je ne suis pas rancunier.

Le lendemain matin, Jacques, accompagné de Christian et d'Alain, venait présenter des excuses collectives.

– Oui, on a eu tort. On n'a pas été chouettes. On veut bien être les bourgeois de Calais, mais n'en abuse pas. Pardonne-nous, tu sais pourtant qu'on t'aime bien.

Chapitre neuf

Pour montrer qu'il passait l'éponge, Paul demanda à son père de monter une brioche à manger ensemble. Le papa Langlois en apporta une gigantesque à laquelle il joignit une chopine de gris.

– Mais il y en a pour un régiment ! s'étonna Alain.

– Ces gaillards l'avaleront bien, approuva Paul, qui ajouta : Et je ne ferai pas comme Marie-Antoinette, qui aurait déclaré : « Puisqu'il n'y a pas de pain, qu'ils mangent de la brioche. »

Chacun raconta ses aventures, ses prouesses et ses projets d'avenir en détail.

Jacques se plaignait de sa malchance continuelle, preuves à l'appui :

– Si je joue aux cartes, je perds toujours, comme lorsque je tire à la courte paille. À la loterie ou à la tombola, je ne gagne jamais. Si je fais tomber une tartine, elle atterrit toujours sur le côté beurré ou confituré. Quand je cherche une clef dans un trousseau, c'est toujours la dernière qui est la bonne. Avant de partir, comme mes parents déménagent, j'en ai profité pour vendre toutes mes affaires, mes livres et tout le saint-frusquin, pour me faire un peu de sous. Eh bien je n'en ai pas tiré grand-chose. La poisse me colle au train et me suit partout.

– C'est que tu n'as pas de bonnes accointances et que tu n'as pas, comme Alain, les deux dents de devant écartées. Un conseil, quand tu verras un bossu, passe la main sur sa bosse, c'est un porte-bonheur d'une efficacité absolue.

– Oh, les porte-bonheur, genre trèfle à quatre feuilles ou fer à cheval, j'ai déjà essayé, mais ça ne donne pas grand-chose.

– Et puis, malheureux au jeu, heureux en amour.

– C'est vrai que pour le moment j'entrevois des espérances, vers de jolies petites Parisiennes. Ça se présente assez bien.

– Tout bonheur que la main n'atteint pas est un rêve, a dit un polisson dont j'ai perdu le nom, repartit Paul. Médite bien sur les ténébreux mystères de la chair.

– Je vois que tu connais tes classiques, mais l'expression que je préfère est un vers, pas écrit par le premier venu, mais par Corneille, dans *Polyeucte* : « Le désir s'accroît quand l'effet se recule. »

– Bravo pour l'astuce, dit Alain. Mais n'oublions pas nos jeux de mots et nos contrepèteries.

– Je viens d'en entendre une pour toi, la boulange, précisa Christian : « Elle a reçu toute la farine sur sa mante. »

Après quelques secondes de réflexion, tout le monde s'esclaffa et Alain se permit de rappeler :

– Jacques, pour séduire les filles, voici un tuyau : tu devrais leur montrer la photo de tes fesses, tu aurais ainsi, c'est certain, un succès sans précédent.

– Ah, mes salauds, je comprends maintenant la blague que vous m'aviez faite. Je vous soupçonnais, mais je n'en étais pas sûr. Ma mère, qui avait vu les photos avant moi, me demanda ce que cela signifiait, je n'avais pas pu répondre clairement, car comment deviner qui figurait sur les clichés ? Y a-t-il d'ailleurs tant de différences entre nos paniers à crottes respectifs ?

* *
*

Tout à coup on entendit en bas Marcel qui se mettait à jurer, très fort et sans arrêt :

– Merde de merde, qu'est-ce qui m'arrive ?

Les garçons interloqués descendirent précipitamment dans le fournil pour trouver le boulanger, pareil à un sémaphore, qui venait de stopper son pétrin :

– Regardez ma pâte, elle a des traînées de sang. Ça ne peut être qu'une souris. Je me demande comment elle a pu se fourrer là. Évidemment tout est foutu. Me v'là condamné à tout nettoyer et à recommencer. C'est la première fois que pareille chose m'arrive.

– Croûton n'a pas fait son boulot.

– Notre chat est trop vieux et trop gros. Il n'a plus faim ni le cœur à attraper les souris.

L'incident n'était pas grave. Mais ce ne fut pas le cas la semaine suivante. Ce lundi matin, René, le mitron, renversa un seau dans le fournil… Il glissa ainsi devant le pétrin en route. Déséquilibré, il s'accrocha machinalement au pivot du pétrin, ce qui provoqua une vilaine blessure : annulaire sectionné. Il poussa un cri strident et Paul descendit quatre à quatre pour découvrir un homme saignant et presque sans connaissance. Comme personne n'était présent, il se transforma en infirmier de fortune désinfectant la plaie et effectuant un bandage provisoire. La pâte ne fut pas affectée et la fournée, malgré un peu de retard, suivit son cours normal.

– C'est peut-être bien un coup de *chaloupille,* pronostiqua Marcel.

Cette défaillance, qui survenait entre 5 et 6 heures du matin, consistait en une irrésistible envie de dormir. Il était recommandé de sortir aussitôt pour respirer de l'air frais, afin de chasser le mal passager qui survenait le plus souvent les lendemains de fête.

On dut ensuite transporter l'infortuné à l'hôpital de Saint-Amand-Montrond, où on lui apprit qu'il ne pourrait pas retravailler avant deux à trois mois. Cet accident compliqua la vie de la boulangerie, privée de mitron pendant quatre jours où Marcel dut mettre les bouchées doubles. Octave lui dénicha un ouvrier provisoire qui partit sans rien dire au bout d'une semaine. Ce n'est qu'au troisième essai que les Langlois purent trouver l'oiseau rare en attendant le retour de René. Ce bon ouvrier avait une drôle de marotte : il ne se souciait jamais de la braguette de sa culotte, toujours ouverte, et pour cause : il n'y avait plus de boutons. Relancé par son épouse, Marcel dut lui apporter un jour des épingles de nourrice pour la fermer et obtenir un peu de décence.

Les ennuis étaient terminés à la boulangerie, mais que de soucis pour un peu de flotte tombée malencontreusement au mauvais endroit. Plus tard, on n'osa jamais demander à René s'il n'avait pas trop festoyé la veille, car c'était un ouvrier sérieux et dévoué.

Alors les visites au fournil avant déjeuner reprirent. Marcel recevait de plus en plus d'amis en fin de matinée, venus se divertir. On entendait distinctement le glouglou du vin sortant du goulot et le clic-clac des verres s'entrechoquant. Certains, apportant leur bouteille, se voyaient interpellés dans la bonne humeur ou le persiflage :

– Salut la coterie, alors t'amènes tes munitions ; c'est une très bonne initiative.

Un autre répondait, goguenard :

– Espérons qu'il sera meilleur que la dernière fois, il fallait s'accrocher au pétrin pour ingurgiter ton *noah.*

Évidemment la gauloiserie n'était pas exclue. Il y avait des vantards, des curieux et des excités. Le père Gamard, vieux retraité de l'administration, n'avait pas peur d'avouer :

– Ça vous passera avant que ça me reprenne !

Les événements internationaux faisaient aussi partie de la conversation. La guerre civile en Espagne inquiétait, de même que le remue-ménage des tanks allemands vers Vienne. Mais ce qui effrayait le plus les villageois était la dévaluation : trois en trois ans. Rentiers, pensionnés et possédants faisaient grise mine.

On commentait aussi le départ du père Bailly, qui venait de vendre son épicerie à un nommé Carrelli.

– Avec un nom pareil c'est pas *queuqun du coin.*

Délivré de leurs réserves amicales, les Langlois en avaient profité pour sauter sur l'occasion en proposant maintenant de nouveaux articles : pâtes, conserves de poissons, café, pains d'épice, gâteaux secs et autres.

* *
*

Chapitre neuf

Malgré l'amélioration de son état, Paul commençait à trouver le temps long. Ses envies anciennes de musique refaisaient surface. Il demanda donc de prendre des leçons avec Gaston Moreau, qui ne demanda pas mieux que de lui apprendre le solfège. Le musicien venait presque tous les après-midi lui inculquer les principes de base. L'élève étant assez doué, le chef lui proposa un jour d'apprendre à jouer d'un instrument.

– Surtout pas à vent. Après ce que tu as eu, ce n'est pas à conseiller. À mon avis, je ne vois que le violon, la guitare ou le piano, à moins que tu choisisses un vieil objet du terroir : la vielle...

Mais Paul, impatient, préféra l'accordéon.

– On obtient tout de suite des résultats. De toute façon, je ne veux pas en faire comme vous un métier. Ça ne sera jamais qu'une distraction.

– Je ne suis pas très indiqué pour te donner des cours. On n'en jouait pas à la Garde. Il te faudra apprendre tout seul.

L'élève avait une bonne oreille, mais des doigts moins agiles. Aussi, l'apprentissage musardait et devenait long comme un jour sans pain.

– Ferme la porte de ta chambre. Un peu de musique, ça va, mais à jet continu, pas trop, déclara un jour Marcel, excédé par les fausses notes et les canards.

* *
*

Le temps passait simplement. Les séances d'insufflation du pneumothorax se déroulaient sans trop d'encombres. Paul redoutait ces piqûres douloureuses, mais il était bien obligé de reconnaître que son état de santé s'améliorait régulièrement. Le printemps 1938 était déjà arrivé et les grands-parents Lamelot en profitèrent pour fêter leurs noces d'or.

– Cinquante ans. C'est un sacré bail qui mérite fête, proclama Gaspard, qui sortit ce jour-là son vieil habit noir et sa chemise au col cassé faisant penser à une gravure de mode du début du siècle. Mariette se para de vieux bijoux qu'elle n'avait jamais montrés, au grand ébahissement d'Alice, qui pensait qu'ils lui reviendraient peut-être un jour. Les Arnaud offrait leur poste de radio à Paul, heureux comme un roi de ce cadeau inattendu.

– J'avoue que ça me fait plaisir. Il n'y en a pas encore beaucoup dans le bourg, je crois. Toute la famille en profitera ici.

– Nous venons de nous acheter le tout dernier modèle, car celui-ci a la carrosserie un peu cabossée. Autant que tu profites de l'ancien qui fonctionne bien, assura Suzanne.

– Le principal, c'est que ça marche, et je sais qu'un neuf, ça ne coûte pas trois francs six sous.

Chapitre neuf

La grande salle à manger des Langlois était à peine suffisante pour contenir tous les invités. On mit les petits plats dans les grands et Paul but du vrai Champagne, pour la première fois. Au dessert, Octave entonna une chanson grivoise et son neveu fut condamné à donner un petit concert. On entendit l'accordéon presque sans interruption pendant plus d'une heure et on applaudit l'interprète malgré les couacs et les dissonances.

– Je m'arrête, car j'ai mal au dos.

– Ce n'est pas étonnant, tu as une mauvaise position, en jouant tu as tendance à te voûter, et c'est souvent ainsi depuis des semaines, expliqua Germaine.

Le lendemain, la courbature persista avec de légers élancements autour des reins. La douleur s'estompa par la suite. Le samedi, Paul se portant parfaitement bien, on décida d'effectuer le dimanche le voyage en Sancerrois prévu depuis longtemps.

* *
*

Sancerre : 10 kilomètres. Les coteaux des vignes ondulaient sur la gauche de la route et les ceps rangés impeccablement s'alignaient de bas en haut, jusqu'à un petit chemin sans pente, bordé de maigres haies. Marcel ralentit la voiture et s'arrêta sur un terre-plein, tandis qu'Alice et son frère descendaient pour mieux admirer le paysage imposant.

– Nous approchons de Bué, il y a un bon vigneron au milieu du village. Octave m'a donné son adresse, dit Paul.

Le village étant facile d'accès, on trouva sans difficulté la maison recherchée, située devant l'église. Le viticulteur, un petit homme rond aux yeux pétillants et à la figure colorée, fit aimablement déguster sa dernière récolte de sauvignon.

– Votre vin blanc est un vrai régal, émit Marcel après avoir fait barboter la gorgée dans sa bouche. Pourriez-vous nous en céder quelques fioles ? Et dans les trois couleurs ?

– Vous avez de la chance, c'est la première fois que je mets une partie de ma production en bouteilles ; c'est destiné à un grand restaurant parisien. Je suis le seul à le faire dans le village. Je pense que c'est plus pratique et que mes confrères vont y venir. D'habitude, on ne vend qu'en fûts, d'ailleurs de toutes les grandeurs.

Il leur apprit la différence de fabrication entre le vin rosé et le vin rouge. Tous deux sont produits avec des raisins rouges. Pour le rosé, on extrait simplement le jus du pressoir (comme on fait pour le vin blanc), tandis que pour le rouge on laisse macérer le jus dix à douze jours avec la pulpe et la peau, ce qui donne la couleur et toutes les senteurs particulières.

– Connaissez-vous le chêne de la Rolline ? interrogea Paul au moment de partir

– Ah oui, c'est un endroit de malheur. On dit que la nuit c'est le rendez-vous des *birettes,* sortes de sorcières enveloppées dans des suaires blancs. On les prétend capables de faire tourner quelqu'un en bourrique. Et bien pire encore. Personnellement je n'ai jamais rien vu, mais je n'ai pas peur d'avouer que j'évite d'y passer.

– Vous n'exagérez pas un peu ? À notre époque, ça paraît fort de café, lança Marcel.

Et Paul de raconter alors toute l'histoire, que le vigneron ne put que confirmer :

– Tout ce que votre fils a décrit est exact. Voici le chemin pour y parvenir. Ce n'est pas loin d'ici.

– Je n'ai pas bien envie de faire un détour pour voir un arbre aussi sinistre de réputation, protesta Germaine.

– Qu'est-ce qu'on risque ? La malédiction ne va quand même pas nous sauter dessus en arrivant, assura Paul, curieux de voir cette attraction.

Marcel était plutôt de l'avis de son épouse et il fallut toute l'insistance des enfants pour qu'on fasse le détour.

La voiture s'arrêta à l'endroit indiqué, mais Germaine aussitôt se mit à crier en voyant le fameux chêne que rien ne distinguait des autres arbres, sinon son tronc, nettement moins gros que ceux de ses voisins.

– Ça suffit comme ça, vous l'avez vu. Bon. Partons de suite. C'est un truc à attraper la guigne. Allons à Sancerre.

La vieille ville perchée, patrie du maréchal Alexandre Mac Donald, apparut soudain, se découpant dans le ciel, avec sa mosaïque de toits en tuiles et en ardoises. Il y a près de quatre cents ans, lors des guerres de Religion, la citadelle tenue alors par des protestants avait connu un siège épique de sept mois terminé par une horrible famine. Des petites rues escarpées, très pittoresques, amenèrent la voiture des Langlois sur une vaste esplanade, dite porte César, dominant la plaine, où l'on apercevait la Loire et la courbe du viaduc du chemin de fer, jalonnée de maisons. Au loin, on devinait les lignes bleutées des contreforts du Morvan. Les quatre s'extasièrent ensemble devant le panorama quasi aérien.

– Le point de vue est splendide. Ça vaut vraiment le déplacement. On ne regrette pas d'être venu.

Le retour s'effectua par le village de Chavignol, situé en bas, tout en longueur, et on s'arrêta sur la petite place avant l'église. On y produisait également un cru fameux. Un éleveur de chèvres astucieux avait lancé une fabrication de fromages qui se vendaient fort bien aux Halles à Paris. Il les avait baptisés avec malice crottins de Chavignol, suite à la chanson locale :

À Chavignol
Les crottins de nos chieuves
Sont réputés
De très bonne qualité.

On procéda à quelques achats et le fromager conseilla :

– Mangez-en quelques-uns ces jours-ci et les autres, oubliez-les dans votre garde-manger. Dans deux ou trois mois, sortez-les, vous m'en direz des nouvelles !

Ensuite on repartit en traversant d'autres petits villages serrés au fond de vallons tapissés de vignes jusqu'au sommet. La voiture peinait parfois à gravir les côtes à forte pente, nombreuses dans le secteur. Un moment on dut même s'arrêter pour laisser refroidir le moteur, par crainte de tomber en panne. Marcignat ne fut retrouvé qu'à la tombée de la nuit. Les boulangers et leurs enfants étaient ravis de leur premier voyage d'agrément.

Chapitre dix

GERMAINE N'AVAIT PAS TORT dans ses craintes. Le lendemain du retour de Sancerre, la malchance commençait à s'abattre autour d'elle. Était-ce la faute du chêne à la Rolline ? Elle le prétendit régulièrement avec véhémence, pour chaque événement fâcheux qui se produisait. Un jour, le bris d'une glace la mit hors d'elle : ça porte malheur, vous l'avez donc oublié !

Tout d'abord, son père Gaspard eut une attaque : angine de poitrine, crise cardiaque ? On ne le sut jamais exactement. En tout cas le grand-père semblait bien mal parti ; gémissant dans son lit, le vieux boulanger n'avait pratiquement plus sa connaissance. De temps en temps il sortait de son coma pour demander à boire. La pauvre Mariette, complètement sens dessus dessous, n'arrêtait pas de larmoyer. Germaine essayait bien de la consoler, mais elle n'était pas de grand secours tant elle souffrait de voir partir son père à petit feu. De son côté, le docteur Martinière ne donnait pas beaucoup d'espoir :

– Pensez que voilà près de vingt ans qu'il a cessé son activité, parce qu'il était en mauvaise santé. On ne peut tout de même pas demander l'impossible.

Le maire, monsieur Boutillon, qui passait prendre des nouvelles, demanda à parler aux Langlois :

– Ce pauvre vieux père Lamelot m'a l'air bien fatigué. Tout ça est fort pénible. Je lui souhaite une meilleure santé. Autre chose. Il nous arrive une drôle d'histoire. Ça remuera le pays pendant la valeur d'une journée. Le régiment du 105e d'artillerie lourde de Bourges s'en va faire ses manœuvres au camp de La Courtine, dans la Creuse et il fera halte à Marcignat la semaine prochaine. Il arrivera mercredi en fin d'après-midi. Nous sommes cette fois-ci sur leur chemin, pour des raisons de circulation : uniquement des petites routes départementales. D'habitude, l'armée prenait un autre itinéraire. On m'avait prévenu il y a déjà quelque temps, tout en me recommandant de la boucler. La préfecture m'a prié de loger les officiers chez les particuliers, car l'hôtellerie, ici, il vaut mieux ne pas en parler. Vous me rendriez grand service, mon cher Octave, si vous pouviez me prendre une ou deux personnes. Pour une seule nuit, ce n'est pas la mer à boire. Les troufions coucheront près de leurs chevaux, dans les granges les plus proches de la rivière de préférence, pour faire boire les bêtes. Les sous-offs iront roupiller à l'école, ça tombe bien puisque ce sera la veille du jeudi. On pourra ainsi remettre facilement tout en ordre pour le lendemain.

Germaine pinça aussitôt les lèvres, signe que la proposition ne l'enchantait guère. Cependant, elle ne voulait pas non plus brusquer le maire, dont l'épouse était une cliente fidèle.

– Ça tombe bien mal, mon père mourant et notre garçon pas encore bien solide.

– Puisqu'il s'agit uniquement d'une soirée, on pourrait peut-être faire coucher Alice dans le divan de la salle à manger et donner sa chambre, proposa Octave, heureux de donner satisfaction au premier personnage de la commune.

– Ce n'est pas une mauvaise idée, répondit Germaine, mais ça ne fait qu'un seul homme.

– Voilà un officier de casé. Si tout le monde fait comme vous, je suis sauvé, répliqua le maire qui glissa en partant : Ah, j'oubliais, il vaudrait mieux prévoir qu'il soupe avec vous. Mais vous n'êtes pas obligés de faire un gueuleton. Ne vous compliquez pas la vie. Personnellement, nous recevons le colonel. On lui donnera notre chambre et nous coucherons dans la mansarde de notre fils. Bien sûr la troupe reçoit son pain, mais à mon avis, prévoyez une dernière fournée assez forte, les hommes aiment se distraire et changer. Ça ne me regarde pas, mais je suis certain qu'on vous achètera de la pâtisserie, si vous en avez. Excusez-moi, je me sauve, je vais trouver vos voisins pour demander la même chose.

Paul, qui avait tranquillement assisté à l'entretien sans rien dire, déclara, le visage tendu :

– Ah, ça va animer un peu le patelin, j'irai voir arriver les canons, les camions et le matériel, ça m'intéresse. Autre chose : quand le docteur reviendra chez grand-père, n'oubliez pas de lui demander de venir m'examiner, car je recommence à avoir mal au dos. Parfois ça me réveille au milieu de la nuit. Je ne ressentais pas ces douleurs quand nous sommes allés la dernière fois chez Garcillac.

– J'espère qu'il ne va pas te trouver quelque chose de pas bon, commenta Germaine, inquiète. Car cette fois-ci tu n'as pas beaucoup joué de l'accordéon.

– Je n'ai pas de conseils à te donner, papa, mais à ta place je forcerais sur la *fantaisie*. Pour oublier la monotonie de leur boule, les bidasses achèteront probablement des baguettes. Ainsi que des croissants, signe de réjouissances. Et n'aie pas peur de le faire savoir. Tu sais qu'Octave fait de la réclame. Ça lui réussit.

Chapitre dix

* *
*

Peu de temps après déjeuner, une animation fébrile commençait à se manifester dans le bourg. L'instituteur avait décidé de supprimer la classe afin de permettre aux enfants de suivre l'événement, beaucoup plus profitable, d'après lui, qu'une leçon d'instruction civique et de morale patriotique. C'était un peu l'histoire de France qui allait passer devant leurs yeux en la personne des dignes successeurs des ancêtres de Bouvines, de Valmy et d'Austerlitz. Un détachement de quelques fourriers, arrivé de bon matin pour aller s'installer à la mairie, réglait les problèmes d'organisation liés à la réception du gros de la troupe.

De nombreux hommes attendaient impatiemment sur les trottoirs et sur la place du village : paysans, hommes de journée, ouvriers, jeunes gens. Des femmes de tous âges participaient aussi au rassemblement. Les jupons des plus jeunes ne risquaient-ils pas de s'enflammer à la vue de garçons en pleine force, chez lesquels pouvaient se réveiller les instincts ancestraux des grandes invasions barbares, en plus des problèmes sociologiques liés à tout rassemblement d'individus ? Les villageois ne voulaient pas manquer de voir cette attraction, commencée à Bourges l'avant-veille au matin, et qui n'était jamais passée à Marcignat.

Après leur départ, les artilleurs continueraient le déplacement pendant plusieurs jours pour parcourir en tout près de deux cents kilomètres.

Paul s'assit sur le rebord de la fenêtre pour mieux jouir du spectacle. Il ne voulait pas trop s'éloigner de la boulangerie, pour ne pas avoir à raconter encore une fois sa maladie. Maintenant que la guérison approchait à grands pas, il faisait moins peur et on l'interrogeait à tout bout de champ.

On entendit un grand brouhaha précédant l'arrivée des premières voitures hippomobiles et des chevaux. Les officiers, montés sur de fringants bidets, saluaient dignes et raides, la main droite à la tempe. Les pièces suivaient à distance réglementaire. Des applaudissements nourris éclatèrent au passage, auxquels les militaires souriants répondaient par des signes de main joyeux. Les demoiselles recevaient même des baisers envoyés du bout des doigts, tandis que des gamins criaient bêtement : « Vive les soldats militaires ! »

Dans l'artillerie hippomobile, une pièce se composait du canon et de son caisson. Chacun des deux éléments était tracté indépendamment par six chevaux attelés par deux au timon central. Dans cet attelage dit à la Daumont, un brigadier ou un maréchal des logis, monté sur le cheval de gauche, tenait les rênes d'une main et de l'autre un fouet à manche court et à longues lanières. Le caisson transportait les servants de la pièce, en l'occurrence des canons de 105 et de 155. Rien que des chevaux montés ou tirant des voitures. Aucun moteur dans tout le long cortège !

Paul s'en étonna aussitôt. Toujours sous le coup des actualités apprises par le journal et la radio, il pensait surtout à l'*Anschluss*, main mise récente d'Hitler sur l'Autriche, et par conséquent, aux nombreux mouvements de tanks et de voitures blindées signalés dans ces contrées, ainsi que dans les régions frontalières allemandes. Il ne comprenait pas cette énorme différence de matériel qui crevait les yeux du premier observateur attentif.

– Ne crois-tu pas, papa, que nos canassons font un peu démodés, vingt ans après la fin de la guerre ? C'est incroyable ne pas voir une seule automobile ni une camionnette. Si un jour par malheur survenait un conflit, et on dirait bien qu'on en prend le chemin, que pourraient-ils faire contre les engins à moteur ? Je n'imaginais pas que l'on avait autant de retard. C'est inquiétant !

– En 17-18, il y avait encore beaucoup de chevaux dans les armées allemande et française. Et ici, il s'agit d'un régiment ALH, c'est-à-dire artillerie lourde hippomobile. Mais je reconnais qu'il faudrait motoriser tout cela. Des chevaux-vapeur, il y en a de plus en plus, pourquoi pas davantage dans l'armée ? Que fabrique donc Daladier, le ministre de la Guerre ? Un enfant de la boulange, c'est astucieux, d'habitude.

Réunis sur la grande place de l'église, les troupes se répartirent, selon les instructions des hommes de l'intendance, aux différents endroits de la commune. Le plus gros du matériel y resta rangé, surveillé par deux sentinelles, un fusil à l'épaule, pour une garde bon enfant. Les curieux touchaient de près l'affût du canon en faisant des commentaires souvent stupides, et des gamins chevauchaient parfois le tube d'un canon dans une atmosphère de détente empreinte de bonhomie. On examinait avec soin la « roulante » autour de laquelle s'affairaient les cuistots occupés à préparer le rata du soir. Les rues grouillaient de personnes coiffées de chapeaux noirs, de casquettes et de calots kaki : la fraternisation entre les *pékins* et les militaires. Les képis des officiers ne se voyaient guère car leurs possesseurs étaient déjà en train de repérer leur point de chute chez l'habitant. Pour tous ces pioupious, ces déplacements apportaient un peu de vacances et de liberté, pour oublier la triste monotonie de la caserne, et ils essayaient d'en profiter au mieux, la gaudriole se trouvant en tête de la liste des priorités.

Peu à peu les cafés se remplissaient de *tourlourous* venant chasser la poussière des routes blanches agglutinée dans leur gorge. Cris et interpellations augmentaient considérablement le niveau sonore, qui montait de plus en plus avec l'accumulation des consommations. Léo et sa femme, littéralement débordés, servaient des chopines et des fillettes de gris de Châteaumeillant, bien qu'on pût apercevoir au comptoir et sur les tables, dans la fumée des cigarettes et des pipes, quelques verres de gnôle et de Pernod. Au fond, dans un coin on entendait *L'Artilleur de Metz,* chanson gaillarde reprise bientôt en chœur par toute l'assistance, tandis qu'au loin le son d'un clairon réussissait à traverser le brouhaha.

* *
*

Germaine livrait son dernier pain. Plus rien sur les étagères. Tout avait été vendu, malgré une fournée supplémentaire, ainsi que la totalité de son stock de chocolats et de gâteaux. Paul avait écrit en gros, sur une grande feuille blanche bien apparente collée en vitrine : « Demain matin, croissants frais au beurre. »

– C'est la première fois que je ferme le soir avec une boutique complètement vide. Ces militaires ont l'air *fringalé.* Et ça devrait continuer, car de nombreux acheteurs m'ont dit l'air assuré, en partant : « À 7 heures demain matin, pour les petits croissants. »

Depuis quelque temps, ces friandises de la famille de la viennoiserie faisaient timidement leur apparition à la boutique, avec les pains au lait, les pains au chocolat et les pains de mie. Les bons croissants doivent être légers, mangés frais et s'émietter facilement. Ils ont une longue histoire, commencée en Autriche il y a plus de deux cent cinquante ans. Les boulangers viennois avaient la réputation de fabriquer une grande variété de pâtes de qualité irréprochable. À la fin du XVIIe siècle, l'Empire ottoman commençait à déferler sur l'Europe occidentale et sa puissante armée assiégeait Vienne en 1683. Une nuit, les boulangers entendirent un bruit sourd et continu de pics dans la terre : c'étaient les terrassiers turcs qui creusaient un souterrain pour atteindre le dépôt central des stocks d'armes, de poudre et de munitions des assiégés. Ils prévinrent aussitôt les défenseurs qui purent ainsi déjouer la manœuvre, et les assaillants allaient être décimés. En récompense de leur intervention décisive, les boulangers viennois furent honorés en obtenant de l'empereur d'Autriche le privilège de fabriquer pour la première fois des petits pains en forme de croissant de lune, emblème des ennemis. Cette petite corne – *hörnche* – obtint tout de suite grand succès, et quand Marie-Antoinette devint reine de France, elle apporta avec elle les habitudes alimentaires des Viennois. Une boutique s'ouvrit ainsi à Paris,

12, rue Dauphine. Des esprits chagrins font cependant observer que le 18 juin 1549 (soit près de cent cinquante ans auparavant), une autre reine de France offrit un banquet et que sur la liste des achats figuraient *quarante gasteaulx en croissans.* Où est la vérité ?

* *
*

L'officier désigné par le maire s'était présenté poliment vers 7 heures du soir, d'une manière très protocolaire, en claquant les talons et en s'inclinant :

– Gaétan Barcignoux de La Jarretinière, commandant vétérinaire. Merci de votre hospitalité.

C'était un bel homme au front dégarni, dans les quarante-cinq ans, aux gestes de gentilhomme, aux manières distinguées, naturelles et sans affectation.

Aussitôt Paul murmura à sa sœur :

– Depuis le temps que j'entends parler du mec qui a un nom à coucher dehors avec un billet de logement, on peut dire qu'on a le prototype !

Marcel avait préparé un pâté à la viande, et on avait pris dans la basse-cour familiale un gros canard de Barbarie auquel on avait coupé le cou, ce qui n'avait pas empêché le décapité de se sauver en parcourant ainsi une dizaine de mètres. Par amour-propre, pour faire plaisir au maire et pour le bon renom de la commune dont ils se sentaient solidaires, les Langlois avaient tenu à bien faire les choses, sans excès, mais avec le panache de la couleur locale.

– Votre vin est délicieux, déclara tout de suite l'invité en levant son verre, à la santé de vous-même, de toute votre famille et de l'armée française.

– C'est du sancerre que nous avons acheté sur place, il y a peu de temps. Le vigneron nous a assuré que les Parisiens l'appréciaient beaucoup depuis quelques années.

L'invité lui aussi appréciait ; sa bonne descente obligea Paul à se rendre à la cave pour chercher deux autres bouteilles. Il parlait avec élégance et distinction, se mettant à philosopher négligemment en pontifiant sur la profession de ses hôtes.

– Votre boutique est je crois un des hauts lieux de la sociabilité villageoise, après le café et l'église. Je crains que le début de désertification apparu en quelques endroits de France dans le milieu rural mette certaines positions fragiles dans un début de vulnérabilité. Leur maintien deviendra un enjeu économique et social du plus grand intérêt. L'importance du couple, tel que le vôtre, est capitale dans votre communauté de travail permanente, et il a été prouvé que la fréquence des divorces est beaucoup moins forte que dans la plupart des métiers. Le boulanger est à la fois le producteur d'un bien de première nécessité, le gardien d'un symbole et l'animateur d'une communauté. Ce mode d'organisation familial a quelque chose d'exemplaire.

– Qu'est-ce qu'il parle bien, pensait tout bas Paul, tandis que les autres convives, bouche bée, partageaient le même point de vue tout en ne saisissant pas toujours le sens des propos.

Le sancerre rencontrait toujours le même succès. À l'approche du fromage, les gestes de l'officier devinrent plus saccadés, comme son débit oratoire, maintenant plus lent mais en rafales. On venait de découvrir que Marcel avait le même âge que lui et qu'ils avaient dû se trouver ensemble sur le front en 17. L'ambiance devenait plus chaleureuse, presque amicale. La fraternité des tranchées refaisait surface. L'officier, transformé en copain de régiment, félicita un homme de la même classe que lui pour la qualité exceptionnelle de son pain.

– Aussi bon que mon pain de Corrèze : la *tourte* y est délicieuse, mais pas meilleure qu'ici. J'aimais aussi la *fougasse* de ma grand-mère dans le Midi. Une merveille. Ainsi que la *tabatière* chez ma tante en Jura. De même que le *crapelin* chez ma cousine de Bretagne, sans oublier la *gâche* chez ma marraine du Cotentin.

Et le vétérinaire de continuer à évoquer les différentes sortes de pain mangées dans sa famille.

Tout y passa, les *bretzels* et les *schwarzbrots* d'Alsace, les *pistolets* belges, les *falues* de Basse-Normandie, les *tordus* du Gers et la *méture* des Landes. L'énumération devenait comique par son exagération, due au sauvignon. Ce fut plus fort que lui, Paul commenta effrontément :

– Mon commandant, on peut dire que votre famille est vraiment dispersée, et il se mit à éclater de rire très fort de cette moquerie cordiale, suivi de Germaine, d'Alice et bientôt de l'officier lui-même.

Marcel et René ne furent pas en reste, et cette contagion hilarante n'en finissait pas. On entendait ainsi parfois des soupirs ou des reniflements. Un moment plié en deux, La Jarretinière déclara, derrière un hoquet, dans un langage qui n'avait plus rien d'aristocratique :

– Je me suis vraiment dilaté la rate. On s'est bien boyautés.

L'hilarité commune dura encore plusieurs minutes et chacun dut sortir son mouchoir pour s'essuyer les yeux. Ce n'est qu'après cette pause qu'on entendit un bruit répété à la porte. Quelqu'un frappait sans arrêt aux carreaux de la fenêtre. Paul se précipita. Un gamin ramenait le corps sans vie de Croûton le chat, écrasé semblait-il par une voiture militaire. Germaine poussa un long soupir en s'adressant à Paul :

– Voilà encore un coup de ton chêne de malheur !

Du coup l'ambiance vira de bord, jusqu'au moment où l'officier se leva pour examiner longuement la dépouille féline.

– Vu l'état, je peux vous dire qu'il n'a pas souffert, et, d'après son âge, il n'en avait plus pour longtemps. Croyez-en ma vieille expérience de médecin des bêtes. Excusez-moi, je vais me laver les mains.

Du coup Germaine respira un grand coup et alla chercher la tarte Tatin que Marcel avait confectionnée spécialement. Le vétérinaire continuait à déguster le nectar de Bué, sans se rendre compte qu'il était en train de devenir brindezingue. Le sérieux de ses propos descendait de plusieurs crans, devenant terre à terre. René était parti se coucher, de même qu'Alice. Paul, malgré ses élancements dans le dos, restait intrigué par l'attitude de La Jarretinière, dont le comportement éthylique le laissait rêveur. Il révisait son jugement et devenait beaucoup moins admiratif, tout en remarquant que son père et lui-même, en tenant compagnie à l'officier, ne tenaient pas l'équilibre parfait.

– Comme quelques gouttes d'alcool peuvent changer bien des choses, et transformer n'importe quel individu ! Les idoles perdent vite leur prestige, pensait-il, en reconnaissant qu'il n'aurait jamais fait preuve d'insolence dans son état normal.

* *
*

La troupe repartit le lendemain matin sous une avalanche de saluts. Nombre de filles levaient les bras un mouchoir aux doigts, une larme à l'œil. Évoquaient-elles ainsi de tendres souvenirs ? Les croissants de Marcel s'arrachèrent tous en peu de temps, ainsi qu'une grande partie de la fournée, ce qui fit dire aux premiers clients habituels :

– Vos grivetons sont bien gentils, c'est certain. Mais faudrait quand même pas oublier les fidèles qui viennent chaque matin tous les jours de l'année.

Le commandant quitta la boulangerie le visage défait, en saluant et en remerciant le plus poliment possible, mais on s'aperçut après son départ qu'il avait jeté sa cargaison pour sauver le navire dans la cuvette de la chambre d'Alice, ce qui fit dire à Germaine, révoltée, que le monsieur le comte n'y avait pas été avec le dos de la cuillère pour le renvoi au destinataire.

Le passage des artilleurs à Marcignat marqua les esprits de beaucoup de villageois, au point qu'on parle encore aujourd'hui de cet événement hors du commun – en l'enjolivant, évidemment, comme la plupart des récits qu'on raconte de longues années après. Plus le temps passe, plus la démesure s'installe.

* *
*

Après avoir examiné le dos de Paul, le docteur Martinière resta longtemps pensif avant de déclarer :

– On aperçoit une légère enflure, mais on ne pourra se prononcer définitivement qu'après une radio. Faites-en une lors de la prochaine visite chez le docteur Garcillac. Ça risque d'être un petit ennui osseux qu'il faudrait peut-être soigner ailleurs que dans la région.

– Avec ça on n'est guère fixé, déclara Germaine, le visage assombri, mais la série noire continue. Probablement encore un coup du chêne de Sancerre.

– Maman, je crois que tu exagères. J'avais déjà mal, tu le sais bien, avant d'aller là-bas.

– Oui, le mal était probablement endormi, et en y allant ça l'aura réveillé.

– On verra ça la semaine prochaine chez Garcillac.

À ce moment-là, on entendit une violente altercation dans la cour. On ouvrit la fenêtre et on vit

Léo se disputant avec Guignol le gendarme, toujours de mauvais poil.

Le bistrotier protestait qu'on lui avait envoyé un officier à coucher qui s'était plaint ensuite au maire du bruit des consommateurs. Guignol avait fait remarquer à Léo :

– Cela ne se serait pas produit si vous lui aviez donné votre chambre personnelle, qui est éloignée de la salle de café.

– Je sais que vous avez dit au maire que vous n'aviez pas de place alors qu'il y en avait beaucoup au bistro. Ce qui est faux, car je connais votre appartement. Vous avez trois chambres. C'était facile de lui en offrir au moins une. Comme c'était le dernier homme à loger, j'ai dit oui au maire, pour ne pas faire d'histoires. Et je tiens à garder son estime, car c'est important pour mon établissement.

– Je suis maître chez moi et je n'ai de leçons à recevoir de quiconque, surtout pas d'un simple débitant de boissons.

– Pour un ancien serviteur de l'État, vous avez une drôle de notion de la solidarité. C'est une honte.

– Le bougnat s'est rempli les poches avec le passage de la troupe. De quoi se plaint-il ?

Léo, en colère, se précipita sur le gendarme, prêt à lui décocher un ramponneau, mais, malencontreux dans son action, il glissa sur une crotte de chien et s'affala lourdement. Il se cogna la tête sur l'angle d'une marche en pierre, en poussant un grognement bizarre. Les bras écartés, il ne bougeait plus, apparemment sans vie. Les voisins attirés par l'empoignade accouraient de tous les côté pour faire cercle.

Paul et les Langlois descendirent rapidement en essayant de rattraper le médecin, qui, monté dans sa voiture, s'apprêtait à partir :

– Venez vite, docteur, il y a un accident dans la cour. C'est grave. Ne perdons pas de temps.

Martinière se précipita aussitôt, s'agenouilla et prit ensuite le pouls en mettant son oreille sur la poitrine. Au bout d'une minute, il déclara, l'air consterné, à l'assistance muette :

– Son cœur ne bat plus du tout. Il est mort. Quelle affaire idiote ! Comme le décès semble de nature accidentelle, il faut téléphoner aussitôt à la gendarmerie.

Blanc comme un linge, le regard perdu, le gendarme restait aphasique. Ce fut la consternation dans le village, Léo étant une des figures les plus populaires de la commune. Grâce à son emplacement quasi idéal, son café était de loin le plus important du bourg. L'enquête fut assez rapide. Grâce aux témoignages successifs de tous les Langlois, l'ancien gendarme fut mis hors de cause. N'empêche que les villageois lui firent porter la responsabilité de la disparition du sympathique cafetier. Ils le lui firent tellement sentir que Guignol quitta la commune avant la fin de l'année, au grand soulagement de ses voisins, ravis de voir partir ce mauvais coucheur, terme à prendre ici tout à fait à la lettre.

* *
*

Le soir de la tragédie, les boulangers étaient en train de souper lorsqu'on frappa à la porte. C'était la toute nouvelle veuve, la femme de Léo, qui entra le visage en larmes, bouleversée. Son ancien surnom, Défunt mon mari, n'allait-il pas resurgir ?

– Ma pauvre voisine, je vous plains sincèrement, dit Germaine en la serrant dans ses bras. Léo était un très vieil ami de Marcel, ils se voyaient souvent.

– Merci de votre amitié, mais il m'arrive quelque chose d'inattendu. Le curé refuse de l'enterrer à l'église, car il était divorcé, vous le savez. Vous vous rendez compte. Je ne voudrais pas qu'on le mette dans le trou comme un chien. Que dois-je faire ? Ce n'est pas que je sois mal avec le curé, mais je ne le connais guère. J'ai eu beau lui parler en long, en large et en travers, il n'a rien voulu savoir. Vous qui êtes bien avec lui, essayez de faire quelque chose. Je paierai ce qu'il faudra, même si c'est cher.

– Ça tombe bien, il doit justement venir demain matin, après sa messe basse, voir mon père, qui hélas va de plus en plus mal. Je plaiderai votre cause. Mais je n'ai pas le pouvoir de changer les formalités religieuses. Je sais que de ce côté-là ils sont assez sévères. Faites-moi confiance. On verra bien.

Le lendemain, l'abbé Blanchet était à la boulangerie dès 8 heures du matin. On le mit tout de suite au courant.

– Je regrette, madame Langlois, mais je ne peux pas transgresser les règles de l'Église pour vous faire plaisir. J'aurais bien aimé, mais c'est impossible. Ce n'est pas moi qui édicte les lois sacerdotales, je ne fais que les appliquer.

– Léo Peuchard était un brave homme qui allait de temps en temps à l'église. On le voyait souvent aux enterrements et c'était un monsieur honnête, serviable et estimé. Et sa femme assiste à la messe pour toutes les fêtes carillonnées. Malgré les obligations de son métier, elle n'en saute pas une, je vous l'assure.

– Mais je répondrais la même chose s'il s'agissait du président de la République en personne. Ce n'est une question ni d'argent ni de position sociale.

Alors Paul se permit d'insister en reprenant les formules apprises lors de son catéchisme :

– Monsieur le curé, vous nous avez souvent dit que le Seigneur ne voulait pas la mort du pécheur. Vous parliez constamment du pardon. Il faut le mettre en pratique. Nous sommes malades ici d'imaginer à l'avance Léo enterré sans un petit signe du représentant du bon Dieu. Il faudrait faire un geste de bonne volonté.

Et Paul argumenta longtemps pour essayer d'obtenir quelque chose. Finalement l'abbé consentit à attendre le corbillard suivi du cortège à l'entrée du cimetière.

– Je bénirai le corps, l'accompagnerai jusqu'à la tombe et là je dirai une prière.

– Y aura-t-il des enfants de chœur avec la croix, l'encensoir et l'eau bénite ?

– Ça n'a guère d'importance, mais si ça peut lui faire plaisir je vous donne mon accord. Que madame Peuchard se débrouille elle-même pour ces détails, ça lui sera facile.

– Merci, monsieur le curé, pour elle et pour moi. Je crois qu'elle sera ainsi satisfaite.

À cette époque l'Église était d'une sévérité extrême pour les divorcés qui *s'étaient eux-mêmes écartés délibérément de la religion,* disait-elle. Ce qu'avaient obtenu les Langlois était assez exceptionnel.

Et Léo eut donc droit à un brin d'onction ecclésiastique, et les clercs accompagnèrent même le curé quand il psalmodia un chant pour les trépassés, sous les fumées de l'encens. Le président des anciens combattants, entouré des porteurs de drapeaux tricolores, fit un éloge émouvant du disparu.

L'assistance était très nombreuse, ainsi que les gerbes de fleurs recouvrant le cercueil. Madame Peuchard eut ainsi l'impression que son mari était parti presque comme les autres.

On retrouva les mêmes la semaine suivante pour l'enterrement de Gaspard Lamelot, décédé sans avoir repris connaissance. La messe fut grandiose et l'église pleine à craquer. Pour la première fois depuis sa création, la boulangerie avait été fermée une partie de la matinée un jour de semaine, car le petit commis et le mitron avaient tenu absolument à assister à la cérémonie. Selon la coutume, la veille, la Marie Pète-sec était passée dans toutes les maisons du bourg pour indiquer avec sa voix monocorde le décès et l'heure des obsèques.

Marcel et Germaine, entourés de leurs enfants, se trouvaient placés près des enfants de Marie qui chantaient de fort jolis cantiques, tandis que l'orphéon municipal au complet interprétait presque continuellement des morceaux de circonstance. Pendant toute la cérémonie, Paul, ému, revit dans sa mémoire les principaux moments passés avec son grand-père. Il n'avait jamais vu de mort, et il garderait toujours en mémoire la froideur de son front lorsqu'il y posa ses lèvres. Sans s'en rendre compte, il pleurait, prenant conscience pour la première fois du vide que représentait la disparition de son aïeul : homme de courage et de sagesse. Il se rappelait avec émotion son histoire du Petit Poucet qui avait semé sans réfléchir sur son chemin des miettes de pain pour se retrouver. Gaspard la racontait d'une manière très drôle, en exagérant l'importance du pain. Dans son imaginaire, ce récit faisait la pige aux autres. Pauvre grand-père. Un jour ce serait le tour de ses parents, et ensuite le sien. À moins qu'il ne parte avant eux, ce qui avait failli arriver.

* *
*

Les trois Langlois étaient fort inquiets au rendez-vous habituel chez Garcillac. Après le pneumothorax, qui se passa très bien, le docteur examina longuement Paul pour trouver les origines de sa douleur lombaire.

– Il faut que vous alliez chez un spécialiste pour une radiographie de la colonne vertébrale. Je téléphone de suite.

Le surlendemain, après plusieurs démarches, on avait les résultats.

– Une vertèbre est attaquée. Il ne faut plus attendre davantage. Je ne vois pratiquement qu'un seul remède : Berck. Heureusement que les insufflations pour votre pneumothorax tirent à leur fin. Je vais vous donner mes instructions afin de ne pas perdre de temps.

Affolée, Germaine gémit aussitôt :

Chapitre dix

– Alors, c'est grave, docteur ?

– Votre fils n'est plus un enfant, il faut qu'il sache qu'il a une infection microbienne appelée le mal de Pott. Les mêmes saletés qui étaient dans ses poumons. Pris au début, comme c'est le cas, les chances de guérison sont très bonnes. Le seul inconvénient, c'est la distance et une cure d'un minimum d'un à deux ans. Berck-Plage est une jolie station balnéaire située sur la Manche, entre Dieppe et Calais. Le climat est agréable et ensoleillé. La carcasse est solide. Il s'en sortira, je vous le promets. Peut-être lui restera-t-il une petite gibbosité.

– Qu'est-ce que c'est que ça ?

– Rien n'est certain. C'est une légère déviation de la colonne vertébrale, qui ne devrait pas le gêner.

* *
*

Le retour fut plutôt morose. Marcel et Germaine se rendaient compte qu'ils allaient être privés pendant longtemps de Paul. N'allait-il pas devenir bossu ? Ils n'osaient pas prononcer le mot qui leur faisait peur. Le mirage de leur fils boulanger semblait brisé. Les cinq cents kilomètres de séparation prenaient allure de distance cosmique. De son côté, le malade voyait l'espoir de prochaines études s'envoler, tout en reconnaissant que la succession de son père paraissait aujourd'hui compromise. Il ne sombra pas dans le pessimisme. Au contraire. Décidé à lutter contre l'adversité, il gardait un moral de vainqueur. Il avait déjà combattu le mal et il se sentait capable de réagir à nouveau avec autant de détermination. Cependant, il trouvait qu'il ne méritait pas cette nouvelle épreuve. Si Dieu devait le punir, il avait déjà assez payé. Aussi un début de rancœur apparaissait-il dans son esprit ; lui bon chrétien trouvait tout cela injuste, et son envie habituelle de prier avait tendance à s'estomper vers le néant des choses de la terre.

Ils étaient à peine rentrés qu'ils reçurent la visite de Carrelli, le nouvel épicier, successeur du père Bailly : un petit bonhomme aux cheveux noir corbeau gominés, au regard de faux témoin, vêtu d'une blouse grise. Il parlait avec un très léger accent italien.

– Donnez-moi un pain, s'il vous plaît. Mais je vous préviens que ce sera le dernier. Vous ne me reverrez plus jamais. Car on peut dire que vous allez un peu fort. La concurrence déloyale, vous connaissez ? Si je me mettais moi aussi à vendre du pain, qu'est-ce que vous diriez ?

– Expliquez-vous, je ne comprends pas, dit hypocritement Germaine qui se doutait bien un peu des raisons de la colère de son voisin.

– Pourquoi du jour au lendemain vous vous êtes mis à vendre des conserves, du café, des gâteaux et bien des choses encore ? Articles que vous ne faisiez pas du temps de mon prédécesseur. C'est surtout par les soldats que je m'en suis rendu compte.

– Aucune loi ne nous interdit de vendre de l'épicerie. Tous les boulangers le font peu ou prou, mais de plus en plus. Nous en faisions du temps du père Bailly, qui était un ami, et nous avons agrandi un peu ce rayon lorsqu'il est parti à la retraite. C'était notre droit le plus absolu, et je n'avais pas à vous demander la permission. Notre boulangerie fonctionne ici depuis plus de cinquante ans sans interruption et nous n'avons jamais eu le moindre litige avec personne. Vous êtes le premier. Avec leur argent, les Berrichons vont où ils veulent. Mettez-vous bien ça dans la tête. Nous n'avons pas de comptes à vous rendre. Au revoir, monsieur. Je vous fais cadeau de la baguette. Allez vendre vos macaronis.

– Je ne demande pas l'aumône. Voici cinq francs. Rendez-moi la monnaie, s'il vous plaît.

Germaine lui claqua la porte au nez en disant à Paul, nonchalamment assis dans la cuisine :

– Encore la poisse venue de ton chêne de Sancerre. La série noire continue. Je me demande quand cela va s'arrêter.

– Ah, ce jaloux de macaroni de malheur nous emmerde, car malgré nos ventes supplémentaires d'épicerie, je regretterai toujours le père Bailly, répondit Marcel.

Le boulanger avait toujours une pensée émue pour les harengs du vieil épicier qu'il façonnait avec tendresse. Il les sortait de la caque, laissée toujours dehors sur le trottoir du fait de sa forte odeur. Puis il en remplissait soigneusement une nasse qu'il allait porter dans la rivière, la cachant sous un aubier avec précaution, en amont du lavoir, afin qu'elle ne reçoive pas l'eau sale. Au bout de trois jours, il la rapportait et enfilait les harengs dessalés sur des fils de fer accrochés à la fenêtre. « Cuits sur de la braise, c'était un régal. »

– C'est malheureux, mais plus personne n'aura le courage de le faire, et la recette sera perdue. Aujourd'hui, on veut aller de plus en plus vite pour soi-disant gagner du temps. Pourvu que cette frénésie ne m'atteigne pas. Octave commence à utiliser de plus en plus de levure, il parle déjà du poolish, un jour il risque d'abandonner le levain. Quelle engeance ! Dieu m'en préserve.

* *
*

Décidément l'infortune ne quittait pas la boulangerie. Deux jours après on apprenait que la grand-mère Langlois s'était cassé le col du fémur et qu'elle était hospitalisée. Mais pouvait-on parler de malchance quand il s'agissait d'une vieille dame née au milieu du second Empire ? Le départ de Paul pour Berck avait été fixé ; c'était son oncle Octave qui l'emmènerait sur les bords de la Manche. Mais il préféra le retarder d'une journée pour aller embrasser son aïeule qui lui avait raconté tant de bonnes histoires. Tous les quatre lui rendirent donc visite en lui apportant des friandises, ainsi qu'une brioche et une petite galette.

Elle souffrait un peu, mais gardait le moral. Les veines de son visage, maintenant en saillie bleuissaient. Elle avait envie de leur dire :

– Votre visite n'est pas bon signe, car pourquoi ne veniez-vous pas me voir quand j'étais en bonne santé ?

Mais comme elle avait un caractère plutôt facile, l'approche de l'échéance fatale la rendait philosophe :

– Ça ne servirait à rien ; et pourquoi gâcher leur déplacement ? Ils auraient très bien pu aussi ne pas venir.

– Elle n'a rien d'une moribonde, mais c'est probablement la dernière fois que je la voit, se dit Paul en baisant ses joues.

Il voyait juste, car la pauvre rendit l'âme la semaine suivant son arrivée à Berck-Plage. Et tout le monde fut très étonné d'apprendre qu'elle avait légué à son unique petit-fils une somme de cinq cents francs à valoir sur son bien maigre héritage. On trouva en plus dans sa table de nuit une lettre d'une calligraphie impeccable, adressée

« À Paul Langlois de la part de sa grand-mère paternelle.

« Mon cher petit Paul,

« Ma santé n'est pas fameuse, mais avec mes soixante-dix-sept ans… Avant de partir pour toujours, il faut que je te dise que ma voisine de lit ici à l'hôpital savait bien tirer les cartes. Elle m'a dit que ta santé, pour le moment noire dans son tarot, allait s'arranger avec le temps. Prends des gouttes de teinture d'iode dans du lait chaud. Ça guérit bien.

« Elle m'a aussi certifié qu'il ne fallait pas quitter complètement le métier de ton père. Si c'est pas la boulange, ça doit tourner autour du blé et de la farine… Ailleurs ça serait beaucoup moins bon. J'ai pas bien compris, c'est à toi de voir. Surtout pas fonctionnaire, car beaucoup vont te le souhaiter. Je n'oublie pas tes visites à vélo. Cela me faisait beaucoup plaisir.

« Adieu, Paul,

« Ta grand-mère qui t'aime beaucoup. »

Chapitre dix

*   *
*

Avant de partir, Paul avait pu lire tous les détails concernant la visite à Bourges du président de la République Albert Lebrun, le 18 juin 1938, venu inaugurer la foire-exposition. Il avait fait son service militaire à Bourges et en gardait un excellent souvenir. Depuis Mac-Mahon, en juillet 1877, pareil événement n'avait pas eu lieu dans la capitale du Berry. On avait mobilisé l'armée, les fonctionnaires, les employés municipaux et les enfants des écoles. Mais la population locale n'avait pas boudé son plaisir, de même que les habitants des communes environnantes. *La Dépêche du Berry* était sortie pour la première fois sur dix pages. L'accueil avait été particulièrement chaleureux. Le menu servi à la Halle au blé à 687 convives, dont 44 à la table officielle, battait largement celui du banquet des boulangers.

Les petits pavés berrichons
La galantine de volaille truffée
Le jambon à la gelée
Le brochet de Loire sauce hollandaise
Le gigot du Berry à la printanière
Les asperges sauce mousseline
Le poulet de grain rôti Charles VII
La salade des ribauds

Les crottins de Chavignol
Les gaufrettes vanillées
Les fruits divers
Les mignardines berriaudes
Café Liqueurs
Blanc de Quincy
Rosé et rouge de Sancerre
Le chavignol cuvée spéciale
Le bourgogne Chambolle-Musigny 1929
Champagne frappé Piper Heidsieck Lanson

Mais ce qui avait le plus surpris Paul, c'est qu'il avait été livré la valeur de près de mille baguettes de pain. Quelle aubaine pour le boulanger fournisseur !

Chapitre onze

– PUISQUE TU NE SOUFFRES pas trop et que nous passons par Paris, nous traverserons la capitale un peu en zig-zag. Tu pourras voir ainsi la tour Eiffel, l'Arc de triomphe, les Champs-Élysées et les quais de la Seine, proposa Octave. Bien sûr ce sera rapide, mais cela te donnera une petite idée de Paname. Ça vaudra mieux que rien.

Toujours curieux, Paul opina du bonnet. Au moment de franchir la zone des *fortifs,* le boulanger avait ralenti et pointé son index à droite en indiquant :

– Paul, tu vois au loin cette énorme construction, nous l'aurions mieux vue si nous avions pris le train ; elle se trouve un kilomètre avant Austerlitz. Ce sont les Grands Moulins de Paris, je crois, les plus importants de France. Ils s'étendent sur six hectares.

Paul s'émerveilla de voir les boulevards, les monuments et les grandes places tant chargées d'histoire. Il ne savait plus où donner de la tête en découvrant l'animation colorée des trottoirs. Il remarquait évidemment les boutiques de boulangers, dont quelques-unes, en angle, aux jolies vitrines décorées de fleurs multicolores. La plupart garderont cet aspect pendant très longtemps. On modernisera régulièrement le fournil, mais on modifiera rarement la façade, au contraire des autres commerçants.

– Certaines en ont vu, notamment au moment du siège, à la fin de la guerre de 70, expliqua Octave. Les treize cents boulangers avaient plus de deux millions de bouches à nourrir. Au début, la ration de pain avait été fixée à trois cents grammes par jour et par personne. Dès 3 heures du matin les ménagères faisaient la queue par un froid glacial. Les restaurants avaient inscrits sur leur porte : « Les personnes qui veulent prendre ici leur repas sont priées d'apporter leur pain. » On connut la famine, mais finalement ça ne se passa pas trop mal pour la boulange, puisqu'on éleva une statue au fort de Vincennes à l'officier de l'administration Grey, que l'on baptisa le boulanger du siècle. L'écrivain Edmond de Goncourt a raconté avec humour ses souvenirs du siège. « Le pain actuel est d'une qualité telle que la dernière survivante de mes poules, une petite poule cailletée, toute drôlette, lorsqu'on lui en donne, gémit, pleure, rognonne et ne se décide à manger que tout à fait le soir. »

Octave, toujours à l'affût du progrès, s'arrêta une petite heure chez un ancien camarade de travail qui venait de se procurer une des toutes premières tourneuses-façonneuses. Cette machine coûteuse faisait gagner du temps dans le maniement de la pâte, mais elle ne se justifiait que pour un débit important.

– Nous verrons cela plus tard, conclut-il en regagnant son véhicule.

Les deux voyageurs s'arrêtèrent à Amiens, chez un des premiers patrons d'Octave avec lequel il avait gardé des relations très amicales. L'accueil fut à la hauteur des espérances et Paul dut se surveiller pour ne pas choir comme le commandant vétérinaire chez ses parents. Le vieux boulanger raconta comment il procédait pour choisir son blé avant la guerre de 14.

Il se rendait dans la halle au blé du chef-lieu, où les céréales étaient entreposées dans des sacs au col soigneusement roulé. Le blé devait être loyal et marchand. Pour s'assurer de la qualité, l'acheteur plongeait sa main à l'intérieur du sac pour en retirer une poignée de grains. Il la reniflait longuement, la pressait dans la paume de la main pour en mesurer le degré d'humidité. Puis il respirait le tas encore un grand coup et laissait écouler soigneusement d'une main dans l'autre le blé doré, à travers les doigts légèrement écartés, pour en apprécier la fluidité, le brillant et la grosseur. Ensuite il choisissait un grain qu'il broyait entre ses dents afin de juger de la résistance et de l'épaisseur de l'écorce. C'est à ce moment-là seulement que la négociation commençait. Après d'âpres discussions, on concluait le marché en frappant la paume de la main du partenaire. Ce top valait n'importe quelle signature, et personne ne s'avisait de le renier sous peine de perdre sa réputation à tout jamais.

– Ah, chers amis, comme tout cela a changé, déclara-t-il, mais pas dans le bon sens. Avant de partir n'oubliez pas de jeter un coup d'œil à notre vieille cathédrale. Elle le mérite. C'est la plus longue de France, elle fait 7 760 mètres carrés et sa voûte centrale atteint 42,30 mètres.

* *
*

Malgré la chaleur de l'été, une averse fine et cinglante venant du large se manifesta d'un seul coup en entrant dans Berck-Plage. Des passants surpris par la bourrasque couraient sur les trottoirs, pressés de rentrer chez eux. Après avoir parcouru l'artère centrale, la rue de l'Impératrice, où ils entrevirent plusieurs boulangeries pâtisseries, Octave et Paul arrivèrent place de l'Entonnoir, qui longe la mer. Ils virent la longue plage dorée, bordée par les dunes recouvertes en partie d'oyats, plantés pour maintenir le sable contre l'emprise du vent. Elle s'étendait sur seize kilomètres entre la baie d'Authie et la baie de la Candie, près du Touquet ; à marée basse, sa largeur dépassait mille mètres. De grandes bâtisses à claire-voie où dominait la brique marron s'étendaient parallèles à la Manche : l'hôpital maritime, la clinique orthopédique, les sanatoriums, les instituts héliomarins, ainsi que des villas assez cossues aux toits d'ardoise mouillée, destinées à recevoir des malades fortunés ou leur famille.

Depuis fort longtemps la ville vivait surtout du mal de Pott, terme général désignant les affections osseuses. De mauvaises langues osaient même assurer qu'une grande partie de la cité n'était qu'une usine à exploiter cette maladie. Les vertus d'une cure marine étaient connues depuis fort longtemps, notamment en Angleterre et en Italie. Le début officiel datait ici du 4 mai 1864, jour où un train spécial en provenance de Paris avait amené l'impératrice Eugénie entourée de jolies femmes aux toilettes parfois excentriques pour inaugurer le premier établissement de soins réservé aux jeunes enfants malades de Paris. Mais l'épouse de Napoléon III n'était pas venue sans arrière-pensée : on avait craint un moment que son fils, le prince impérial, ne soit atteint de coxalgie. Ensuite, l'activité alors réservée à de jeunes scrofuleux avait progressé et évolué régulièrement, grâce au dévouement de médecins remarquables et zélés, vers des patients de tous âges, afin de profiter au mieux du microclimat exceptionnel de la région. L'ensoleillement, au-dessus de la moyenne, était régénéré par l'air marin aseptique, vif, mais rarement froid, protégé contre les vents d'est par la chaîne continue de dunes, du nord au sud.

Voulant rentrer le soir même, Octave avait pris rendez-vous par téléphone pour que l'admission de Paul se fasse rapidement. Ce fut chose faite. En partant, il embrassa son neveu en lui fourrant dans la poche une liasse de billets.

– Mon cher Paul. Ceci est pour tes petits suppléments ainsi que pour les timbres afin de nous écrire. Je donnerai d'ailleurs ton adresse à tes copines, Arlette et Colette, de même qu'à Hélène, après avoir obtenu la permission de son père le meunier. Rien de tel que du courrier pour calmer l'ennui. Je te souhaite un bon séjour, mais pas trop long.

* *
*

Le lendemain, Paul faisait partie des *gouttières,* c'est-à-dire des malades allongés, le buste presque entièrement bordé de plâtre et entouré de couverture. Après un long examen, on lui avait annoncé que l'immobilisation durerait de quatre à six mois. Ensuite, sauf complications, il serait de nouveau plâtré, mais plus légèrement, pour pouvoir commencer à marcher un tout petit peu. Ce pénible et complet blocage, lié avec l'exposition au soleil, était la condition capitale pour guérir. Les médecins prétendaient qu'elle pouvait protéger sérieusement de l'abcès si elle était faite à temps. Bien sûr, cette condition contraignante transformait du jour au lendemain un homme libre en prisonnier absolu. Les mouvements étaient réduits à leur plus simple expression. Pour les bras, passe encore, mais le déplacement des jambes était extrêmement limité. On remédiait aux inconvénients futurs des membres inférieurs par des séances de petite gymnastique et par des massages. Mais le carcan physique devenait peu à peu une épreuve psychologique qu'il fallait gagner à tout prix si l'on ne voulait pas sombrer dans la mélancolie permanente. Lutter contre la paresse du petit effort constant devenait absolument obligatoire. Parfois une simple démangeaison prenait allure de calvaire.

* *

*

Pour ses premiers repas, Paul découvre les difficultés d'un exercice pourtant banal. Dans l'assiette posée sur une serviette sur sa poitrine, la recherche des mets devient une épreuve compliquée. Il tâte, patauge, se salit. Il a honte de sa maladresse et n'ose rien demander, si ce n'est un coussin supplémentaire sous sa tête. Pour boire, il faut se tortiller la bouche pour ne pas avoir à utiliser ces affreuses pipettes réservées habituellement aux grands malades. Se nourrir devient un véritable défi. Il va bientôt se rendre compte qu'il lui faudra apprendre à transformer à la verticale des gestes ordinairement faits à l'horizontale, que ce soit lire, manger ou écrire.

Dans la grande salle, une vingtaine de *gouttières* attendent le transfert vers la plage. Paul regarde autour de lui et constate qu'il n'est pas forcément parmi les plus défavorisés. Il y en a de tous âges, des fillettes aux vieillards en passant par les anonymes et quelques célébrités : le fameux acteur autrichien Erich von Stroheim vint y gagner une partie de sa raideur germanique. Ici plus de différences sociales, les bacilles ont fait éclater les frontières. La vision de malades apparemment très atteints devient une sorte de réconfort. Mais il faut être prudent dans l'évaluation. En effet, on assiste parfois à des rechutes brutales ainsi qu'à des améliorations spectaculaires apparemment inexplicables. Paul échange des propos avec ses voisins.

Chapitre onze

Il n'est question que de scolioses, de goitres, d'ankyloses, de spasmes, de raideurs, de ganglions, de pustules et de fièvres. Des troubles qui n'ont rien de réjouissant et donnent la chair de poule. Tous souffrent du même mal, mais à des degrés divers. Les affinités jouent, des duos se forment. Quelques *allongés* qui sont là depuis des années gardent néanmoins espoir, malgré des yeux blafards et des visages jaunis par les épreuves successives. Certaines *gouttières* ne sont-elles pas déjà des demi-cercueils, dans cette odeur d'eau de Javel, d'éther, de pus et de désinfectant ? Tout paraît très long. Il faudra savoir attendre longtemps et faire preuve de patience.

* *
*

Seul dans sa petite chambrette aux murs nus, Paul peine à s'endormir malgré l'heure tardive. Il souffre légèrement d'une petite escarre au talon. Il n'a trouvé encore personne pour accrocher au mur la grande image du Sacré-Cœur que sa mère lui a ordonné de fixer auprès de lui. Il n'a pas accepté le crucifix qu'elle voulait lui donner ; il a emporté seulement, malgré lui, son chapelet de première communion qu'il a mis dans le tiroir de la table de nuit.

L'établissement n'est jamais vraiment silencieux : une sonnerie, des pas, une porte ouverte, le vent s'engouffrant dans les escaliers, les paroles d'une infirmière, un appel, un ascenseur démarrant de temps en temps. Une cloche tinte au loin ; elle lui rappelle Marcignat et les jours heureux. Qu'il était bon alors de courir dans les bois et d'aller avec ses copains prendre dans la rivière une friture de vairons avec une bouteille blanche d'un litre percée au cul. Il veut retrouver ces sensations et instinctivement il se met à prier pour revoir ce paradis perdu. Mais il s'arrête bientôt, convaincu qu'il est victime d'une sorte de complot dont il ne se sent aucunement responsable. La malédiction divine a été vraiment trop injuste et c'est pour cela qu'il a indiqué qu'il ne participerait pas à la prochaine messe dominicale donnée en l'église Notre-Dame-des-Sables, spécialement pour les *allongés*. On verrait pour la suite. Il repense sans cesse aux prédictions de sa grand-mère. Devenir boulanger devient un objectif aléatoire qui ne le tourmente pas trop. Ce qui l'obsède est son avenir. Ne pas être fonctionnaire le laisse froid, mais il ne voit guère de situations dérivées de la farine, d'autant plus qu'il ne s'imagine pas en meunier. Parfois, le fameux chêne de la Rolline lui revient en mémoire, mais il le chasse aussitôt, considérant qu'il s'agit de superstitions ridicules d'un autre âge. Le sommeil l'entraîne enfin dans un rêve étrange où il a perdu la notion de pesanteur : il vole à volonté comme un oiseau, une baguette sous chaque bras. C'est une femme de ménage à la bouche en cul de poule, un balai et une serpillière à la main, qui le réveillera avec le bruit de son seau. Puis survient une infirmière venue lui faire une piqûre de calcium, suivie d'une fille de salle apportant un café au lait bouillant, accompagné d'un petit pain.

* *
*

Dans les larges couloirs il y a une agitation permanente. Des *gouttières,* bien sûr, mais aussi des malades avec des béquilles, des visiteurs exubérants, des chaises roulantes et des chaises longues. Tout ce monde bavarde et s'interpelle. On évoque parfois en sourdine les fantômes de ceux qui ont disparu à jamais, partis au loin dans la nuit, mystérieusement, en cercueil plombé. N'en fera-t-on pas partie dans les mois qui viennent ?

La situation internationale nourrit en partie la conversation : il sourd des rumeurs de guerre. L'inquiétude demeure. Munich est un soulagement pour les optimistes, mais une minorité crie que c'est reculer pour mieux sauter, car Hitler n'a pas caché la maladie dans ses discours et ses écrits.

Paul s'est fait un camarade, Rémi, un garçon d'une vingtaine d'années, un peu gnangnan, futur avocat, originaire de l'Indre, hospitalisé depuis deux mois pour une affection, semble-t-il, plus grave. Tous les deux causent de leur province commune et de leurs coutumes. Sans pudeur ils dissèquent les détails de leur maladie, comme si les exposés précis avaient pour effet de remonter leur moral.

– Au moins on ne fera pas de régiment. C'est toujours ça de gagné, assure l'aîné.

– D'accord, mais il vaudrait mieux qu'on ne revienne pas au pays trop amochés, rétorque Paul...

Il est vrai que le défilé permanent n'incite pas à l'enthousiasme. À la limite, Paul et Rémi s'estiment heureux lorsqu'ils aperçoivent de pauvres boiteux ou souffreteux, les deux jambes écartées dans des positions tragi-comiques, parmi d'autres aux allures étranges de scaphandrier tête nue. Qualités et défauts se gonflent, enflés par la maladie. La gentillesse atteint des sommets chez beaucoup d'enfants, aussi bien chez les agités que chez ceux qui sont sages comme une image. En revanche, certains adultes se transforment fréquemment en révoltés, envieux de la guérison des autres. Au Moyen Âge, ne voyait-on pas déjà des lépreux, jaloux des personnes en bonne santé, lavant sournoisement leurs plaies dans les fontaines publiques ? Paul s'insurge quand il entend des malades se plaindre, de temps en temps, d'être dans la panade :

– Employez, je vous en supplie, une autre expression, car la panade est une soupe au pain délicieuse, surtout lorsqu'on l'accompagne d'un jaune d'œuf. Et ça ne coûte rien !

Cette relation sera bénéfique pour les deux malades berrichons, tant un long isolement est mauvaise chose, et chacun apporte à l'autre ce qui semble lui manquer. Tous les deux aiment philosopher sur les grands problèmes de la vie. Paul reproche aux avocats de ne pas avoir de convictions et de défendre un jour ce qu'ils combattront le lendemain.

– C'est l'essence même de notre métier. Il faut défendre un accusé avec le maximum de chances. L'homme le plus mauvais a toujours des excuses, et des circonstances atténuantes qu'il faut savoir mettre en évidence. Parlons des boulangers. Ne travaillent-ils pas la nuit, hors la loi, à des heures interdites ? Et on les laisse tranquilles, on ne leur dit rien. Est-ce normal ?

– Tu te mets le doigt dans l'œil jusqu'au coude, réplique Paul. Depuis des siècles on a essayé d'améliorer la chose. Rien à faire. La quadrature du cercle.

Ces dissertations amicales, même vives, rapprochaient les deux garçons, et leur itinéraire commun confortait leur maturation. La souffrance ne permet-elle pas de se confier sans fards ni artifices ? Parfois, ils parlaient bien sûr de l'amour et des femmes. Rémi aimait rappeler cette fameuse phrase d'Oscar Wilde, qui commença très tôt à jeter son bonnet par-dessus les moulins : « De toutes les perversions sexuelles, la plus incompréhensible est la chasteté. »

– Mais c'était un homosexuel, je crois, riposta Paul.

– Oui, c'est certain, mais ça ne change rien. Et il avait bien raison, quoiqu'il fût un grand libertin. Mais quel talent !

* *
*

Le dimanche est le jour des visiteurs. On les repère tout de suite, souriants, déboulant de tous les côtés avec des fleurs, des pâtisseries ou des cadeaux à la main, se fixer autour de leur malade auquel ils racontent avec exubérance les nouvelles du pays. Évidemment les malades locaux sont favorisés. On arrive à reconnaître leurs tics et leurs travers, et c'est pour les prisonniers du plâtre, privés de visite, une source de plaisanteries et de quolibets.

L'automne a conservé de beaux restes des splendeurs estivales. Étendues le long de la plage, les *gouttières* montées sur des tréteaux en déclivité regardent la mer dont la couleur des clapots varie constamment dans les gammes de gris-bleu. Les embruns picotent les visages, apportant leur goût de sel iodé. Ainsi, Paul contemple l'horizon et l'animation sur les flots : un nageur ventru, une blonde ravissante en rouge aux formes sculpturales, des enfants jouant au ballon, une barque près du rivage, un bateau au loin. Il scrute aussi les nuages dont la ouate change continuellement de forme sous l'action de la brise du large. Il s'amuse à trouver des ressemblances dans les nimbus, cumulus, stratus et autres cirrus. Pour proposer leurs friandises, des vendeurs, un sourire permanent aux lèvres, slaloment entre les curistes. Les cabines colorées montées sur roues, destinées aux baigneurs en bonne santé, font office d'attraction, au même titre que le ballet sonore continuel des mouettes.

De l'autre côté de la mer, l'Angleterre n'est pas très loin. Paul pense aux pains anglais et ainsi à John Montagu, comte de Sandwich, qui un jour, alors qu'il était très occupé à jouer aux cartes, demanda qu'on lui serve un morceau de viande entre deux tranches de pain. Il venait d'inventer le sandwich, vers la fin du XVIIIe siècle. Il fit des milliers d'émules, notamment vers 1900, dont l'inventeur du hot dog, qui emprisonna une saucisse badigeonnée de moutarde entre deux morceaux de pain. Puis dans la lancée sortit le croque-monsieur dans une brasserie du boulevard des Capucines à Paris, puis le hamburger et bien d'autres encore, soit des centaines de façon d'agrémenter le pain.

* *
*

– Demain dimanche après-midi, je prends une voiture tirée par un bourricot pour aller en ville. Ce n'est pas cher. Veux-tu venir avec moi ? propose Rémi, pensionnaire qui connaît déjà les us et coutumes de l'endroit.

– D'accord, on m'a dit qu'il y avait des bistros avec de la musique. Est-ce vrai ?

– Ne t'inquiète pas. J'ai prévu d'y aller. On peut même faire des emplettes. Les commerçants viennent nous voir. Ils ont l'habitude. Et il continua : Toi qui aimes lire, je vais te prêter la vie de René Caillé. Ce fils de boulanger a été le premier à pénétrer à Tombouctou, au bout du Sahara, déguisé en Maure, il y a une bonne centaine d'années. Son aventure est formidable. Quelle obstination ! Si tu es aussi tenace que lui, tu t'en sortiras, tu peux en être certain. Mais le héros s'est épuisé à la tâche et est mort avant quarante ans. Maintenant, si tu veux quelque chose de plus drôle, je te recommande une nouvelle de Restif de La Bretonne, *La Belle Boulangère,* ce n'est pas piqué des vers !

N'oublie pas non plus *La Gerbe d'or* d'Henri Béraud, ancien prix Goncourt, fils de boulanger, je crois, qui raconte ses souvenirs d'enfance.

Rémi fait des mots croisés. Paul commence à lire un roman sur la boulangerie qui vient de sortir : *Notre pain quotidien,* de Pierre Hamp, offert par son oncle à Paris. Parmi leurs voisins, des femmes tricotent tandis que d'autres brodent ou font de la tapisserie. Mais la plupart bavardent à haute voix, sans se soucier du ton de leur conversation. On en voit même deux posés en quinconce qui jouent aux dames, après avoir coincé une petite table entre leurs tréteaux. D'autres, les yeux fermés, doivent imaginer leur prochaine guérison, puisqu'on peut les voir sourire, le regard béat, comme s'ils gagnaient le paradis.

Au bout d'un moment, la lecture le lassant, Paul se met à rêver au Berry. De petits faits anodins lui reviennent en mémoire. Un jour, le curé Blanchet avait posé la devinette suivante à ses enfants de chœur :

– Plus il y en a, moins ça pèse. Qu'est-ce ? avait-il dit en dirigeant son regard vers le tabernacle.

Personne n'ayant trouvé, l'abbé était monté sur l'autel, où, enlevant le tapis percé de quelques trous, il avait déclaré :

– J'espère que vous avez compris.

Une autre fois, Paul avait fait une peur bleue à son camarade Christian en glissant en douce un paisible orvet dans son sac. En le découvrant, le garçon s'était mis à hurler en lançant son cartable par la fenêtre ouverte.

* *
*

Tirées par des ânes, plusieurs voitures à capote, toutes munies d'un rétroviseur permettant à l'occupant couché de profiter un peu de la vision de la rue, stationnent à la queue leu leu, devant une brasserie. Trois musiciens y distillent des chansons de Tino Rossi, devant des consommateurs attentifs aux mouvements de l'avenue de l'Impératrice. D'autres font de même rue Carnot. Ils peuvent voir des personnes endimanchées poussant des voitures à grandes roues : ce sont souvent des parents visiteurs d'un jour qui promènent leur enfant invalide. De chaque côté du café se trouvent des magasins divers tenus par des marchands, guetteurs diligents des malades qu'ils viennent interroger avec une amabilité toute commerciale. Paul achète ainsi un miroir, ici article indispensable, des cartes postales, des lames de rasoir et les inévitables berlingots de Berck : bâton sucré qu'un confiseur astucieux a lancé depuis la guerre. Il fait arrêter ensuite son poney devant un boulanger pour avoir deux croissants : un qu'il déguste tout de suite et l'autre qu'il offrira à Rémi.

– Ils sont moins bons que ceux de mon père, et beaucoup plus chers. J'irai acheter ailleurs la prochaine fois.

En rentrant, il se dirige vers le cinéma qui a aménagé depuis longtemps un coin spécial en déclivité réservé aux malades, allongés sur leurs tréteaux. Tout est organisé, y compris le parcage des poneys et des bourriques. Il regarde ainsi *Ignace,* avec Fernandel, et le comique aux grandes dents blanches le fait rire aux éclats. Mais le film qu'il préféra passa le dimanche suivant : *La Guerre des gosses,* avec Jean Murât et Saturnin Fabre, tiré de *La Guerre des boutons* de Louis Pergaud. C'était tout à fait le climat de son village avec les bagarres entre gamins effrontés.

Cependant, Paul joue l'économie et gère son budget avec parcimonie. Il ne dépense qu'après réflexion l'argent fourni généreusement par sa grand-mère et son oncle. Il sait que ce séjour représente une lourde charge pour ses parents, qui à l'époque ne bénéficient d'aucune subvention sociale ni aide financière.

* *
*

La distribution du courrier est un des grands moments de la matinée, bien plus importante que la toilette, les soins ou la visite des blouses blanches. Dès 11 heures, les plus impatients commencent à regarder la grosse pendule toutes les cinq minutes. Leur cœur bat fort lorsque la porte s'ouvre devant l'employée faisant office de facteur. Mais que de soupirs et de déconvenues lorsqu'ils constatent que la missive tant espérée n'est pas là : les mines s'assombrissent et les plus fragiles pleurent leur espérance déçue.

Presque chaque semaine, Paul reçoit des nouvelles de sa famille. C'est surtout Alice qui donne les derniers potins du village. La guéguerre continue avec Carrelli l'épicier. Il débine le pain de Langlois en disant que celui de son collègue est bien meilleur. Pour répondre aux insultes, Germaine a augmenté sa gamme de produits. Dans la cour, un nouveau voisin remplace le gendarme : le père Lucas, le garde champêtre, peut ainsi loger plus facilement sa famille forte de quatre enfants. Il n'hésite pas d'ailleurs à commencer à la sortie de la cour ses « Avis à la population », après ses roulements de tambour. Christian et Alain passent régulièrement au fournil demander des nouvelles. Le dernier raconte qu'il commence à apprendre à ferrer en s'exerçant sur des ânes.

Germaine n'a guère le temps d'écrire. Elle manifeste son affection avec de simples cartes postales. De temps en temps, Colette envoie de longues lettres relatant la vie à Saint-Amand-Montrond. Ariette s'exprime moins souvent et elle est plus concise ; sa dernière lettre se termine par une phrase qui résume bien sa personnalité : « Je préfère les ennuis à l'ennui ! »

Il ne sait jamais quoi leur répondre, car il ne veut surtout pas mentionner tout ce qui touche de près ou de loin à sa maladie. Il prend son temps et leur décrit alors la mer, son environnement, et analyse ses lectures et ses films. Un jour, il reçoit une enveloppe blanche au parfum d'eau de Cologne, à l'écriture inconnue. C'est Hélène, la fille du meunier, qui dans quatre pages bien remplies lui raconte son existence campagnarde et l'activité du moulin avec une conviction sincère. Il ignore pourquoi, mais il répondra beaucoup plus rapidement qu'aux autres demoiselles, avec facilité et sans la moindre réserve. Sa correspondance apportera toujours un peu d'air frais du Berry. Mais Paul ne dépassera jamais le ton amical, même s'il aurait été tenté d'être plus chaleureux, car il craint que le père Nicaud, comme certains parents à l'époque, n'ouvre les enveloppes à la vapeur d'une casserole d'eau chaude, afin de connaître le contenu. Hélène lui fera connaître des œuvres du poète Jean Reboul, dit le boulanger de Nîmes, qui devint boulanger pour aider sa mère veuve avec quatre enfants. Cet élégant jongleur du vers et de la rime, ami de Lamartine, reçut la visite de Mistral, de Chateaubriand, d'Alexandre Dumas, de George

Sand et de nombreux artistes réputés, tous curieux de bavarder avec cet artisan phénomène.

* *
*

Le temps s'écoulait toujours aussi lentement avec une monotonie désespérante. La fraîcheur ne permettant plus d'aller sur la plage, les allongés se retrouvaient donc sous la grande véranda face à la mer, où les papotages continuaient comme par le passé. Les journées de plus en plus courtes et les rigueurs de l'hiver, augmentant la promiscuité, multipliaient la tristesse de l'environnement. De temps en temps on apprenait qu'une *gouttière* s'était vidée dans la nuit, et on avait une pensée émue pour le disparu.

Noël passa simplement. Paul participa à la messe de minuit et il songea aux petits santons provençaux dont certains étaient fabriqués en mie de pain colorée. Sa température était redevenue normale et ses douleurs disparaissaient pratiquement, le médecin traitant décida qu'on le sortirait de sa prison au début de l'année. Ce fut chose faite le matin du 6 janvier. Paul connut alors pour quelques instants l'ivresse de la station debout. Appuyé sur une canne, il savourait la fin son calvaire. Mais son chemin de croix était-il vraiment terminé ? On le plâtra à nouveau, mais d'une façon plus légère, permettant un peu de marche et surtout la position assise si agréable pour prendre ses repas.

– Tiens, mais c'est le jour de l'Épiphanie. Je veux fêter ça en allant acheter une galette et un pain spécial du pays. Je ne prendrai pas le *boulot* de quatre livres, c'est vraiment trop gros, mais la *faluche,* petit pain au levain fourré de beurre, se dit Paul.

L'Épiphanie était une fête sacrée pour les boulangers. Ce jour-là, ils fabriquaient la galette des rois en hommage à la légende née au moment de la naissance de Jésus. En provenance de Saba, les trois Rois mages représentant les trois races, Gaspard (jaune), Melchior (blanche) et Balthazar (noire), étaient venus apporter leurs présents pour proclamer les louanges du Seigneur : l'or, l'encens et la myrrhe, au caractère symbolique généralement accepté. L'or représente la royauté du Christ, l'encens reconnaît sa divinité, et la myrrhe (substance extraite d'un tronc d'arbre comme la résine), intervenant dans l'embaumement des cadavres, préfigurerait la mort du Christ pour le salut des âmes. Saint Bernard avait une autre explication plus prosaïque : l'or aurait été destiné à soulager la pauvreté de la Sainte Famille, l'encens aurait servi tout simplement à désinfecter l'étable, et la myrrhe, qui avait des vertus vermifuges, devait rendre l'enfant plus robuste en le débarrassant de ses parasites. De nos jours, l'or symbolise la puissance et la richesse, l'encens est d'essence plus spirituelle, la fumée de l'encensoir en s'envolant vers le ciel exprime le passage du mortel au divin. Quant à la myrrhe, elle fait bien démodé. Comme quoi on fabrique des symboles !

Si les textes religieux mentionnent les trois sortes de cadeaux, nulle part on ne trouve trace dans le Nouveau Testament du nom des trois Mages, qui auraient été quatre selon une autre légende. Le dernier, Taor, serait arrivé trop tard. N'empêche que le mythe est resté tenace jusqu'à nos jours, puisque le partage de la galette des rois est devenu avec le temps un facteur de cohésion sociale. Le hasard figuré par un petit garçon tirant la fève désignait quelques instants le roi qui devait boire et choisir sa reine. Pas de frontières entre riches et pauvres, puisque ce soir-là le maître recevait à sa table ses domestiques. Le président de la République accueillera bientôt chaque année pour l'Épiphanie une délégation de boulangers à l'Élysée et trinquera avec eux à la gloire de Gaspard, Melchior et Balthazar.

* *
*

Les parents Langlois sont venus voir leur fils. Paul leur avait expressément défendu de se déplacer avant, tant il craignait d'affoler sa mère à la vue de sa cangue. Ils ont pu voir ainsi Paul, debout, faire quelques pas et prendre ses repas dans la salle à manger de ceux qui peuvent s'asseoir. Ils sont sortis ensemble en ville et ses parents sont repartis relativement confiants, malgré qu'on les ait avertis qu'il y en aurait probablement encore pour huit à dix mois.

Le printemps s'annonce avec les premières violettes et primevères. Dehors la température monte chaque semaine. Les bains de soleil reprennent progressivement. Aidé d'une canne, Paul marche un peu chaque jour, bien que sa mobilité soit encore assez réduite. Tous les jours la guérison s'opère pas à pas, mais il sait qu'il gardera une certaine gibbosité.

– Pourvu qu'on ne m'appelle pas le bosco, dit-il en souriant, l'air amer, à Rémi. Probablement ce sera adieu les filles, sauf les boiteuses et les mal foutues.

Cette conclusion pessimiste qu'il veut désinvolte traduit en fait un grand malaise. Il craint d'être marginalisé, mais ne veut pas le laisser paraître. Il se rend compte alors d'un seul coup que l'attrait du beau sexe n'est pas un vain mot, mais une réalité tangible. Les souvenirs de l'amour dans le corbillard lui semblent symboliques : en côtoyant le sacrilège, n'a-t-il pas provoqué un retour de bâton ?

– Ne t'inquiète pas, répond Rémi en citant ce vieux proverbe berrichon significatif : « Chaque fagot trouve son lien. »

* *
*

Le film *La Femme du boulanger,* avec Raimu, est annoncé pour la semaine prochaine. Paul a décidé d'aller voir ce qu'on présente comme le chef-d'œuvre de Marcel Pagnol. Il en sort enchanté. C'est l'histoire d'un boulanger de village provençal dont l'épouse (Ginette Leclerc) est partie vivre ailleurs avec son jeune amant. L'artisan, désespéré, envisage de cesser son travail. Les villageois, inquiets de se retrouver sans pain, essaient de lui remonter le moral, mais le cocu, prêt à pardonner, ne désire qu'une chose : le retour de l'infidèle. Il déclare d'ailleurs que si on lui ramène Aurélie il se remettra à faire du pain comme jamais ses clients n'en ont goûté : un délice et un régal pour les gourmets. « On ne dira pas alors : J'ai mangé une tartine de fromage, mais : J'ai mangé une tartine de pain, sous le fromage. Dans chaque pain, il y aura une grande amitié et un grand merci. Ce ne sera plus un accompagnement pour autre chose, ça sera une nourriture pour les gourmands. »

On n'est pas loin du retour de l'enfant prodigue, avec en plus la toute-puissance dynamique du pardon, né de l'amour.

* *
*

La situation internationale résonne du bruit des bottes. Hitler a envahi la Tchécoslovaquie. Franco devient le maître à Madrid. Ce n'est pas la réélection d'Albert Lebrun à la présidence de la République qui changera le cours des événements. Comme beaucoup de personnes, Paul est soucieux. Pour se rassurer, il se dit égoïstement qu'en cas de coup dur ni lui, ni Octave, ni son père ne sont mobilisables.

Il commence à lire *Le Pain à l'étranger* et il est tout surpris de l'extrême variété qui règne dans le monde entier. En préface, on rappelle que la fameuse *Encyclopédie* de Diderot et d'Alembert mentionnait il y a près de deux siècles déjà une trentaine de sortes de pains. Les colonies françaises, dans le Maghreb, en Afrique noire ou en Indochine, ont pratiquement adopté le pain français avec quelques variantes. Germains et Scandinaves utilisent souvent le seigle, ce qui donne du pain noir. Les Italiens brillent par les formes – des animaux et des personnages –, en faisant d'étonnants mélanges. Les Suisses fabriquent des pains particuliers dans chaque canton. Quant aux Grecs, les plus grands consommateurs d'Europe, ils savent avec harmonie marier le corporel et le sacré : un dieu d'amour et non de contraintes. Dans les messes orthodoxes, on communie avec du pain quotidien que le pope découpe et partage entre les fidèles. Au préalable, on l'a décoré de motifs stylisés évoquant la passion du Christ. Quel symbolisme ! Il a hélas divisé les chrétiens : en effet, les protestants ne reconnaissent pas la transsubstantiation, soit la présence divine dans le pain et le vin de messe. À part l'Extrême-Orient, où le riz domine, presque toute la terre chaque jour mange du pain, dans une communion continuelle. C'est vraiment la nourriture de l'homme par excellence.

* *
*

Paul va de mieux en mieux. Il a pris du poids. La radio confirme son amélioration, et au milieu de l'été on lui change une nouvelle fois le plâtre, remplacé par une coquille moins contraignante. Germaine et Marcel sont revenus à Berck et ont amené Alice avec eux. Le frère et la sœur sont ravis de se retrouver après une si longue séparation.

– Ah, dit-elle, j'ai appris une histoire. Une vieille pièce de deux sous, archi-usée, et un antique billet de cent francs, sale, déchiré, tous les deux à bout de souffle, morts, arrivent au purgatoire. On les sépare. Au bout de quelque temps, on aperçoit la pièce sur un des plus beaux nuages du paradis, dans un site enchanteur. Par contre, le billet se trouve dans un triste couloir sans vue et il va se plaindre. Saint-Pierre lui répond : « La pièce, je l'ai souvent vue à la quête le dimanche. Elle mérite récompense. En revanche, toi, tu venais bien à la messe, mais tu restais tranquillement dans un portefeuille. Tu ne te montrais jamais. Mon choix donc est bien juste. »

– Bravo, ton histoire est très mignonne.

Les Langlois, heureux de voir la situation évoluer dans le bon sens, semblent cependant impatients. Ils aimeraient bien y voir plus clair, afin de programmer l'avenir de Paul.

– Mon médecin m'a fait comprendre qu'il faudra probablement rester au moins jusqu'au quatrième trimestre de cette année 1939. De plus, pas de trop gros efforts, ce qui exclut évidemment le métier de boulanger. Comme mes études ne marchaient pas trop mal, j'aimerais bien, si possible, dès mon retour, revenir à Saint-Amand.

– On est pas contre, mais des études pour quoi faire ? En as-tu idée ? Ce n'est pas parce que ta grand-mère t'a écrit qu'il fallait éviter d'être fonctionnaire qu'il faut abandonner cette éventualité. Dans un bureau on peine moins, et il y a au bout l'espoir d'une bonne retraite, répond Germaine, approuvée par Marcel.

* *
*

Dans les couloirs, sur la plage, dans les chambres et la salle à manger, on ne parle que de la crainte d'un futur conflit. Fort des reculades de la France et de l'Angleterre, Hitler, de plus en plus arrogant, se croit tout permis. On lit les journaux et on écoute la radio avec une attention extrême. En début d'après-midi du 4 septembre, l'annonce de l'invasion de la Pologne fait office de douche froide, mais n'étonne pas vraiment. On apprend en conséquence que des infirmiers, des médecins et du personnel sont mobilisés et partent bientôt. Certains ont déjà quitté l'hôpital.

Paul est bouleversé. Une guerre est une chose si affreuse ! Il réfléchit longuement et repense aux aventures périlleuses de son père, de 1915 à 1918. Il paraît impensable qu'on revoie de telles abominations. Son propre avenir immédiat lui paraît bien incertain. Il espère qu'il pourra réintégrer son cours complémentaire pour obtenir le brevet. Ensuite, il examinera les opportunités, à moins qu'une rechute survienne. Sait-on jamais ?

* *
*

La semaine suivante, un coup de fil apprenait à Paul, que ses parents venaient le chercher l'avant-dernier dimanche du mois. Le médecin chef, consulté, lui déclara sur un ton cordial, mais ferme :

– Vous êtes sur la bonne voie, certes, mais ce n'est pas bien raisonnable de partir si tôt. Je comprends cependant la gravité de la situation, attendu que nous ne sommes pas très loin de la frontière, dans un département qui a déjà bien souffert de la guerre ; l'ennemi est venu à cinquante kilomètres d'ici. Je ne peux pas vous empêcher de partir devant l'inquiétude des vôtres. Mais il faudra vous faire suivre régulièrement et ne faire aucun écart. Dites bien à vos parents de respecter soigneusement toutes mes prescriptions.

Avec ménagement, Paul annonça son prochain départ à Rémi, dont l'état de santé restait stationnaire. Il avait même maigri légèrement.

– Ah, la boulange, tu vas me manquer, après une bonne quinzaine de mois de vie commune. Je vais m'ennuyer. Quand je casserai la croûte de mon pain, je penserai toujours à toi. J'espère qu'on se reverra bientôt dans le Berry.

Paul le quitta en essuyant plus loin une larme furtive. Il n'était pas sûr du tout que Rémi s'en sorte et revienne chez lui dans l'Indre.

* *
*

Finalement, par suite de circonstances imprévues, ce fut encore Octave qui fit le transporteur, il avait à faire à Paris pour une question particulière : il venait de mettre au point un pain au gluten pour diabétique. Le voyage de retour se passa très bien, malgré une forte pluie en fin de parcours. Germaine embrassa longuement son fils comme si elle l'avait arraché à la mort : elle s'était tellement rongé les sangs ! Comme Paul prenait un parapluie pour aller saluer sa grand-mère, la mère l'empoigna en criant fort :

– Attention, ne l'ouvre que dehors. Tu sais que déployer un pépin à l'intérieur porte malheur. Et pour ce qui est de la déveine, on a eu notre compte.

Après une si longue absence, Marcignat parut tout petit à Paul, habitué pendant si longtemps aux vastes étendues. Il revit avec joie ses copains habituels, heureux de ces retrouvailles. Mais son père sombrait dans le pessimisme.

– Comme on est partis là, je ne vois pas l'avenir en rose et c'est pour cela qu'on a voulu te ramener. Je me souviens trop de ce qui s'est passé dans la Somme, où j'ai combattu dans la boue jusqu'aux cuisses. En cas d'attaque violente, les Boches risquent de se trouver vite à Berck. Ah, c'est un homme comme le maréchal Pétain qu'il nous faudrait. C'est un type pas fier, compétent et sérieux. Je sais que ses parents fermiers faisaient leur pain. Je l'ai rencontré une fois en 1918. Je me souviens, c'était le 21 janvier. Lors d'une revue, au 101e régiment, il a offert des souvenirs aux poilus : couteaux, portefeuilles, pipes, etc. Personnellement j'ai reçu un paquet de tabac. Un général de Napoléon était fils de boulanger. Il s'appelait Drouot et s'illustra à Wagram et à la Moskova. On le surnommait le sage de la Grande Armée. Les gens ont la mémoire courte, mais c'est quelque temps après qu'il y a eu des tickets de pain. En mars, cette mesure s'appliquait à toute la France. On avait droit à trois cents grammes par jour. À Paris, ce rationnement laissait aux boulangers un bénéfice insuffisant, cela les incita à se lancer à fond dans l'épicerie. Mais cette bizarrerie disparut en partie dès le retour à la liberté en mai 1919.

* *
*

Paul a été tellement agressé par le destin qu'il garde toujours au fond de son cœur un soupçon d'inquiétude, malgré sa bravoure, son obstination et son optimisme un peu forcé, ne serait-ce que pour tranquilliser ses parents. Jamais deux sans trois, rappelle le dicton ! Les miasmes délétères qui ont envahi son corps pendant près de trois ans sont-ils définitivement chassés ? Ont-ils rejoint l'empire du mal qui rôdait notamment autour du chêne de la Rolline ? Il espère que la réduction des soins, due à la guerre, n'aura pas d'incidences fâcheuses.

– J'ai surmonté tous ces périls alors que beaucoup de camarades sont restés en route. Je gagnerai la prochaine bataille : celle du choix de ma carrière professionnelle. J'espère que pour une fois la Providence saura m'être agréable afin de m'indiquer le bon chemin à prendre.

Les épreuves l'ont mûri au contact quotidien des malades. Certains se confièrent à lui après d'interminables controverses. Il a côtoyé bien des drames maintenant qu'il est dans sa dix-neuvième année, et sa maladie et ses douleurs en ont fait un homme d'aspect robuste, si ce n'était une certaine raideur et sa légère déformation au milieu du dos. Il a gagné son autonomie spirituelle et s'est dégagé en partie du carcan des principes religieux. C'est par sa volonté et son courage qu'il a réussi à résister à l'adversité et à quitter le chemin des peines et des désillusions. La vaillance que lui ont léguée trois générations de boulangers n'y est pas étrangère. Et son amour pour tout ce qui concerne le pain a été un stimulant non négligeable.

Il ne se doute pas qu'il est en train de vivre la fin de la civilisation villageoise, mode d'existence de plus des deux tiers des Français pendant des siècles, où le bonheur alors empruntait souvent des chemins prévisibles. Tout le monde se connaissait avec le chassé-croisé des ascendances mêmes illégitimes, à travers l'incroyable longévité des traditions orales. Le passé n'était conditionné par aucune perspective et ne tenait guère compte des dates au récit des événements vécus par des lignées d'ancêtres : mariages, querelles, calamités, fêtes, assemblées, exploits de chasse, d'amour ou de guerre. On appréciait l'effort et le temps des souvenirs, comme un lien invisible qui réunissait plus ou moins tous ces villageois enracinés dans une complicité tenace et fraternelle.

Paul serait extrêmement choqué si on lui disait qu'il allait probablement faire partie bientôt des *déserteurs,* lui qui aimait tant son bourg et ses traditions, dans lequel il a été moulé. Cependant, il ne peut rien contre les évolutions historiques et leurs conséquences ; le fatum de chacun en découle inéluctablement. Quoi qu'il arrive, Paul reviendra toujours à Marcignat saluer simplement avec chaleur sa famille et ses amis, et plus tard il continuera d'accomplir le geste fidèle des anciens villageois : revenir pour les Rameaux et la Toussaint afin de se recueillir sur les tombes de tous ses chers disparus.

Épilogue

Les docteurs Martinière et Garcillac firent le nécessaire afin de bien suivre les instructions des médecins de Berck, que Paul respectait à la lettre. Il avait tellement souffert qu'il ne voulait pas se permettre la moindre variation. Au 1er janvier 1940, ils purent affirmer que leur patient était définitivement guéri. Il reprit ses cours à Saint-Amand-Montrond pour y travailler, appliqué et studieux, tout en profitant à nouveau avec bonheur de la « pension Arnaud ». Il obtint sans trop de peine son brevet. Quel chemin allait-il prendre alors ? Il hésita longtemps, car l'avenir lui paraissait insaisissable : ses parents et son entourage ne lui proposaient aucun projet vraiment concret.

Le destin se manifesta alors en la personne de monsieur Nadaud le meunier, qui lui conseilla judicieusement d'aller poursuivre ses études dans une école de meunerie de la région parisienne. Ce choix imprévu satisfaisait tout le monde. Pour la première fois Paul prenait son destin à bras-le-corps. Il connut ainsi les misères du ravitaillement de la capitale, qu'il supporta tant bien que mal grâce aux colis envoyés du Berry. Du pain immangeable, il en fit amèrement la connaissance. Mais il supportait allégrement les difficultés, maintenant qu'il apercevait un horizon qui se débouchait peu à peu, d'autant que son moral demeurait au beau fixe grâce aux missives délicates de la fille du meunier. Il étudiait avec conviction, aidé par son courage et son tempérament obstiné. Après bien des épreuves et des vicissitudes, il décrocha le diplôme d'ingénieur chimiste. Un grand moulin parisien ne tarda pas à l'embaucher. Le mois suivant son engagement, il épousait Hélène Nadaud dans un petit village du Boischaut. Deux beaux enfants vinrent rapidement égayer le jeune foyer.

La grand-mère Lamelot disparut en juin 1940, pendant la débâcle, au moment où des réfugiés harassés traversaient le village. À Marcignat, malgré le rationnement, la boulangerie Langlois servit à peu près correctement ses clients, sans trop connaître la pénurie. Les bonnes relations campagnardes jouèrent à fond.

Alice, après une immense déception amoureuse avec un maquisard, épousa finalement, un peu par dépit, René le mitron. Malgré leur surprise, Germaine et Marcel ne sont pas mécontents de cette situation inattendue qui assure la continuité familiale et professionnelle.

On a sollicité Octave pour qu'il devienne président du syndicat, mais il a refusé, car les Arnaud envisagent de vendre leur boulangerie s'ils trouvent un bon acheteur pour jouir d'une retraite bien méritée ; ils parlent de voyages à l'étranger.

Colette est restée vieille fille et Arlette a divorcé deux ans après avoir épousé un riche médecin bourguignon. Quant à Rémi, il rendit l'âme en août 1941, lorsque les autorités allemandes décidèrent la fermeture totale des hôpitaux de Berck.

Tous les jours Paul travaille sur les multiples sortes de farine qu'on lui demande d'analyser le plus complètement possible. Auparavant il a testé les différents arrivages de blé, et lui reviennent en mémoire les sentences bibliques du curé Blanchet répétant qu'il fallait séparer le bon grain de l'ivraie. Ces examens variés et minutieux lui plaisent beaucoup, ainsi que leurs applications : il peut ainsi mettre en pratique l'expérience de ses aïeux en essayant de créer de judicieux mélanges. Il sourit quand il se rappelle qu'autrefois on disait que des meuniers indélicats incorporaient du talc dans la farine !

Il n'a pas mangé son pain blanc le premier, et maintenant il essaie de profiter agréablement de la vie. Il a l'impression qu'il n'a pas trahi le flambeau de la boulangerie de Marcignat pour continuer à travailler au bonheur du pain, ce pain dont il dit qu'il est le seul aliment qui fasse jouer les cinq sens : le goût, la vue, l'odorat, le toucher, bien sûr, mais aussi l'ouïe, car lorsque la miche sort du four, pendant la ressuée, on entend le petit bruit léger de la pâte qui prend forme. Après des années d'inquiétude, Marcel et Germaine peuvent être fiers de leur fils, l'ancien « petit pannetier » qui, de temps en temps, continue de jouer de l'accordéon pour distraire ses enfants.

Glossaire

(Valable en 1940)

A

ÂTRE : Voûte du four

APPRÊT : Opération de repos de la pâte dans les bannetons avant d'enfourner

B

BAGUETTE : Pain de 250 grammes et de 70 centimètres

BANNETON : Petit panier en osier qui reçoit les pâtons

BÂTARD : Pain d'une livre, de 50 centimètres environ

BIRETTE : Sorcière du Sancerrois

BOUCHE : Porte du four

BOULANGER : Pétrir

BRIGADIER : Ouvrier qualifié, plutôt affecté au four

BUÉE : Vapeur d'eau introduite dans le four pour améliorer la couleur

C

CHALOUPILLE : Indisposition passagère du boulanger (vers 5 ou 6 heures du matin) suivie d'une irrésistible envie de dormir

CHEF : Pâte fermentée au levain de l'ancienne fournée pour ensemencer la suivante

COTRETS : Bois en paquets pour four à gueulard

DÉFOURNER : Retirer le pain cuit du four

E

ÉCOUVILLON : Appareil à nettoyer le four

ENFOURNER : Engager les pâtons à l'intérieur du four

ÉTOUFFOIR : Gros récipient en tôle qui reçoit les braises sortant du four

F

FANTAISIE : Nom du pain vendu à la pièce et non au poids

FERRÉ : Qualificatif pour désigner un pain qui a le dessous un peu brûlé par la faute d'une sole trop chaude

FICELLE : Fine baguette pesant environ 130 grammes

FLEURAGE : Poudre en écorce de noix ou d'olive broyée qu'on met sur la pelle pour éviter le collage

FORCE : Puissance nécessaire et capacité de la pâte à emmagasiner du gaz carbonique issu de sa fermentation

FOURNÉE : La totalité des pâtons du four cuisant en même temps

FOURNIL : Local où se trouve le four et où on prépare la pâte

FRASAGE : Première opération de pétrissage après le mélange de l'eau, de la farine et du sel

G

GEINDRE : Long soupir répétitif poussé par le pétrisseur à bras

GUEULARD : Pièce mobile en fonte, pour diriger la flamme du foyer où brûlait le bois

GRIGNE : Léger coup de lame sur la pâte au moment d'enfourner

GRUAU : Farine de première qualité

GLUTEN : Un des composants de la farine, rendant la pâte élastique

J

JEUNE : Adjectif signifiant un manque quelconque : chaleur, force...

M

MARCHAND DE PAIN : Patron qui n'est pas du métier, mais est tout de même établi

MITRON : Aide du boulanger, peut être apprenti ou ouvrier confirmé

O

OURA : Conduit d'appel de la cheminée du four

P

POLKA : Pain long légèrement aplati, quadrillé et fariné

POINTAGE : Premier repos de la pâte à la sortie du pétrin

PORTAGE : Tournée de livraison à l'extérieur de la boulangerie

POULICHE : Français de *poolish,* levain très clair fait à la levure

POURRITURE : Pâte loupée l'été par la chaleur, trop pointée, trop fermentée

R

RESSUÉE : Moment où les pains sortis du four transpirent pendant un bon quart d'heure

RONDIN : Pain loupé, non développé, sans grigne et trop de force

ROUABE ou RINGARD : Longue tige pour retirer les braises du four

S

SAVATE : Pain loupé, ou de mauvaise qualité

SOLE : Partie inférieure du four où l'on pose les pâtons à cuire

SOUPAPE : Orifice au-dessus de la porte du four, pour évacuer la buée

T

TOUR : Couvercle en bois des anciens pétrins à bras

TOURNAGE : Façonnage des pâtons

Remerciements

Je tiens à remercier les personnes qui m'ont aidé et conseillé pour l'élaboration de cet ouvrage, tout particulièrement : Raymond Beau, vice-président puis président du syndicat des boulangers du Cher de 1950 à 1980. Messieurs Jovy père et fils, boulangers à Moulins-sur-Yèvre (Cher), descendants d'une vieille famille de boulangers. Léon Hornick, ancien meunier à Saint-Germain-du-Puy (Cher). René Édeline, boulanger en retraite à Paris, ancien compagnon du devoir. Bernard Ganachaud, boulanger à Paris, rue des Pyrénées. Basile Kamir, boulanger, propriétaire des sept boulangeries *Au moulin de la Vierge* à Paris. Monsieur Crouzet, président national du Syndicat de la boulangerie. Monsieur Mabille, président du syndicat de la boulangerie de la Seine, Hauts-de-Seine, Seine-Saint-Denis et Val-de-Marne. Sans oublier les nombreux boulangers et boulangères du Cher qui ont bien voulu me faire part de leurs souvenirs.

Importance du pain dans la littérature en général

Au 10 février 2000, sur les différents catalogues de la Bibliothèque nationale de France, site François Mitterrand, le total des ouvrages comportant le mot pain dans le titre s'élevait à 1 948 (romans, livres techniques, religieux, poèmes, rééditions, etc.). C'est dire le grand intérêt et l'extraordinaire dimension du sujet.

* *
*

Table des matières

Dans la même collection

Les textes de la collection Terre de poche nourrissent la mémoire collective à travers des histoires fortes, des récits de voyage, des documents historiques ou des chroniques intimes.

AGUILLON Arlette
La Maîtresse du moulin
Le Puits aux frelons

AMOUROUX Henri
La Vie des Français sous l'Occupation

ANGLADE Jean
Le Chien du seigneur

ARNAUT Robert
Les Corneilles blanches

AUBARBIER Jean-Luc
Les Démons de sœur Philomène

AUDIDIER Robert
Les Sentiers de traverse

AUJOULAT Noël
Le Village perdu

BÉLARD Paul
Moissons d'enfance

BESSON André
La Grotte aux loups
Folle Avoine

BOBÈCHE Adrien
La Fille de la meunière

BOUDOU Josette
Les Grillons du fournil
La Maison d'école

BOURRET Johan
Dans la gueule du loup

BOUSSUGE Micheline
La Maison d'Anaïs

BRIAND Charles
Le Seigneur de Farguevieille

CAPPEAU Marie Nicole
La Mule blanche
Chantemerle

CASTELAIN Anne-Marie
Le Loup des marais
Les Amours de Louise

CLÉMENT-MAINARD Michelle
La Foire aux mules

CORNAILLE Didier
Le vent des libertés soulevait la terre

Le Forgeron d'Éden
Le Vol de la buse

COSMOS Jean
La Dictée

DECK Olivier
L'Auberge des Charmilles
Les Rumeurs du Gave
Cancans
Les Chopines

DELPASTRE Marcelle
Les Chemins creux
Cinq heures du soir
Proses pour l'après-midi

DODANE Michel
*Les Herbes noires (Les Enfants de la Vouivre**)*
*La Malédiction des Mouthier (Les Enfants de la Vouivre***)*

DOURIAUX Hugues
La Saison des vendanges (Les Gens de la Paulée)*
*Le Bois des Auriottes (Les Gens de la Paulée**)*
*Les Temps d'orage (Les Gens de la Paulée ***)*
Le Temps des loups

DUBOIS Yvonne
Couleur de terroir
La Vallée des cyclamens

DUFOUR Hortense
La Fille du saulnier
Ce que l'océan ne dit pas
Au vent fou de l'esprit

DUPUY Daniel
Les Quatre Jeudis
Fontcouverte

DUTRONC Robert
La Maison des Chailloux

FRONTENAC Yvette
La Soupe des autres
Les Années châtaignes

GAGNON-THIBAUDEAU Marthe
La Boiteuse

GAMARRA Pierre
Le Maître d'école

GENEVOIX Maurice
Le Jardin dans l'île

GÉRAUD Roger
Le Pré derrière la grange
Les Vaches rouges

GLEIZE Georges-Patrick
Le Sentier des pastelliers
Le Destin de Marthe Rivière
Le Chemin de Peyreblanque
Le Temps en héritage

GRIFFON Robert
Le Bedeau de la République
Au bonheur du pain

JAILLER Isabelle
La Ferme des hautes terres

JEURY Michel
Le Crêt de Fonbelle

JUDENNE Roger
Drôle de moisson
Les Bons Jours

LABORIE Christian
L'Arbre à pain
L'Appel des drailles

LAFAYE Claude
La Maison de l'espoir

LEMAIRE Philippe
Le Chemin de poussière
Les Vendanges de Lison

MALROUX Antonin
La Noisetière

MAMÈRE Noël
*Le Combat des humbles (Gens de Garonne**)*
*La Malédiction des justes (Gens de Garonne ***)*

MAXIMY (DE) Hubert
Le Bâtard du Bois noir

MAZEAU Jacques
Le Pré aux corbeaux
De l'autre côté de la rivière
La Malédiction de Bellary

PALET (DE) Marie
Amandine
Les Terres bleues

PÉLISSIER Patrice
L'Ange et le Loup

PEYRAMAURE Michel
Les Flammes du paradis

POURRAT Henri
et L'OLAGNE Jean
Sur la colline ronde

PINCE Jacques
Les Blouses grises
Tustou et Marie

PLAIT Annie
Les Longues Saisons

PLUCHARD Mireille
Le Petit Bâtard

QUEREILLAHC Jean-Louis
Trois Sillons de terre rouge
Rouge est ma terre

ROSSET Jean
Les Porteurs de terre

ROUANET Marie
Quatre Temps du silence

ROYER Roger
La Colombière

SABOURIN Pierre
La Terre des coteaux

SAND George
Contes d'une grand-mère
Contes d'une grand-mère (suite)

SOURY André
Le Pain blanc

SOYEZ Jean-Marc
Julia

STARASELSKI Valère
Nuit d'hiver

TAMAIN Louis
L'Encre violette
Le Temps de l'école
Médecin de campagne

THIROLLE Jérôme
Les Doigts d'or d'Élise

TOUATI Claude-Rose et Lucien-Guy
Une maison dans les herbes

VERRIER Michel
Le Mystère de Millepertuis
Le chien qui faisait peur au diable

VINCENT Claude
Quatre pieds de terreau

VITTÉ Louis-Olivier
La Vallée des illusions